启真馆 出品

行为经济学研究方法与实例

叶航　卢新波　主编

罗俊 / 著

互惠、利他与公平：

来自田野实验和神经实验的证据

ZHEJIANG UNIVERSITY PRESS
浙江大学出版社

图书在版编目（CIP）数据

互惠、利他与公平：来自田野实验和神经实验的证据 / 罗俊著 .
—杭州：浙江大学出版社，2020. 6
（行为经济学研究方法与实例 / 叶航主编）
ISBN 978-7-308-20231-2

Ⅰ.①互… Ⅱ.①罗… Ⅲ.①行为经济学—实验 Ⅳ.① F069.9-33

中国版本图书馆 CIP 数据核字（2020）第 090475 号

互惠、利他与公平：来自田野实验和神经实验的证据
罗 俊 著

责任编辑 叶 敏
责任校对 黄梦瑶 周红聪
装帧设计 罗 洪
出版发行 浙江大学出版社
（杭州天目山路 148 号 邮政编码 310007）
（网址：http:// www.zjupress.com）
制　　作 北京大有艺彩图文设计有限公司
印　　刷 浙江印刷集团有限公司
开　　本 635mm × 965mm 1/16
印　　张 16
字　　数 276 千
版 印 次 2020 年 6 月第 1 版 2020 年 6 月第 1 次印刷
书　　号 ISBN 978-7-308-20231-2
定　　价 65.00 元

浙江大学出版社市场运营中心联系方式：(0571) 88925591；http://zjdxcbs.tmall.com

总　序

我们有幸正在目睹并亲历一场革命，库恩意义上的经济学“范式革命”。

托马斯·库恩（Thomas S. Kuhn，1922—1996）在《科学革命的结构》中将科学理论的发展归纳为“常规状态”（normal science）、“反常”（anomaly）、“危机”（crisis）与“革命”（scientific revolutions）四个阶段，而“范式转换”（paradigm change）则是科学革命的关键标志。库恩所谓的“范式”（paradigm）是指“某个科学共同体在一段时期内被公认为是进一步实践的基础，它们包括定理、理论、应用和仪器——为特定的连贯的科学研究的传统提供模型”[1]。库恩阐释说，当科学理论处于“常规状态”时，某科学共同体内部成员已就解释该领域的现象达成共识和一致信念，除了在教科书中，他们无须为每一个基本概念进行辩护，从而可以把自己的注意力集中在那些相对细致、相对深奥的问题上；[2] 随着科学理论的进一步发展，人们发现有些现象无论怎么努力都无法纳入原有范式，这时科学理论就进入所谓“反常”阶段；[3] 随着反常现象不断积累，当科学家们

[1] 托马斯·库恩：《科学革命的结构》（第四版），金吾伦、胡新和译，北京大学出版社，2012 年，第 8 页。

[2] 参见托马斯·库恩：同上，第 16–20 页。

[3] 参见托马斯·库恩：同上，第 44–55 页。

意识到如果没有大规模的范式破坏就无以改变这种处境时，科学理论就进入“危机”阶段。[1] 库恩把“危机”看作新理论出现的前提，因为“一个科学理论，一旦达到范式的地步，要宣布它无效，就必须有另一个合适的候选者取代它的地位才行”；对整个科学共同体来说，科学家拒斥先前已经接受的理论范式，总是同时伴随着是否准备接受另一个理论范式的决策，只有经历了“危机”的炼狱，科学理论才会为自己的重生迎来“革命”。[2]“革命”一词通常被用于政治领域，库恩认为，当它被用于科学领域时，二者存在着非常大的相似性：“政治革命通常是由政治共同体中某些人逐渐感到现存制度已无法有效应付当时环境中的问题而引发的”，同样，“科学革命也起源于科学共同体中某一部分人逐渐感觉到他们无法利用现有范式有效地探究自然界的某一方面”，因此“在政治发展和科学发展中，那种能导致危机的机能失灵的感觉都是造成革命的先决条件”。[3]

整个20世纪前半叶，当代主流经济学在马歇尔新古典经济学的基础上取得了一系列辉煌胜利。经济学逐步形成了一个公理化的“理性经济人假设”体系，并以此基点为包括个人、企业、政府在内的经济主体建立起相对稳定的偏好排序，进而根据“显示偏好”理论推导出的效用函数计算每个经济主体的最优效用，从而为各种经济行为提供分析与决策的依据。这就是主流经济学建构的“理论范式”，其逻辑之严密、形式之精致堪与物理学媲美，被誉为“社会科学皇冠上的明珠”。但正如库恩指出的，人类思想史业已表明，任何科学理论在发展过程中都会被解释力更强、解释范围更广的理论体系超越，它是人类认知水平不断深化的体现。过去100年，这种超越在物理学中起码出现过三次，即相对论对经典力学的超越，

[1] 托马斯·库恩：《科学革命的结构》（第四版），金吾伦、胡新和译，北京大学出版社，2012年，第56–65页。

[2] 参见托马斯·库恩：同上，第67–68页。

[3] 参见托马斯·库恩：同上，第79页。

量子力学对相对论的超越，以及目前仍在探索中的弦论对量子力学的超越。当然，这种超越不是一般意义上逻辑演绎过程的超越，它首先体现在对旧理论、旧范式的逻辑前提即它的基本假设的质疑和超越。

当代主流经济学的“研究范式”事实上是一个仿照自然科学的建构模式而建立在“理性经济人假设”公理体系基础上的逻辑演绎系统，它以全称命题的形式包含两个极强的预设：第一，人的行为是“理性”的；第二，人的行为是“自利”的。但 20 世纪 60 年代以后，随着行为经济学与实验经济学的崛起与发展，“理性经济人假设”面临着日益严峻的挑战。行为经济学家通过严格控制条件下可重复、可预测的行为实验发现了大量无法被主流经济学“研究范式”解释的“异象”（anomalies），也就是库恩所说的“反常”现象。这些“异象”主要包括：第一，人们的行为显著违背了“理性经济人假设”中一致性公理的要求，例如人们行为决策过程中存在着系统性的偏好逆转、损失厌恶、后悔厌恶、框架效应、禀赋效应、锚定效应、羊群效应、时间偏好不一致性等等；第二，人们的行为显著违背了“理性经济人假设”中自利原则的要求，例如人们在囚徒困境和公共品博弈中的合作行为、最后通牒博弈中的拒绝行为、独裁者博弈中的给予行为、公地悲剧博弈中的自组织行为、信任博弈中的信任和可信任行为、礼物交换博弈中的馈赠和报答行为、第三方制裁博弈中的利他惩罚行为等等。根据这些在可控制、可重复、可预测的行为实验中观察到的系统性偏差，行为经济学家认为，人的行为不仅具有“理性”和“自利”的一面，而且也包含着“非理性”和“非自利”的成分。在这个对人的行为描述更加全面的“理论范式”中，主流经济学的“理性经济人假设”只是一个特例。

面对行为经济学的挑战，主流经济学家在相当长的时间内表现得不屑一顾。他们的反驳主要基于两条理由：首先，那些通过行为实验发现的非理性、非自利行为只是一些“噪音”，或者是一些偶然发生的决策错误，在更大的样本观察中，它们会以“随机项”的形式互相抵消，从而不会改变“理性经济人假设”模型的基本判断。其次，从人的行为到心理状态至多是一种推测，并不构成对“理性经济人假设”的证伪。例如，当一个人不惜自己承担成本去惩罚团队中的搭便车者时，人们既可以把这种行为归因为“利他惩罚”，也可以把这种行为归因为嫉妒或报复；当一个人进行慈善捐赠时，人们既可以把这种行为归因为某种“利他主义”行为，也可以把它归因为一种对“声誉效应”或“广告效应”的追求。因此，对行为做出的心理推测只是一种主观臆断，不能作为科学研究的依据。正如萨缪尔森当年曾经断言：“效用或偏好作为一种主观心理状态是观察不到的，经济学家所能看到的只有人们的行为，因此经济学家只关注人的行为。”[1]

但随着科学技术的不断进步，萨缪尔森的担忧今天已不复存在。20 世纪末和 21 世纪初，脑科学领域出现的一个重大突破就是无创的活体大脑观察技术，神经科学家现在已经可以深入到包括人在内的生物大脑内部，观察和研究大脑在思维、认知和决策过程中所表现出来的基本状态和特征。神经经济学（neuroeconomics）就是在这样的背景下诞生的，它为行为经济学家提供了一种全新的技术工具，可以用来回应主流经济学家的上述反驳。2004 年，苏黎世大学行为经济学家恩斯特·费尔（Ernst Fehr）及其团队进行了一场著名的神经实验，揭示出利他惩罚是由人类大脑中的自我奖赏系统所驱动的。这一研究表明，利他惩罚行为无须外部利益驱动，惩罚者可以从行为本身获得自我激励。这一研究成果以封面文章的形式发表于 2004 年 8 月的《科学》杂志。[2] 2006 年，美国认知神经科学家乔治·摩尔（Jorge Moll）带领团队对慈善捐赠做了深入研究，结果发现在完全匿名条件下进行捐赠的被试所激活的也是人类大脑

[1] Samuelson P, *Foundations of Economic Analysis.* Cambridge: Harvard University Press, 1947, 24–32.

[2] Quervain J F D. Fischbacher U. Treyer V., et al. The Neural Basis of Altruistic Punishment. *Science*, 2004, 305(5688): 1254–1258.

中的自我奖赏系统，而在考虑声誉或广告效应条件下捐赠的被试所激活的则是负责理性计算的前额叶皮层，从而严格区分出人类利他行为和自利行为的不同神经基础。该文发表在2006年10月出版的《美国科学院院报》上。[1] 最近10多年来，行为经济学家通过神经实验已经清晰定位了人类绝大多数非理性和非自利行为的脑区并阐明了它们的神经机制，其中包括浙江财经大学经济行为与决策研究中心（以下简称CEBD）团队对风险偏好[2]、损失厌恶[3]、道德困境[4]、信任和利他行为[5]所做的一系列神经实验研究，从而将行为经济学对“理性经济人假设”的批判，从一个单纯的“行为–心理”层面推向更微观、更具实证性的“大脑–神经元”层面，为人们科学地认识人类的经济行为与经济决策提供了坚实的基础。这些研究表明，行为经济学家发现的人的非理性、非自利行为并非只是一种随机扰动的“噪音”或偶然发生的“错误决策”，它们实际上是一种本体论意义上的、有着深刻的心理和生理基础的系统性行为模式。

面对新的挑战，主流经济学家不得不采取以守为攻的策略，把进化论作为反驳行为经济学家的最后一道防线。他们质疑人类的非理性和非自利行为何以能通过自然选择而留存下来，因为非理性和非自利行为往往会降低行为主体在演化过程中的“适应度”

---

[1] Moll J, Krueger F, Zahn R, et al. Human Fronto-Mesolimbic Networks Guide Decisions about Charitable Donation[J]. *Proceedings of the National Academy of Sciences of the United States of America*, 2006, 103(42): 15623–15628.

[2] Ye H, Chen S, Huang D., et al. Modulating activity in the prefrontal cortex changes decision-making for risky gains and losses: A transcranial direct current stimulation study. *Behavioural Brain Research*, 2015, (286): 17–21.

[3] Ye H, Chen S, Huang D., et al. Transcranial direct current stimulation over prefrontal cortex diminishes degree of risk aversion. *Neuroscience Letters*, 2015, (598): 18–22.

[4] Hang Y, Shu C, Daqiang H, et al. Modulation of Neural Activity in the Temporoparietal Junction with Transcranial Direct Current Stimulation Changes the Role of Beliefs in Moral Judgment. *Frontiers in Human Neuroscience*, 2015, 9.

[5] Haoli Z, Daqiang H , Shu C, et al. Modulating the Activity of Ventromedial Prefrontal Cortex by Anodal tDCS Enhances the Trustee's Repayment through Altruism[J]. *Frontiers in Psychology*, 2016, 7.

（fitness），从而被严酷的生存竞争淘汰。他们认为，如果一种不能在进化过程中取得稳定存在的生物性状，是否有资格作为论证的武器来证伪“理性经济人假设”？正如英国著名演化生物学家理查德·道金斯（Richard Dawkins）在《自私的基因》一书中所说：“成功的基因有一个最突出的特性，就是它无情的自私性。这种基因的自私性常常会导致个体的自私性”，“如果你认真地研究了自然选择的方式，你就会得出结论，凡是经过自然选择进化而产生的任何东西，都应该是自私的”。[1] 这样的观点与主流经济学家的思想如出一辙。比如张五常在《经济解释》一书中说：“经济学的基础假设是：每个人的行为都是自私自利的。那就是说，每个人都会为自己争取最大的利益，无论是勤奋、休息、欺骗、捐钱……都是以自私为出发点。”[2]

面对这种质疑和反驳，行为经济学家不得不为他们发现的非理性和非自利行为寻找演化论的依据。但他们碰到的一个重大困难是如何为演化过程建模。因为演化的一个重要特性是“随机性”，包括行为主体内部的随机变异和来自外部环境的随机扰动。在复杂系统中，演化过程的随机性虽然会导致某种确定性的“秩序涌现”，但对这类复杂系统的“涌现”现象，一般不可能在数学上给出解析性的描述。20 世纪末，经济学引入计算机仿真模拟技术来研究这类复杂系统，并由此诞生了一门新兴的学科——计算经济学（computational economics）。21 世纪初，行为经济学家开始运用仿真实验研究经济行为的演化问题，并取得许多重大发现。[3] 例如，2001 年，罗伯特·艾克塞罗德（Robert Axelrod）及其团队开

[1] Dawkins, R. *The Selfish Gene*. New York City: Oxford University Press, 1976: 3–5.

[2] 张五常：《经济解释》，花千树出版社，2001 年，第 23 页。

[3] 参阅叶航：公共合作中的社会困境与社会正义——基于计算机仿真的经济学跨学科研究，《经济研究》，2012 年第 8 期。

创性地通过计算机仿真模拟揭示了囚徒困境博弈中的合作机制。[1] 2004 年，美国桑塔费学派经济学家萨缪·鲍尔斯（Samuel Bowles）和赫伯特·金迪斯（Herbert Gintis）通过计算机仿真模拟研究了人类强互惠行为演化均衡的实现。[2] 2007 年，哈佛大学演化动力学家马丁·诺瓦克（Martin A. Nowak）及其团队通过基于个体行为建模（agent-based model）的计算机仿真模拟发现了合作行为及利他惩罚演化均衡的内在机理。[3]2015 年，中国台湾政治大学计算经济学家陈树衡（Chen S. H.）通过社会网络建模（social network-based model）的计算机仿真模拟研究了人类信任行为和可信任行为演化均衡的机制。[4] 浙江财经大学经济行为与决策研究中心团队通过个体行为建模（agent-based model）和社会网络建模（social network-based model）的计算机仿真实验对公共品博弈[5]、二阶社会困境[6]、囚徒困境空间博弈中人类合作行为演化均衡[7] 等方面也做了研究。这些研究为我们理解人类的非理性和非自利行为给出了终极的演化论解释，有力地支持了行为经济学对主流经济学“理性经济人假设”的批判。这些研究表明，人类大脑和心智中的“偏好”是“演化”过程中自然选择内化的结果；从“行为”到“偏好”、从“偏好”到“演化”，是行为经济学对主流经济学研究范式进行批评、置疑和超

---

[1] Riolo R L, Cohen, Michael D, Axelrod R. Evolution of cooperation without reciprocity. *Nature*, 2001, 414(6862): 441–443.

[2] Bowles S, Gintis H. The evolution of strong reciprocity: cooperation in heterogeneous populations. *Theoretical Population Biology*, 2004, 65(1): 17–28.

[3] Hauert C , Traulsen A , Brandt H , et al. Via Freedom to Coercion: The Emergence of Costly Punishment. *Science*, 2007, 316(5833): 1905–1907.

[4] Chen S H, Chie B T, Zhang T. Network-based trust games: an agent-based model. *Journal of Artificial Societies and Social Simulation*, 2015. 18(3), 5.

[5] Ye H, Tan F, Ding M, et al. Sympathy and Punishment: Evolution of Cooperation in Public Goods Game[J]. *Journal of Artificial Societies & Social Simulation*, 2011, 14(14): 20.

[6] Ye H, Chen S, Luo J, et al. Increasing returns to scale: The solution to the second-order social dilemma. *Scientific Reports*, 2016, 6(1): 31927.

[7] Li Y, Ye H. Effect of the migration mechanism based on risk preference on the evolution of cooperation[J]. *Applied Mathematics & Computation*, 2018 (320): 621–632.

越过程中一个完整的“证据链”；离开中间的任何一个环节，由行为经济学家所主导的经济学“范式革命”都将是不完备的。

库恩曾经指出，一个科学理论的“研究范式”，不但包含了它的基础假设、基本定律、基本命题及相关的应用分析模式，而且也包含着它在研究过程中所使用的特定的研究方法，即它的研究手段和技术工具。[1] 从某种意义上说，正是科学技术发展所导致的新的研究手段和技术工具的出现，才使我们得以发现旧范式无法解释的“异常现象”。在物理学和天文学中，许多“异常现象”的发现都依赖于电子显微镜、天文望远镜和粒子加速器技术的突破。因此，从行为实验到神经实验，从神经实验到仿真实验的发展，本身就是行为经济学“范式革命”逐步取得成功的重要标志，它们是行为经济学家的电子显微镜、天文望远镜和粒子加速器。作为行为经济学特有的研究方法和技术工具，行为实验对应着行为经济学家对行为范式的探索研究，神经实验对应着行为经济学家对偏好范式的探索研究，仿真实验对应着行为经济学家对演化范式的探索研究；在此基础上，它们共同构筑起整个行为经济学理论大厦，为经济学的“范式革命”提供创新的元素和质料。21 世纪以来，作为行为经济学三大研究方法和技术工具的行为实验、神经实验和仿真实验本身，也在不断地进行深化和发展。比如，为了解决实验室实验（laboratory experiment）的外部有效性问题，行为实验发展出了田野实验（field experiment）的分析技术；为了解决脑成像（brain imaging）的因果推断问题，神经实验发展出了脑刺激（brain stimulation）的分析技术；为了解决个体行为建模（agent-based model）的社会关联问题，仿真实验发展出了社会网络建模（social network-based model）的分析技术。因此，目前行为经济学的研究方法和技术工具事实上包含着以行为实验、神经实验、仿真实验为代表的“三大领域”，以及以

[1] 托马斯・库恩：《科学革命的结构》（第四版），金吾伦、胡新和译，北京大学出版社，2012 年第 2 版，第 8 页。

实验室实验、田野实验、脑成像、脑刺激、个体行为建模、社会网络建模为代表的“六个具体方向”，它们对行为经济学整个学科体系的研究范式起着极为重要的支撑作用，如图 1 所示：

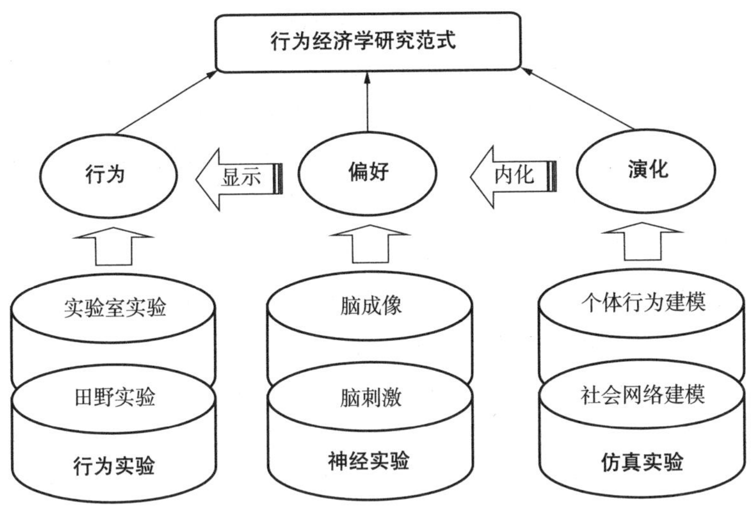

图 1　行为经济学研究方法与研究范式的关系

浙江财经大学经济行为与决策研究中心是目前国内唯一一家在行为经济学研究方法“三大领域”和“六个方向”上都具备研究能力并同时开展研究的科研机构和科研团队。CEBD 的前身是浙江大学跨学科社会科学研究中心（Interdisciplinary Center for Social Sciences，以下简称 ICSS）。2003 年，我与汪丁丁教授、罗卫东教授一起创建了 ICSS，把通过科学实验手段探索和推动经济学基础理论与研究方法的创新作为一个主要突破方向。近 20 年来，该团队培养了 40 多名既经过主流经济理论严格训练，又具有批判精神和跨学科视野的优秀博士和博士后。他们在《经济研究》《管理世界》《世界经济》《经济学季刊》《心理学报》等国内重要期刊发表相关论文 60 余篇，在 *Scientific Reports*、*Frontiers in Psychology*、*Journal of Artificial Societies and Social Simulation*、*Behavioural Brain Research*、*Theory and Decision*、*Macroeconomic Dynamics*、*Journal of Economic*

Dynamics and Control、*Economics Letters*、*Economics Bulletin* 等国际知名期刊发表相关论文 40 余篇；出版相关专著和译著 20 余部，主持或参加了包括国家社科重大项目、重点项目和一般项目，国家自然科学基金面上项目和青年项目，教育部后期资助重大项目、一般项目和青年项目在内的各类研究课题 50 余项；获得教育部人文社科优秀成果奖、中国大学出版社图书奖、省市哲学社会科学优秀成果奖等各类学术奖励 20 余项。从 2006 年以来，我开始对招收的硕士研究生和博士研究生实行定向分类的指导与培养，分别侧重于实验室实验、田野实验、脑成像实验、脑刺激实验，以及基于个体行为建模和社会网络建模的计算机仿真实验，逐步在行为经济学研究方法的“三大领域”和“六个方向”上实现了全覆盖。

2015 年，由于许多优秀博士生面临毕业分配问题，我无力将他们全部留在浙江大学，于是在浙江省特级专家、浙江财经大学王俊豪老校长的大力支持下，整体引进了我们团队。2016 年，浙江财经大学经济行为与决策研究中心正式成立。2017 年，CEBD 获批浙江省哲学社会科学 A 类重点研究基地，由我出任基地学术委员会主席兼首席专家，浙江财经大学党委副书记、理论经济学学科负责人卢新波教授出任基地主任，我的学生罗俊副教授和姜树广博士任基地副主任。2019 年 4 月，首届中国行为与实验经济学论坛在浙江财经大学成功召开。该论坛由《经济研究》编辑部、中国人民大学经济学院、清华大学经济管理学院、南开大学商学院、暨南大学经济学院、上海财经大学经济学院、浙江财经大学经济行为与决策研究中心和南京审计大学泽尔滕经济学实验室共同发起，来自剑桥大学、加州大学圣地亚哥分校、新加坡南洋理工大学、诺丁汉大学等海外知名大学，以及清华大学、北京大学、浙江大学、中国人民大学、复旦大学、上海交通大学、北京师范大学、南开大学、武汉大学、山东大学、厦门大学、上海财经大学、中山大学、暨南大学、华东师范大学、上海外国语大学等国内顶级大学的 260 余位专家学者分别围绕个体行为决策、行为博弈、市场设计、田野实验、行为金融、神经经济学等主题，展开了热烈的学术交流和讨论。在大会主会场上，我以论坛首任主席的身份做了《理论建构：行为经济学的使命》的主旨报告，系统梳理了行为经济学过去的发展历程、目前的发展困境及未来的发展方向。我在报告中指出，行为经济学基于对传统的经济学“理性假设”和“自利假设”的挑战，发展了行为实验、神经实验和仿真实验等新的研究方法，但仍面临缺乏简洁的逻辑起点和一致的逻辑解释等主要困境。我认为，要最终完成经济学的范式革命，行为经济学应该将行为人假设、行为博弈假设、演化均衡假设纳入公理体系，利用量子概率论的叠加原理把理性与非理性、自利与非自利等对立的行为融为一个分析系统，构建一个新的经济学逻辑框架。量子概率论与经典概率论的区别在于，它以波的形式描述两种（或 n 种）不同概率事件相互纠缠的叠加状态，从而在经典概率论的全概率公式之外引入一个叠加项；由于叠加项可以大于零或小于零，因此量子概率的计算结果会与经典概率产生偏移，而这种偏移却可以在很大程度上解释经典概率论无法解释的异象。如果叠加项取值为零，量子概率则蜕化为经典概率。因此，经典概率论只是量子概率论的一个特例。这一特性表明，建立在量子概率论基础上的经济学新范式将把传统的主流经济学作为一个特例包含在内，其关系就如爱因斯坦的相对论与牛顿的经典力学一样，从而使这一新的理论范式既能解释传统经济学可以解释的现象，也能解释传统经济学无法解释的异象。

CEBD 的宗旨是：“秉持批判精神与跨学科视野，致力于通过科学实验手段（包括行为实验、神经实验和仿真实验）探索经济学基础理论与研究方法的创新，推动经济学研究范式的革命。”目前，CEBD 拥有全职研究人员 22 名，海外和国内知名大学的特聘或兼职研究人员 8 名，全职博士后研究员 6 名，全日制脱产攻读学位的硕、博士研究生 12 名。中心下属一个占地 250 平方米和 50 个封闭隔间的“神经与行为经济学实验室”，以及包括研究生和博士后工作室、电子阅览室、讨论室、会议室在内的研究空间 600 余平方米。中心配备了功能性近红外脑成像仪（fNIRS）2 台、64 通道脑电图相关电位脑记录仪 3 台、虚拟现实与生物反馈系统 2 台（套）、多导生理记录仪 2 台（套）、桌面眼动仪 3 台、经颅直流电刺激仪（tDCS）10 台（套），以及用于计算机仿真的大型服务器和数据存储设备等行为科学、心理科学、认知科学、神经科学和计算机科学的基础研究设备。

出版“行为经济学研究方法和实例”丛书是 CEBD 计划在 2019—2020 年度完成的一项重要学术任务，丛书编辑的宗旨是：“通过丰富、具体的研究实例，向读者全面介绍包括行为实验、神经实验和仿真实验在内的三大领域，以及包括以实验室实验、田野实验、脑成像实验、脑刺激实验、个体行为建模仿真实验、社会网络建模仿真实验在内的六个方向为代表的行为经济学前沿研究方法，从而探索和推动经济学基础理论的创新与经济学研究范式的革命。”该套丛书精选了 CEBD 八位优秀博士生的博士学位论文，并在这些博士论文的基础上经过作者全面和认真的修订而成。丛书研究的具体内容涉及互惠、利他、公平、信任、合作、风险偏好、损失厌恶、禀赋效应、身份标签、群体偏向、器官捐献和宗教信仰等行为经济学的基本议题。通过阅读和学习，我们希望有志于行为经济学研究的读者能够全面了解并掌握行为经济学的前沿研究方法，能够独立地或以团队形式完成相关的行为经济学研究。为了达成这一目的，我们在每本书的附录中尽可能详尽地向读者提供有关的实验设计、实验步骤、实验材料和实验的原始数据，以及相关的 Z-tree、MatLab 和 NetLogo 等实验程序编写的源代码。我们希望该丛书能够成为一套指导行为经济学研究的实验指南和实验手册，从而推动我国行为与实验经济学的发展。

叶航
2019年10月
于杭州下沙高教园区丽泽苑

自　序

——经济学的科学化与走向真实世界

人类既强大又虚弱，既卑琐又崇高，既能洞察入微又常常视而不见。

——德尼·狄德罗

1590年，伽利略在比萨斜塔上的自由落体实验，撼动了亚里士多德以降强调主观推理和逻辑演绎、只以定性和先验的讨论来认识世界的方式，并从此开启了近代物理学的实验科学之路。与自然科学的发展史相同，早期的经济学理论在很大程度上也是经济学家通过经验观察与总结归纳，再借助抽象假设或数学演绎的方法而构建产生的。从亚当·斯密的“看不见的手”的自由市场理论到马歇尔的局部均衡分析无一不是如此。

进入20世纪，随着西方科学哲学的转向，卡尔·波普尔在判定科学时的“证伪主义”标准被广泛接受。经济学能否成为一门可被证伪的科学，成为衡量经济理论是否与客观规律一致、学科能否进一步发展的关键。这在一定程度上催生出了经济学计量方法的使用，即从大量的自然数据中获得相关的经济结构信息，并通过统计检验和识别以求能够证伪理论。然而，由于计量方法本身在数据获取和操作上所存在的局限性，仅对自然数据进行计量分析，是很难以证伪主义的要求对经济学理论或模型是否成立、在何种情况下成立做出检验的。

20世纪60年代，弗农·史密斯所设计的双向拍卖实验，验证了竞争性市场中均衡价格理论的正确。这也是经济学家第一次正式通过规范的实验方法，从证伪主义出发，直接检验经济理论的正确性，标志着经济学走向科学的进程。然而，这一进程远没有想象中的顺利。经济学实验方法并没有很快被主流经济学界接受，弗农·史密斯的开拓性工作甚至在当时没有泛起太大的波澜。

这个时期的经济学界，正面临着约翰·纳什所带来的博弈论的冲击。博弈论的数学表达和多方互动条件下均衡策略的求解，很快就被习惯了逻辑演绎及理性人假设的经济学家们接受。随着博弈论的广泛流行，实验方法开始结合博弈论模型，通过有价值诱导（induced value）的真实决策数据，证伪了博弈理论所预测的行为人的纳什均衡策略，从而成为行为经济学批判理性人假设的重要证据。

这些行为实验包括Güth等（1982）开展的最后通牒博弈（ultimatum game）实验，由Forsythe等（1994）设计的独裁者博弈（dictator game）实验，Berg等（1995）最早开展的信任博弈（trust game）实验，以及由Isaac和Walker（1988）设计的公共品博弈（public goods game）实验等。实验结果表明，互惠、利他、公平、信任、合作等亲社会行为普遍存在于人与人之间的互动交往中。

亲社会行为在实验中被发现是对经济学理论所预设的“理性自利人”的关键证伪。此后，实验作为自然科学中基础的证伪方法，在经济学的实证领域中逐渐兴起。研究者能通过在实验过程中的人为调节和控制来排除无关因素的干扰，使得经济理论能够在不断地被检验或被证伪的过程中得到发展。由此，经济学的实验之路为经济学日益科学化的进程提供了坚实的方法上的支撑。

实验方法在为经济学理论发展提供科学化验证的过程中，也在努力走向真实世界。从之前的实验室环境、大学生被试、抽象的实验说明，到现实情境中面向一般人群，力图为经济学应用领域的实际问题提供直接的检验和具体的判断。为寻求实验结果的外部有效性，避免人们对实验室实验在方法论上的诘问，实验经济学家推动了实验室实验以外另一类实验方法的出现与发展，即田野实验。

田野实验的重要意义在于对现实问题的科学解答，比如市场中有多少歧视发生，歧视的性质是什么？为什么人们会有慈善举动，什么机制可以更好地维系人们的慈善捐助？怎样的收入分配机制是公平且有效的？什么样的公共政策能够降低青少年犯罪率？这样具体的应用性课题，田野实验方法都展示了比其他实证方法更能直接有效地提供事物之间因果关系的特质，从而回答了事物是否确实已然发生了，以及它为什么会发生这样的问题。

另有一部分实验经济学家科学化更为彻底。他们已不满足于从行为表征来刻画人性，而是希望打开行为背后的“黑箱”，揭示行为偏好的内在动机。恩斯特·费尔和科林·凯莫勒等与神经科学家广泛合作，通过脑成像技术发现各类亲社会行为的神经机制，如互惠、利他、公平、信任、合作等社会偏好会激活特定的大脑神经区域与网络。进一步，他们利用近年来才发展出来的神经刺激技术，建立了神经区域与相关行为决策之间的因果关系。

这即是经济学在过去三十年里，最激动人心、最不同寻常的科学化与走向真实世界的历程，也是本书力求呈现的内容。全书由导论（第一章），研究方法与研究进展（第二、三章）以及研究实例介绍（第四、五、六章）组成。其中，第二章是对田野实验研究方法与神经科学技术的介绍。第三章是有关互惠、利他、公平等亲社会行为的田野实验和神经实验研究综述。第四章到第六章是三个我曾经开展的实验研究实例，包括户籍身份与公平感的田野实验研究，捐赠信息公开对捐赠行为影响的田野实验研究，以及不同情境下收入分配决策的神经实验研究。

浙江省哲学社会科学重点研究基地（A 类）“浙江财经大学经济行为与决策研究中心”对本书的出版给予了资助。本书的研究内容还得到了浙江省哲学社会科学规划课题（19NDJC155YB），国家自然科学基金青年项目（71703145）的资助，是这两个课题的阶段性研究成果。本书也是“行为经济学研究方法与实例”丛书的一本，这套丛书由我的导师叶航教授策划。他构思了行为经济学研究的一个宏大理论框架，我的工作只是这个框架中的一小部分。因此，本书几乎所有的研究工作都是在他的指导和督促下完成的。

本书的出版离不开浙江财经大学卢新波教授、胡亦琴教授、王正新教授的大力支持。我的很多研究都是与我的同门陈叶烽、郑恒、纪云东、李燕、张弘、郑昊力、黄达强、陈姝、汪思绮、郭文敏合作或讨论的成果。我的合作者还有北京师范大学的何浩然教授，华中师范大学的邓红平教授，以及火奴鲁鲁夏明纳大学的高冠林教授。我的同事王鑫鑫、李佳慧、姜树广也提供了很多建设性的意见。感谢《经济研究》、《心理学报》、《经济学（季刊）》、《世界经济》、《南方经济》、*Theory and Decision*、*Behavioural Brain Research*、*Frontiers in Psychology* 等杂志允许我在本书中使用已经发表的有关研究资料和实验数据。

感谢家人对我的包容、理解和爱。父母为我无私付出，他们总是会欣喜我取得的每一点进步；妻子对我从来没有太多要求，还一直鼓励我去做自己喜欢的事情；还有才半岁大的女儿，即便陪伴她玩耍的时候也时常心不在焉，总是在想工作，但她依然会因为我的陪伴而开心得手舞足蹈。这本书献给你们，我爱你们。

罗　俊

2019 年 7 月 10 日

于杭州下沙江滨

目 录

第1章　导论

1.1　从理性自利到互惠、利他与公平

经济学家将人的自利性作为经济学理论分析的前提条件，这一条件也是“纯经济学的第一原则”（Edgeworth，1925）。从亚当·斯密将人们“自利的打算”视为引导自由市场体系的形成、社会通向兴盛繁荣的“看不见的手”（亚当·斯密，1981），到之后由马歇尔、萨缪尔森等人建立和发展起来的主流经济学分析框架，都是以个人追求自身效用最大化为逻辑起点，补充以其他假设条件和公理体系，通过严密的数学形式表达，推导出所有经济理论分析的相关结论和命题。可见，自利人假设的恰当与否是经济学理论分析能否准确描述与推断现实问题、能否真实反映和预测真实世界的关键。

然而，长久以来经济学内部都只注重演绎推理式的分析和推断方式，满足于公理体系的逻辑自洽性，把自利人原则看作无须检验和质疑的假设。但实际上，一门科学的发展是一个不断提出假设、构建理论、验证假设、发展理论的过程。如经典物理学中牛顿运动定律是建立在绝对时间和绝对空间的假设基础之上的，但这一假设在之后的两百年间备受质疑。直到19世纪末一系列物理学实验的重要发现（包括迈克耳孙－莫雷实验对“以太风”观测的零结果）才对牛顿理论体系的绝对时空观构成了彻底颠覆。爱因斯坦也正是在此背景下创立了相对论，提出新的公理体系（相对性原理和光速不

变原理），从而推动了物理学的革命。

因此，经济学界若要坚定地推进学科科学化之路，不仅要在模型构建和数学工具的使用上追求愈加艰深的表达，还必然需要对经济学的前提假设、理论条件做基于经验事实的可重复、可控制的科学检验，以使得经济学分析框架能够在不断地被检验或被证伪的过程中得到补充和完善。值得欣慰的是，由弗农・史密斯（Vernon Smith）等发展起来的实验经济学研究方法已成为经济学领域一个重要研究方向，为经济学日益科学化的进程提供了坚实的方法上的支撑，尤其是近年来有关行为博弈的经济学实验中，发现互惠、利他、公平、信任、合作等亲社会行为（prosocial behavior）的广泛存在，并在改变实验室条件和参数设置下证实了实验结果的稳健性。

实验经济学中对理性自利人假设的检验，主要是通过设计各种有关个人收益与他人收益之间存在相互冲突的行为博弈实验来实现的。而这类行为博弈实验的过程起初就是在可控制的实验室内开展的。实验经济学家们在实验室中构造一个模拟的微观经济环境，对实验被试的博弈角色、初始禀赋与行为约束条件做出相应的设置，并通过相关的实验规则与实验说明来安排行为博弈的互动机制，利用真实的物质激励以对被试的行为进行诱导和观察，最后根据实验结果与自利人假设下均衡解的比较，来衡量和测度被试的亲社会行为水平。

由 Güth 等（1982）设计并开展的最后通牒博弈实验以及后期大量的重复实验（Roth et al.，1991）都证实了最后通牒博弈实验中的被试行为偏离了自利人假设。实际上人们表现出了不同程度的亲社会行为水平：提议者（proposer）愿意将接近对半分的初始禀赋分配给对方，体现了提议者公平、互惠的偏好；响应者（responder）不愿意接受对方给自己较低初始禀赋的分配，说明响应者有惩罚不公平分配或厌恶不平等收益的偏好。为探知响应者拒绝行为的动机，Blount（1995）在实验中让计算机提出分配方案，结果表明，响应者会无条件接受任何份额的分配，从而证实响应者的拒绝是对提议者不公平行为的惩罚。

独裁者博弈（dictator game）与最后通牒博弈的不同之处在于，独裁者博弈中的响应者无权反对提议者的分配方案，博弈双方的各自收益只由提议者决定。显然，自利假设下的提议者不会分配任何收益给对方。然而，Forsythe 等（1994）的实验结果显示，即便提议者享有“独裁”的权力，但他依然会分配给对方一定额度的收益。有研究者重复了独裁者博弈实验，发现提议者一般会分配 10%—25% 的初始禀赋给对方，且绝大部分分配额都分布在 0 到 50% 之间（Smith，2000）。虽然独裁者博弈的分配额小于最后通牒博弈的，但一个正的分配额对自利假设构成了更为严厉的挑战，独裁者的给予是一种出自利他偏好的亲社会行为。

信任博弈实验最早由 Berg 等（1995）设计开展。在自利人假设的基础上，根据动态博弈的逆向归纳法，其子博弈将纳什均衡精炼为：代理人不会返还任何数额的钱给委托人。委托人能预期到代理人的决策，也就不会拿出任何数额的钱给代理人，即不存在博弈双方之间的互惠信任。但实验结果显示，委托人一般会拿出一半数额投资给代理人，代理人会将接近委托人投资额的收益返还给委托人（Burks et al.，2003）。实验结果证实了偏离自利假设的互惠信任行为的存在。

公共品博弈的纳什均衡解为每位参与者都选择搭便车，结果导致公共品的零供给。但实际上，我们不仅在现实生活中常常见到人们自愿付出在社会公共品上的投资，也有大量经典的公共品博弈实验表明，人们并不会如纳什均衡策略一样都选择搭便车，而是会向公共品投入一定比例的数额（Isaac and Walker，1988）。Fehr 和 Schmidt（1999）的后续实验发现，随着轮次的增加，被试的捐献额呈逐渐降低趋势。Fehr 和 Gächter（2000）对这一现象做了检验：在有成本的惩罚实验组中，合作水平并没有随着博弈轮次的增加而明显递减；在无惩罚实验组中，随着博弈轮次的增加，捐献水平逐渐下降。该实验不但表明在无惩罚的公共品博弈中，人们具有对公共品进行捐献的亲社会行为，还表明在有成本的惩罚条件下，人们具有不公平厌恶和利他惩罚的亲社会行为。

礼物交换博弈（gift exchange game）在自利假设下的均衡解为雇员选择最小努力程度，雇主提供最低工资。然而，实验表明雇员的平均净收入远远超过最低工资水平，且雇主提供的工资越高，雇员的努力程度就越高（Fehr 等，1993）。Fehr 等（1997）通过允许雇主对雇员进行奖惩拓展了这个博弈，实验结果发现，在一次性博弈中雇主仍然会惩罚没有履行合同的雇员，也会奖励超额完成合同的雇员，说明礼物交换博弈实验中雇主和雇员都具有利他、互惠等亲社会行为表现。

1.2 互惠、利他与公平的情境依赖性：田野实验的发现

在实验室中，实验经济学家们发现偏离理性自利人假设的亲社会行为的普遍存在，并通过改变实验条件和参数设置证实了相关实验结果的稳健性。然而，人们依然会对于利用实验室实验来反映现实生活中的个体行为决策与互动交往的可靠性，即实验结论的外部有效性（external validity）表示怀疑。这些怀疑主要包括实验被试是否具有一般性、抽象的实验环境是否能模拟真实情境、实验员是否会影响被试的行为（Levitt and List，2007）等。为消除这一疑虑，实验经济学家将“真空”条件下的实验室实验扩展到具备现实情境的田野实验（field experiments）（Harrison and List，2004）。田野实验一方面保持了实验的控制性，另一方面在更为真实的环境中开展。

田野实验因而可以定义为：运用科学的实验方法去检查真实世界（或者说自然发生的环境，naturally occurring environments），而不是在实验室里发生的扰动。田野实验也如实验室实验一般，随机招募被试人群（或其他样本单位）进入控制组和其他任务组，并进一步比较这些组别的实验结果。由此可见，田野实验与实验室实验相比，突出的特点便是其更贴近真实世界，如：田野实验是在实地

（field）招募被试而不是在实验室；田野实验中使用的是实际物品而不是诱导价值（induced valuation）；田野实验在实验说明中设定真实的情境而不是抽象的实验术语（Carpenter et al.，2005）。因此，我们在文中试图通过田野实验的研究方法来考察人们的亲社会行为是否受到特定情境因素的影响和作用，即证实互惠、利他、公平等亲社会行为情境依赖性的存在。

田野实验检测到人们的亲社会行为会表现出情境依赖性（context dependence）。这里的情境指的是时间（T）、场景环境（E）、事件背景（B）、社会性因素（S）[1] 等不同维度的变量所组成的集合。那么，亲社会行为的情境依赖性就可定义为：亲社会行为水平可能会因为情境集合中任一维度变量的引入或改变而有所变化。实验经济学家在田野实验中通过控制其他维度变量不变，比较随机招募的同一批被试在该维度变量的两个情境下（比如 T_0、T_1）的表现差异，来"捕捉"情境集合中某一维度变量（T）对被试亲社会行为的影响。

时间、场景环境、事件背景都是人们在行为决策时不可缺少的现实要素。已有的田野实验研究就发现，随着时间、场景环境、事件背景等情境变量在实验中的引入或改变，人们的亲社会行为表现会相应有所变化，且变化方向往往并不确定。Gneezy 和 List（2006）在劳动力市场进行的田野实验检验了时间情境对礼物交换博弈中被试亲社会行为的影响。实验发现，在开始的一段时间里，雇员在更高的薪酬下比在更低的薪酬下付出了更多的努力，但一段时间后，努力的差异不再显著。作者认为，这是因为被试在长期和短期过程中的心理状态有所不同而改变了他们有关互惠的亲社会行为。Gneezy 等（2004）设计了一个需要被试共同分摊花费的田野实验，来检验场景亲社会行为的影响。结果发现，当人们处于一个更为熟悉的场景中，他们集体共同分摊花费时更多地考虑自己的利益，自

[1] 社会性因素包括社会规范、社会声誉、社会身份、社会压力、社会承诺等。

然地表现出内心自利的一面。Cronk（2007）在东非开展的田野实验考察了文化背景这一情境变量对信任行为的影响。实验结果显示，在嵌入了当地文化背景的实验中，被试表现出更低的投资水平和更低的期望返还率。作者认为，这一背景引致的是一种在部落成员真正需要帮助时施以援手的利他行为，这与信任博弈中所考察的互惠偏好可能有所冲突。

人们在日常生活中会根据当下的社会规范、自己的社会身份、做出的社会承诺、面对的社会压力等社会性因素来做出符合社会要求的行为决策。因此，在嵌入了社会性情境的田野实验中，研究者常常能发现以上这些社会性因素有提高人们亲社会行为水平的正向作用。Giovanna（2011）在田野实验中考察了社会规范对亲社会行为的促进作用。实验中的社会规范体现为群体中有正式职务或受当地人拥戴的领袖的行为决策。实验结果显示，在有社会规范的情境中，被试参与捐款的比例和平均捐款数额要比另一情境显著更高。Yoeli 等（2013）开展的一个公共品博弈实验证实了社会声誉的引入对合作行为的作用。电力公司需要邀请住户参与活动，活动对整个社区有利，但会给住户个人带来不便。实验发现，将受邀参与活动的住户名单公布在社区邮箱上（引入社会声誉情境）的做法将住户参与活动的比例提高了 3 倍。Falk 和 Zehnder（2007）在苏黎世居民中开展的田野实验考察了社会身份的嵌入对人们亲社会行为水平的影响。被试参加的是一个信任博弈实验，实验结果发现，人们的信任行为存在着组内偏爱（in-group favoritism），即委托人在面对与自己来自同一地区的代理人时，会给予显著更多的信任。

以上田野实验研究实例通过在实验中嵌入不同程度的现实情境，发现了利他、互惠、公平等亲社会行为的情境依赖性。从利用实验室实验证实亲社会行为，到通过田野实验发现亲社会行为具有情境依赖性，这条行为实验的研究路径无疑使得我们更加全面地理解了人类行为的情境性和复杂性，也使我们能够更深刻地反思传统经济学有关人类理性自利的简单假设。

1.3　互惠、利他与公平的内在动机：神经科学的证据

行为结果终究是外在表象，偏好动机才是内在根源。行为实验可以为我们观察和检验人类的亲社会行为及其情境依赖性提供科学的实证依据。但却无法让我们知晓人们为何会表现出利他、公平、信任、合作、互惠等亲社会行为，以及为什么在特定的情境下又会影响人们的亲社会行为。我们常常难以根据行为实验中所观察到的亲社会行为，就直接推断出究竟是哪种偏好动机决定了人们做出这一行为。而其他能直接评估个人偏好动机的方法，如问卷调查的方式又会因为被调查者的随意性或刻意掩饰，而很少能够准确测度出被试内在的真实动机[1]。相对而言，人们却难以"隐藏"或"美化"自己大脑内神经元的真实活动。因此，神经科学相比其他实证研究方法而言，能够为我们探究人类亲社会行为背后的偏好动机提供更为直接和有效的科学证据。

比如，De Quervain 等（2004）发表在《科学》杂志上的文章，就是通过神经科学技术，发现利他惩罚这种亲社会行为实际上是类似于烟瘾、酒瘾、毒瘾的成瘾性行为。利他惩罚行为依赖一种自激励机制，当人们做出这种行为时，人脑的某个区域就会被激活，而且行为的强弱与其激活程度正相关。所以在现实社会中，大多数人在发现那些违反社会规范的行为未得到惩罚时会感到不舒服，而一

---

[1] Carpenter（2002）认为以调查问卷作为实证分析数据，可能会带来以下三种问题：一是假设性偏离（hypothetical bias），调查问卷中的数据获取是基于假设条件下的提问，但人们在实际情况下的反应往往与假设条件下的决策并不一致，且这种不一致会影响实证结果的准确性，因为假设性偏离是非随机的，个体总是会做出美化自己的回答，因此这些偏离不能简单地通过对数据的噪音处理来解决；二是调查者效应（surveyor effect），被调查者为了迎合调查者，可能会刻意选择调查者希望看到的数据结果；三是激励相容性（incentive compatibility），没有物质激励的调查问卷可能难以保证被调查者认真做出自己真实的决策，且在很多情况下，只有通过物质收入才能引致出被调查者真实的非自利行为（non-selfish behavior）。

旦公正得以建立，他们就会感到身心愉悦。此外，随着科学技术的发展，神经科学实验还能够通过脑刺激技术来得到脑区活动及相对应的偏好动机与亲社会行为之间的因果关系。如 Knoch 等（2006）同样发表在《科学》杂志上的文章，就是利用脑刺激技术，对以往已证实与公平偏好相关的脑区进行刺激，从而改变了这一脑区的神经活动。实验发现，被抑制该脑区神经活动的被试在最后通牒博弈中，会更加愿意接受对方所提出的不公平的分配方案。这一结果因而直接证实了，是该脑区所引致的公平偏好决定了人们在最后通牒博弈中会做出拒绝不公平分配方案的亲社会行为。

可见，神经实验主要分为脑成像和脑刺激两种研究手段。脑成像技术可以通过观察实验被试在做出行为决策时的大脑神经活动，从而为亲社会行为提供相应的神经基础。然而，脑成像技术因为无法对神经活动进行影响和改变，而只能得到大脑某区域的神经活动与实验被试的亲社会行为表现同时发生的相关性关系（Fudenberg，2006），这便不能揭示大脑各区域所引致的偏好动机对于亲社会行为究竟起到了怎样的作用。鉴于此，近年来才诞生的脑刺激技术开始越来越受到神经科学家的关注。如果实验被试的某一脑区在接受刺激后导致了行为表现的显著改变，那么就可以据此推断它们之间的因果联系（Ruff et al.，2013）。我们在本书中就尝试采用了脑刺激这一先进的神经科学技术，根据以往脑成像研究所得到的大脑特定区域与相关偏好的对应关系，来研究是什么偏好动机决定了人们在决策中的亲社会行为，以及与亲社会行为情境依赖性相关的神经机理。

综上所述，现阶段只有沿着实验经济学研究的发展路径，结合田野实验和神经实验才能帮助我们考察并探究不同实验条件下亲社会行为是否稳定，以及何种情境下亲社会行为会发生改变，为什么会发生改变。而对于这些疑问的解答实际上是为我们重新思考经济学的理性自利人假设、理解个体行为的复杂性提供了重要的经验证据；并对于我们在未来完善个体行为的前提假设，构建新的个体行为微观模型，最终推动经济学理论体系的进步与发展都具有重要的意义。

1.4　研究思路与展望

本书围绕互惠、利他、公平等亲社会行为的存在及影响因素这一主题，以田野实验与神经实验为工具，分别从最后通牒博弈、慈善捐赠活动和社会收入分配决策出发，来考虑这些决策环境中所涉及的与公平互惠有关的亲社会行为、与利他捐赠有关的亲社会行为，以及与公平正义有关的亲社会行为在受到社会身份引入、捐赠信息公开、社会情境改变等情境性因素的影响下，是否会出现亲社会行为的情境依赖性。根据以上三个有所不同的研究内容，我们相应设计了不同的实验，力求做到实验设计的针对性、数据的可靠性以及分析方法的准确性。

具体来说，本书以最后通牒博弈中提议者和响应者的户籍身份作为影响因素，安排相同户籍身份或不同户籍身份的被试为实验中的博弈对象，从而考察被试在面对与自己相同或不同户籍身份的被试时会有怎样不同的互惠公平的表现。我们以捐赠信息公开程度作为影响因素，在实验中设计安排被试在捐赠时面临不同的捐赠信息公开条件，从而考察被试在这些不同捐赠信息公开条件下所可能引致的心理感受，以及对于他们利他捐赠行为的影响。我们还以被试是否知晓自己所处的社会阶层作为影响因素，在实验中设计安排了无知之幕、被试知晓自己所在阶层和被试为社会计划者，以此来考察被试在不同社会情境时所表现的有关公平分配的决策是否有所改变。同时，我们通过对被试在完成分配决策时进行特定脑区神经活动的刺激，以实现分离不同偏好对于被试分配决策的作用，解释有关公平分配决策的神经机理的效果和研究目的。

1.4.1 研究内容安排

如上所述，本书以互惠、利他、公平等亲社会行为研究为关注点，并以三个与此有关的亲社会行为实验来展开全文。按照这一主题思路，本书的具体内容共分为七个章节。

第一章为导论部分。这一章简要介绍了本书的研究目的和意义、主要研究方法与思路、文章的研究内容和主体结构，以及可能的创新点等内容。

第二章为田野实验与神经实验方法的介绍与探析。这一章分为三个小节：第一小节对于实验室实验的外部有效性问题做了分析；第二小节对于田野实验的概念与分类界定、特点与核心思想、发展脉络等都做了细致的梳理；第三小节对于脑成像技术内容、脑刺激技术的特点、比较与应用等做了介绍与归纳。

第三章为互惠、利他、公平的田野实验与神经实验研究综述。这一章对有关利他、互惠、公平等亲社会行为的田野实验研究与神经实验研究的内容都做了具体介绍。

第四章为户籍制度引致的社会身份是否会影响人们在最后通牒博弈中有关互惠公平感的亲社会行为的检验。该章运用田野实验研究方法，以浙江省慈溪市小学生为实验对象，将户籍身份引入最后通牒博弈中，考察人们对户籍身份的认识以及户籍身份的引入是否会影响被试有关公平感的亲社会行为。实验结果显示:（1）户籍身份在博弈实验中的引入影响了学生们固有的公平感，拥有农村户籍身份的被试会认为自己理应得到更多的分配；而另一方面，被试认为拥有城镇户籍身份的博弈方应该给自己提供更多的分配。（2）小学生中尚未出现不同户籍身份群体之间明显的对立或排斥。

第五章为捐赠信息公开所引致的声誉效应对于慈善捐赠中的利他行为的影响检验。该章首先构建了一个不同捐赠信息公开条件下的个人捐赠行为理论模型，并通过开展慈善捐赠田野实验对理论预测进行了验证。我们发现捐赠信息的实名公开会对捐赠行为产生两种作用：第一种作用是“筛选”效应，意愿捐款数额较低的人，会因为要实名公开捐赠信息、接受公开表扬而感到惭愧。他们因此会通过不参与捐赠来避免捐赠信息的实名公开。第二种作用是“提拔”效应，意愿捐款数额较高，决定参与捐赠的人，会因为要实名公开捐赠信息，引致声誉动机，从而提高自己原本意愿的捐款数额。

第六章为社会情境的差异对于社会收入分配决策中有关公平正义行为的影响检验。我们利用先进的脑刺激技术，对于人们在不同情境下（无知之幕、知晓所在阶层、社会计划者）关于社会各阶层收入进行分配决策时，涉及风险偏好和自利偏好的脑区活动进行了短暂的调节和改变，以此来验证各种社会情境对被试在做收入分配决策时，有关公平正义的亲社会行为的影响。此外，我们通过比较被试在不同的相关脑区受到刺激后对各阶层的分配决策，来检验被试在各种社会情境下的分配决策受到了哪些偏好动机的作用。实验结果表明：被试有关分配决策中的亲社会行为确实存在情境依赖性，他们对社会阶层的分配决策会因为社会情境的改变而有所变化。此外，亲社会行为情境依赖性与特定脑区引致的相应偏好之间的因果关系也得到了验证。与自利偏好（理性计算）有关的脑区受到刺激后，会直接改变被试在知晓所处阶层情境下的分配决策。与风险偏好有关的脑区受到刺激后，会直接改变被试在无知之幕情境下的分配决策。

第七章为本书的结论部分。该章总结了本书其他各章的几个主要结论和研究中存在的不足之处，并在此基础上指出了未来进一步研究的改进空间和方向。

1.4.2　研究展望

本书的特别之处可能在于以下几个方面：

首先，从研究主题上来说，有关互惠、利他、公平等亲社会行为的研究如今已是行为经济学与实验经济学最重要的研究方向之一，而这些行为的存在与情境依赖性的关系虽然已经得到了一些实验研究的证实，但一方面比较零散，缺乏系统性的研究，另一方面也存在着很多结论及方法论上的争议；而国内由于引入实验经济学与行为经济学方向较晚，相关研究并不深入。本书立足中国的实验样本，利用田野实验与神经实验这两种前沿研究方法，开展有关互惠、利他、公平行为的检验，一方面能够填补国内现有关于亲社会行为田野实验与神经实验双重证据的空白，另一方面也为后续开展跨文化的行为研究比较提供了重要的实证数据。

其次，从研究方法上来说，田野实验与神经实验不仅是经济学领域最为前沿的研究工具，也是操作难度系数较高、获取数据成本较大的研究方法。因此，本书将为今后相关的实验研究提供宝贵的经验支持，从实验任务的设计、实验被试的招募、实验仪器的操作、实验场地的联系调度、实验现场的组织和控制到最后实验数据的整理和分析等，我们都力图详细呈现所有环节和内容，以期为今后该方向的研究者重复或开展相关实验提供一个基本的操作范式和模板。

最后，在具体的实验内容上我们还可能有以下创新之处：

（1）田野实验研究是经济学实证研究的新兴工具，在中国更是方兴未艾。而围绕中国社会经济转型期涌现出的独有现象而展开的经济学田野实验，对于田野实验在中国的应用和发展具有重要的理论创新意义。本研究就在田野实验中纳入了中国特殊的社会情境，如在最后通牒博弈实验研究中，分别考察是否引入提议者和响应者的户籍身份，以及提议者和响应者的户籍身份类别对博弈行为（提议者的公平分配和响应者最小接受额）的影响。

（2）以往有关慈善捐赠的理论研究认为，声誉动机是捐赠行为的重要驱动力，相应的经验证据和实验研究也证实社会声誉对捐赠行为具有促进作用。而我们的田野实验研究通过考察不同程度的捐赠信息公开情况下的平均捐款数额和捐赠率的水平，发现：当人们的捐款数额较小时，社会声誉对捐赠行为具有抑制作用，实名公开捐款数额的要求会显著减少人们参与捐款的可能性；而只有在强制性实名公开捐款数额的情况下，社会声誉对捐赠行为才具有促进作用，从而完善了有关声誉对慈善捐赠行为作用的理论模型。

（3）脑刺激实验问世不久，运用在亲社会行为检验上的尝试更是凤毛麟角。我们在研究有关分配正义的亲社会行为检验中所开展的脑刺激实验，一方面可以为脑刺激实验在亲社会行为的运用上，以及有关互惠、利他、公平的神经机制研究方面提供实例。另一方面，我们在脑刺激实验中加入了实验经济学中更为规范的实验设计内容，以结合实验经济学与脑科学研究这二者的长处，为神经经济学研究的完善和发展提供可能的方向和经验指导。

（4）本书首次从实验经济学的角度，提出了亲社会行为情境依赖性这一概念，并通过三个相关的实验研究，分别检验了社会身份对公平互惠感的影响、社会声誉对利他行为的影响、社会情境对公平正义的影响，从而证实了亲社会行为的情境依赖性，并为今后从理论上构建有关个体亲社会行为的跨情境模型提供了系统的实证依据。

第2章 田野实验与神经实验方法的介绍与分析

2.1 经济学实验室实验外部有效性述评

经济学实验室实验虽然能够证实亲社会行为的存在，但这一结论却可能有赖于参与实验的大学生被试，以及实验室相对抽象、简单的情境和场景。不少研究者因此对其所得到结论的外部有效性产生怀疑（Levitt and List，2007a），并进而出现互惠、利他、公平等亲社会行为的水平依赖于特定社会情境的观点。因此，要验证田野实验对亲社会行为的情境依赖性，首先要从经济学实验室实验的外部有效性问题开始讨论。

2.1.1 完成实验的外部有效性概念

效度（validity）的概念最早是由Campbell和Stanley（1966）在有关实验设计研究的讨论中提出的，而后经过Cook、Campbell（1976，1979）更为详尽的阐释，现已成为研究者们审视和评价一项科学研究工作是否成功的重要标准。这里主要包括四种类型的效度:（1）统计结论的有效性（statistical conclusion validity）指的是研究的变量之间是否存在统计意义上的相关性;（2）内部有效性（internal validity）指的是已发现的相关性是否可以被视为变量之间的因果关系;（3）结构有效性（construct validity）指的是相关变量是否能被构建为有意义的理论模型;（4）外部有效性（external validity）指的是所发现的变量之间的因果关系是否可以在其他不同的环境、被试、时间下成立。

外部有效性又被分为定性（qualitative）外部有效和定量（quantitative）外部有效。简单来说，前者指变量之间的因果效应或评估干预事件的处理效应（treatment effect），后者指在前者的基础上还须保证实验室内外同一处理效应在大小程度上具有相似性（Camerer et al.，2010）。当经济学家使用偏好参数时，他们通常运用比较静态分析而不是偏好参数的数值来判断结果是否具有外部有效性。

大部分学者认为，在考察外部性问题时，实验结论应该将重点放在考察是否具有定性的外部有效性上。这其中，由于外部有效性涉及的不仅是该实验设计本身，而且考察这一实验研究结论（因果推断）是否具有普遍性，这也自然关系到该实验研究是否具有现实意义和价值。不仅仅只有实验室实验涉及外部有效性问题，包括田野实验以及其他关于非实验的实证分析和所有在特定情境下的实证分析也都面临外部有效性讨论（Kessler and Vesterlund，2011）。因此，外部有效性可以说是研究者们最难以达成，且又是每一项成功的实验设计的必备条件[1]。

基于此，学者们对于实验的外部有效性的具体内容做了细致的讨论与梳理。Bracht 和 Glass（1968）将实验的外部有效性所需面对的挑战划分为两个方面：在实验中被试的行为表现是否也会在一般人群中发生；实验的结果是否也能在其他时间、地点、环境下得到验证。前者被称为人群有效性（population validity），后者被称为生态有效性（ecological validity）。具体来说，人群有效性主要涉及实

[1] 当然，关于外部有效性在理论性研究中的重要性在学界仍然存在争议。相关的详细讨论可参见 Calder 等（1982）。

验人群与目标人群之间的比较，即需要全面了解实验者可得到的样本被试（实验人群）与实验者所研究的人群（目标人群）这两个群体的属性特征，有的实验结果也许只适用于特殊的被试样本，而不能在更大的群体中得到验证；还涉及个体社会特征变量与实验处理效应的交互作用，即当被试的不同特征变量在实验局中被揭露时，实验处理效应会因此被逆转（reversed）的话，那么就可能存在个体社会特征变量与实验处理效应之间的交互作用。当人的行为受环境、时间等外部因素影响，或者环境成为决策行为的重要因素时，生态有效性可能不能得到验证。实验设计者在开始实验时，需要了解对决策行为起关键作用的相关因素，有的实验结果可能只有在特定的环境下才会出现。其中生态有效性包括：对解释变量的明确描述、多实验局之间的干扰、霍桑效应[1]、实验者效应、对被解释变量的测度等。

可见，对实验的处理稍有不当，便可能影响到实验的外部有效性，且实验的外部有效性常常不是实验者自己能够完全保证的。因而，实验者在开展实验时，会把更多的精力放在对实验的其他有效性的控制上，尤其是对实验的内部有效性的控制。只有保证实验模型的内部有效性，才能保证实验室实验所得结果的有效性。迄今为止，大多数经济学家都同意，实验室实验具有较好的内部有效性，但外部有效性较弱。因此，在各个学科的实验方法应用发展史上，学者们对于外部有效性的讨论与关注也往往是在实验方法应用已较为成熟的阶段。

2.1.2 经济学实验的外部有效性讨论

以经济学科为例，科学的实验方法是从 Chamberlin（1948）的

[1] 这一效应来源于 20 世纪二三十年代梅奥（Elton Mayo）在霍桑工厂（Hawthorne plant）开展的一系列实验研究。指的是当被试意识到自己正在参与实验时，可能会因此而刻意考虑自己如何在实验的激励下有所表现，从而改变了自己原有的行为倾向。

课堂市场实验和 Smith（1962，1964）在其基础上开展的市场竞争与双向拍卖实验才算正式诞生，直到 20 世纪中叶开始逐渐兴起，并在进入 21 世纪后终于走向成熟，现已成为经济学的一个重要研究领域[1]和数据来源。也正是在实验经济学走向成熟的这一阶段，经济学界对于经济学实验的外部有效性的讨论才真正热烈起来。

讨论主要源于实验经济学家对于经济学实验室实验研究方法的反思。经济学实验室实验的特点在于通过构造一个可操作的实验室内的微观经济环境，以控制其他必要的变量，从而实现对有关变量的定量测度。具体来说，实验室实验允许实验者在实验室内在控制其他条件不变的情况下，通过改变价格信息、预算约束、信息结构或被试的行动集合来衡量这些因素对于人们行为的影响。经济学的实验室实验吸收并强调了自然科学实验中的“控制”（比如确保化学实验室的无菌操作，是为了抑制病菌和有害微粒的自由流动而影响测试的结果）。Camerer（2010）将实验室实验的这一设计称为常见设计（common design），经济学实验室实验的这一特征也被称为以牺牲外部有效性为代价的最大化内部有效性（List，2001；Harrison，2005）。

可见，在经济学实验室实验外部有效性的方法论层面的讨论中，实验经济学家们并未达成一致的意见，为此，经济学家们建立了外部有效性理论模型，试图从理论意义上解释外部有效性。

2.1.3　外部有效性理论的模型构建

在构建所有因果模型（Heckman，2001）时，实验设计者一般不会在实验开始前预估实验结果。Al-Ubaydli 和 List（2013）随后将

[1] 可以以顶尖杂志发表论文数量、学校院所接受程度、研究团体数量等硬性指标作为衡量标准，其中更具标志性意义的事件是 2002 年的诺贝尔经济学奖颁给了行为经济学与实验经济学的两位先驱——丹尼尔·卡尼曼（Daniel Kahneman）与弗农·史密斯（Vernon Smith）。

所有因果模型进行改进，即在实验开始前对因果效应进行预估，并用数据不断更新实验结果，增加模型的连续性。

（一）建立模型

假设 Y、X 均为随机变量，Y 为解释变量，对应的集合区间为 S_Y 属于 R；X 为解释变量，对应集合区间为 S_X 属于 R。假设 Z 为随机向量，称 Z 为附加解释变量，对应的集合区间为 S_Z 属于 R^k。其中，Z 包含了除 X 以外的所有能够影响 Y 的变量，为了方便，我们建立外部有效性模型，我们假设 Z 在实验过程中全部可以被观察到。在所有因果的模型中，（X，Y，Z）之间的函数关系表示为 f：$S_X \times S_Z \rightarrow S_Y$。$x$，$x'$，$z$ 分别为 X，Y，Z。观察值每个（x，x'，z）$\in S_X \times S_Y \times S_Z$ 定义为三重因果。这种因果关系是在给定 $Z=z$ 的情况下，X 从 x 到 x' 变化下 Y 的变化值，其函数关系描述为 g：$S_X \times S_X \times S_Z \rightarrow R$，表达式为：

$$g(x, x', z) = f(x', z) - f(x, z)$$

目标区域 $T \in S_X \times S_Y \times S_Z$，实证分析是为了了解目标区域 T 内的因果效应。通常，特别是在实验研究中，实验学家仅仅只研究特定范围内的因果效应，而且相比于政策的选择研究，实验学家更喜欢检验经济理论。构建函数表达式为 h：$S_X \times S_X \times S_Z \rightarrow R$，

$$\bar{h}(x, x', z) = \begin{cases} -1 & if\, g(x, x', z) < 0 \\ 0 & if\, g(x, x', z) = 0 \\ 1 & if\, g(x, x', z) > 0 \end{cases}$$

在开始新的实验前，实验设计者通常会先建立先验函数 $F^0_{x, x', z}$：$R \rightarrow [0, 1]$，且函数 h（x，x'，z）中的（x，x'，z）$\in T$。预期函数属于累计密度函数，它通常建立在之前相关的理论分析和实证基础之上。实证调查的数据集合表示为 $D \in S_X \times S_X \times S_Z$，需要注意的是 D 和 T 是没有直接联系的，且均属于单元素集合。实验者通过重复实验获得不同的（X，Z）=（x，z）和（X，Z）=（x'，z），并用所得样本数值估计函数 g（x，x'，z）的值，这使得关于因果效应结果的数据集包含以下参数假设：

$$R = \{[x, x', z, g(x, x', z)] : (x, x', z) \in D\}$$

综上所述，模型忽略了关于 g（x，x'，z）的一致性估计问题，

同时这也是非实验经济学和实验经济学面临的主要问题（例如，小样本和内生性问题）。从某种程度上来说，外部有效性检验是实证研究的次要目的。不考虑关于样本大小以及估计过程中的方差影响因素是因为这些因素都没有与模型的主要原则相互作用。但结果是，我们并不能直接区分 $g(x, x', z)$ 中的因果效应。

通常我们得出相关结果后，将根据每个 $(x, x', z) \in T$ 将之前的先验 $F^0_{x,x',z}$ 分布结果数据升级，得到后验分布函数 $F^1_{x,x',z}$。该模型主要用于估计政策执行产生的因果效应、检验单个经济理论或同时对比多个理论。

举例如下，假设研究者想知道在平均收入水平（Z）为 \$30000 的情况下，销售税（X）从 10% 增加到 15% 对税收收入（Y）造成的影响。为了简化模型，假设 Z 只表示平均收入水平。研究者只能得到收入水平分别为 \$20000 和 \$35000 的四个城市的相关数据。其中，两个城市的平均收入水平为 \$20000，另外两个城市的平均收入水平为 \$35000。目前四个城市的销售税均为 10%，研究者随机从不同收入水平的城市中分别各选择一组处理组，将销售税提高到 15%。随后，研究者统一收集每个城市的具体数据。但是需要说明的是，实验过程中并不能保证样本规模大小的一致性。

实验开始前，实验设计者的预期是在平均收入水平为 \$30000 的情况下，销售税率的变化会有 0.5 倍的正效应。因此我们用所得的相关结果，更新之前的预期模型。

$$T=\{10\%,\ 15\%,\ \$30000\}$$

$$h(x, x', z)=\begin{cases}1 \ \ if\, g(x, x', z)>0 \\ 0 \ \ if\, g(x, x', z)\leqslant 0\end{cases}$$

$$D=\{(10\%,\ 15\%,\ \$20000),(10\%,\ 15\%,\ \$35000)\}$$

$$R=\{(10\%,\ 15\%,\ \$20000,\ 1),(10\%,\ 15\%,\ \$35000),\ 1\}$$

$$F^0_{10\%,15\%\$30000}(0)=0.5 \quad F^1_{10\%,15\%\$30000}(0)=0.4$$

（二）外部有效性的不同类型

假设：$\Delta R \in \{(x, x', z) \in \{S_X \times S_X \times S_Z\} \backslash D: F^1_{x,x',z}(\theta) \neq F^0_{x,x',z}(\theta)$,

$\exists\theta\in R\}$。其中 $F^1_{x,x',z}(\theta)$，表示为实验结果更新后的因果效应的分布函数。

当 $\Delta R\neq\varnothing$，也就是在外部有效性检验不是空集的情况下，实验结果是外部有效的。

当存在集合区间D：

$\exists(x, x', z)\in\Delta R:(x, x', z)\notin B_\varepsilon(\bar{x}, \bar{x}', \bar{z}), \exists\varepsilon>0, \forall(\bar{x}, \bar{x}', \bar{z})\in D$

需要注意的是，模型中关于外部有效性检验主要集中在h（x, x', z）而不是g（x, x', z）。从传统的实证分析（非实验的）到现在用实验的方法进行实证分析，可以使得实证研究的科学性前进一大步。过去非实验的分析中缺少随机性，但是现在实验学家可以通过实验的方法解决这一问题。

当 $\Delta R=\varnothing$，也就是实验结果外部无效，即实验室中的结论不能在实验室外得到验证。

当存在集合区间D：

$(x, x', z)\in\Delta R\rightarrow(x, x', z)\in B_\varepsilon(\bar{x}, \bar{x}', \bar{z})\exists\varepsilon>0, (\bar{x}, \bar{x}', z)\in D$

只有在满足h（x, x', z）是连续的或者只有少部分不是连续的时候，实验结果才能呈现部分有效，这是由于上述连续性意味着部分线性。一般而言，（x, x', z）中非局部改变会对h（x, x', z）造成较大的影响，但是只要（x, x', z）的改变不大而且保持h（x, x', z）的连续性，就不会造成h（x, x', z）发生较大的变化，即保证部分结果仍然外部有效。

由此可见，对于部分外部性来说，连续性是很重要的因素。当实验者并不能保证h（x, x', z）的连续性时，实验结果会更加保守，可能造成外部无效。综上所述，在连续性假设的前提下，即使（x, x', z）发生很大程度的改变都不会对h造成大的影响，即可得出外部有效结论。

根据以上内容，可得出下列结论：

（1）在无参数的模型中，不能验证结论是否外部有效、无效或者部分有效；

（2）在保证 h（x，x'，z）连续性的情况下，实验结果部分外部有效；

（3）一般保守的实证研究者都否认实验结果的外部有效性，因为外部有效性的获得需要太强的前提假设条件。

（三）田野实验的理论优势

事实上，人为的控制以及时间上的限制，解释了实验室实验与田野实验间存在的非局部不同。其中，实验被试选择是否加入实验就造成了这种非局部差异。

假设一个家庭的三重因果关系表示为 $\{g(x, x', z)\}_{Z\in U_Z\in S_Z}$，其中 Z 属于一维变量。Z 可以表示为研究者可以观察到的潜在任意个人特征，例如 IQ 水平或者偏好。田野实验的基本操作方法是从总体中随机选取被试样本，然后随机分配为控制组和处理组，并根据随后的实验结果进行对照，得出最后的因果效应。由于被试是被随机地分配到控制组和处理组的，所以实验的处理组水平完全独立于个体特征变量和其他可能的影响因素。

假设特定 Z 的情况下，其他随机变量都是外生的，对于 $\forall z\in U'_Z$，$0<Pr(X=x|Z=z)<1$ 和 $0<Pr(X=x'|Z=z)<1$ 且相关变量因素不管是在控制组中还是处理组中都可以被实验设计者观测到。假设子集合 U'_Z，即保证实验者的控制价值不受实验干预，那么实验者无法通过实验估计其因果效应。实验设计者虽然可以控制相关实验变量，但是他 / 她不能强迫那些不愿意参加实验的人参与实验。假设 $U_Z=\{z_1, z_2\}$，$U'_Z=\{z_2\}$，子集合 U'_Z 的定义为 Z 以外的随机变量都是外性的。在实验设计者未区分实验参与人与未参与人时，这一设计会使得实验结果出现处理选择偏差，即

$$B=g(x, x', z_2)-g(x, x', z_1)$$

而自然的田野实验（natural field experiment）就恰好可以避免这一类问题，实验被试并不知道自己正在进行实验，也就不会选择自己是否加入实验。比如在 Head Start（federal program，1995）实验中，越是关心自己小孩成绩的家长越是会选择参加实验，因为他们一般会认为参加实验可能会提高小孩的成绩。对比没有经过实验处

理但是表现对小孩成绩关心较少的样本，会有更强的正效应，也就使得实验结果相比于实际影响估值偏高。

（四）实验室实验的理论优势

实际上，道德、实验可行性以及资金花费等一系列因素使得田野实验难以对因果效应得出估计。例如，研究者可以在实验室中建立经济模型，通过随机操纵理论来测量对通货膨胀的影响，但是在田野实验中却并不能实现。其中，实验室实验的可复制性是实证分析中极为重要的部分，且至少在三个层面可以运用（Levitt and List, 2009）。第一，关于对数据的重新分析。实验室实验的可复制性保证了实验学家们可以通过重新实验来进一步分析之前的相关数据，从而得出更为合理的实验数据。第二，实验室的可复制性可以在保持其他控制变量不变的情况下，单一改变需要考察的变量，从而找出影响决策行为的可能因素。第三，实验室的可复制性可以通过重新设计新的实验来验证之前的相关结论。

Al-Ubaydli 和 List（2013）主要针对可复制性的第三个层面，运用 Maniadis 等（2014）的理论模型解释了复制性的重要性。首先，n 代表参加实验的有关联的样本个数，π 表示这些关联样本中正确的部分（π 同时也称为先验概率）。α 表示相关模型的显著性水平（通常为 0.05），$1-\beta$ 表示为实验设计能力。实证分析主要研究的是结果是否呈现统计显著性。在验证概率（Post-Study Probability）分析中，n 表示为关联样本数，πn 表示为真实的关联样本，$n(1-\pi)$ 表示错误的关联样本。在这些真实的样本数据中，$(1-\beta)\pi n$ 表示真实的因果效应，最后 $\alpha(1-\pi)n$ 表示为误判，即把真实的判断成不真实的。相关公式表达为：

$$\text{PSP}=\frac{1-\beta\pi}{(1-\beta)\pi+\alpha(1-\pi)}$$

从等式中可以看出，验证概率值与 π 值大小呈正相关。这说明当先验概率足够大时，需要更少的证据证实其显著性，实验结果呈现较好的显著性。同时也说明可复制性对实验来说的重要性，通过不断地重复设计实验，逐渐完善实验室实验设计使得实验检验结果更加真实。Moonesinghe 等（2007）研究表明，通过大量的重复实验，可以提高实验结论的正确性，并且部分偏好的检验结果会趋于稳定。图 2.1 表示了在不同的效力值下，关于实验室结果的可信赖概率。

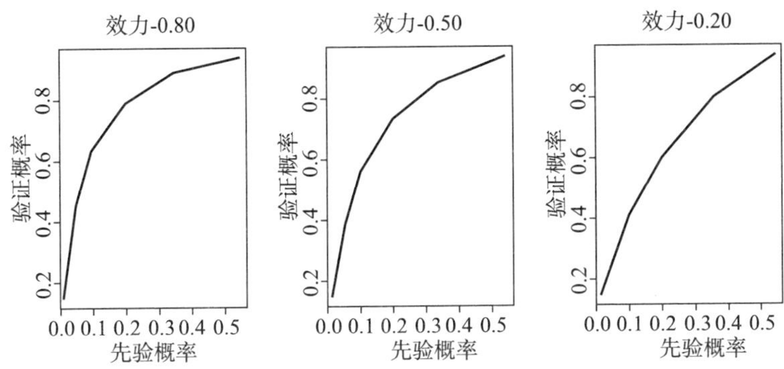

图 2.1　不同效力值的验证概率函数

根据图 2.1 可知，在同一 π 值时，效力的值越大，验证概率的值越大。在 π 值较低的情况下，验证概率的值都比较低，说明在先验概率低的情况下，实验结果的正确性不大。

当然，除了理论意义上的有关外部有效性的讨论，经济学家们同时也关注实证上的检验。因此，近些年来经济学界出现越来越多付诸实证层面，关于实验室实验外部有效性的检验。

2.1.4　有关经济学实验室实验外部有效性的检验

除了理论模型的建立外，经济学家们从实证层面上指出可能影响经济学实验室实验外部有效性的因素主要在于样本选择的代表性、实验室环境对于复杂的社会情境的抽象、被试知晓实验的发生所可能导致的刻意行为等。因此，实验经济学家们对于实验室实验外部有效性的检验也基本上可以概括为基于以上三种影响因素的研究目的：一是检验在实验室实验和田野实验的不同被试样本下的实验结果是否存在显著差异，以推断被试选择的代表性是否确实影响了人们的行为偏好；二是以社会情境为出发点，目的是考察同一批被试是否会因为有着不同情境因素的实验而改变行为偏好；三是以被试偏好为出发点，目的是检验被试在行为实验中所表现出的特定偏好是否能作为预测他们在日常生活中相应行为表现的依据。

（一）不同研究目的的外部有效性实验

1. 以样本选择为出发点的外部有效性实验

相对于其他被试，参加实验室实验的大学生群体通常被定义为：更少的收入，更多闲暇时间，对实验室实验有浓厚的兴趣，由于其身份的特殊性，相对于其他社会群体往往有更多的亲社会行为（Slonim et al.，2012）。因此，以大学生作为单一实验被试可能会使实验结果缺乏外部有效性。且不同的样本可能都会有其特定的偏好，所以不同样本可能会产生不同的实验结果，因此单一被试的设计可能带来使用小样本数据而造成的实验室外部有效性缺失。

Fehr 和 List（2004）分别招募了哥斯达黎加的首席执行官们和大学生们参加了同样结构的标准的信任博弈实验，目的是检验招募标准的大学生被试参与的实验室实验与招募特殊职业人士参与的实验结果是否一致。同样选择大学生群体和其他类型群体进行实验比较的还有：Carpenter 等（2005）采用的是最后通牒博弈和独裁者博弈实验，被试是在堪萨斯城配送中心工作的工人以及两个大学生控制组，即明德学院和堪萨斯城社区学院的大学生。三组实验被试均在各自平时所处的现实环境中参与实验，即仓库工人是在工厂的休息室参与实验，学生们则在各自学校的教室中参与实验。实验目的是比较学生与工人这两种类型的被试在实验中的公平和利他行为是否存在差异。Levitt 等（2010）分别招募标准的大学生被试和专业人士（桥牌和扑克专业选手、美国足球运动员）参加了结构相同的行为博弈实验，目的是检验专业人士在参加实验室实验进行博弈决策时，是否会因为他们的专业经验而做出理论预期之外的战略选择。Alm 等（2015）将学生被试与非学生被试在实验室中关于是否履行税收义务的表现进行对比，实验目的是检验已经进入社会的非学生被试相比于无任何社会经验的学生被试是否更容易出现偷税行为。

检验样本选择的代表性的另一个思路是比较小范围的招募与大范围抽样选取样本所造成的实验结果的差别。如 Bellemare 和 Kröger（2007）聘请了专业的调查公司，从 2000 户有代表性的荷兰家庭中选择了不同宗教信仰、年龄和职业的 499 名被试参与了标准的信任博弈实验，从而检验被试的个人社会属性是否影响了行为实验的有效性。Andersen 等（2010）分别在 25000 名丹麦居民样本中随机招募 268 名被试和在哥本哈根大学中招募 100 名学生被试参与时间和风险偏好的实验，目的是检验田野实验相对于实验室实验更广阔的样本选择范围是否会影响实验中对被试偏好的测度。

2. 以社会情境为出发点的外部有效性实验

以社会情境为出发点的外部有效性实验，常将被试在实验室里的抽象决策与在实际生活中的真实决策行为进行比较。人的决策有时受生活环境的影响，特别是有些行为决策很大程度上依赖于社会情境，实验室实验将真实的社会环境抽象化，可能造成实验室实验所得结果与田野实验设计下的实验结果不一致。Gneezy 等（2004）在以色列理工学院招募了一批被试参与了一个实验室实验和田野实验，田野实验的设计是让被试拿到实验收入后，6 人一组一起吃饭，被试被随机安排在 4 种不同的实验任务下，即在四种不同的付账方式（AA 制；6 人均分总额；由实验室买单；只需付个人消费的 1/6，其余由实验室买单）下点菜。同一批被试还需要参与一个有着相似实验结构的实验室实验，只是真实的点菜场景变成了在不同的付费机制下选择为抽象的物品支付成本。两个实验数据的比较是为了检验被试在熟悉的社会情境下的表现是否与在实验室环境下有所不同。List（2006）招募被试在实验室中通过抽象的模拟商品交易，开展了标准的礼物交换博弈，并让被试在真实的运动卡片市场中进行买卖交换，以考察被试在抽象环境和现实情境下的偏好是否一致。

更常见的是将被试在实验室中的公共品博弈行为与对当地社

区的真实捐助进行比较。如Laury和Taylor（2008）招募被试参与了两种类型的实验，标准的公共品博弈实验（laboratory public goods experiment）和为当地公共品募捐的实验（local public good experiment），后者即为亚特兰大的植树造林计划做相应的物质捐献。实验的目的是检验小规模的被试在实验室环境下，面对匿名的搭档，进行筹码的决策选择是否与他们在参与真实的公共品捐赠事件中的行为一致。

Benz和Meier（2008）实验的目的是检验人们的行为是主要受个人特性的影响，还是受到社会情境的影响。因此，为了明确分离出情境的影响，作者组织了苏黎世大学的学生参与了两个结构相似但情境略有不同的实验，第一个实验是让他们用初始禀赋在学校的两个基金中进行独裁者分配，第二个实验是让他们用初始禀赋对苏黎世的慈善组织进行社会捐赠。de Oliveira等（2009）在美国得克萨斯州招募了190名低收入城市居民参加了实验室的公共品博弈实验和对当地慈善组织所做的捐献实验。此外，作者还收集了被试自我报告的日常慈善和志愿者行为。研究的目的是验证人们的社会偏好是否在不同的决策情境下可以保持稳定。还有Voors等（2012）在塞拉利昂的社区开展了实验室实验和田野实验，被试需要考虑得到的初始禀赋如何在自己和匿名被试或当地社区的项目基金中进行分配选择。实验目的是想考察实验室里的合作行为与被试在田野实验中的表现是否一致。

3. 以研究被试偏好为出发点的外部有效性实验

这一类型的研究是验证被试在实验室中被测度的行为偏好是否能与他们在现实生活中的自然数据吻合，人们在实验室环境下所做的决策可能受他人的注视和道德等相关因素的影响而造成结果与现实生活中的表现不一致。如实验中测度的信任、合作行为是否与个人在银行信贷的数据一致。Karlan（2005）利用实验对秘鲁小额信贷的偿贷行为做了研究，作者在借款人中开展了信任博弈和公共品博弈实验，并获得了这些借款人在乡村小额信贷中的个人借贷、储蓄及偿还率等数据。实验目的是检验行为博弈实验中所考察的被试的合作、信任行为是否能用来预测他们真实的借贷行为，以及测度的时间偏好是否与真实的储蓄、银行信用情况一致。Meier 和 Sprenger（2007）对波士顿的中低收入家庭的时间偏好在实验中进行了测度，并获得了被试在银行的信用分数和违约情况，以检验实验中所测度的时间偏好是否能反映被试在日常生活中的信贷行为。

Rustagi 等（2010）的实验是在埃塞俄比亚的牧区开展的，被试参与了公共品博弈实验，作者还收集了牧民团体对于各自森林区域植被的管理数据，如对搭便车者进行监督和惩罚的成本等。研究的目的是希望通过实验中各被试组的合作情况来解释现实世界中各牧区在森林共同管理上的差别。

Carpenter 和 Seki（2010）在日本富山湾的渔民中开展了公共品博弈实验，实验目的是想检验在行为实验中表现出合作倾向的渔民是否在实际的捕鱼生产活动中也往往更加积极。而 Fehr 和 Leibbrandt（2008）则在巴西当地的渔村开展了公共品博弈实验，实验是为了考察在实验室中对于被试社会偏好、时间偏好的测度是否能解释渔民在现实世界中的合作行为。Stoop 等（2012）通过模仿自愿捐赠机制（voluntary contributions mechanism），测试渔民间的自愿合作偏好。

其他研究还检验了被试在实验室中的行为是否能作为预测人们在真实的投票选举中的行为和参与社会活动的依据。如 Fowler（2006）选取了 249 名自愿参加实验的本科生作为被试，其中有 235 名被试者有资格在本州的美国总统初选中投票。Fowler（2006）通过独裁者博弈实验和调查问卷测度了他们的利他偏好。实验的目的是考察被试在独裁者实验中的偏好是否能反映他们的党派属性和在真实的投票选举中的行为。

Gurven 和 Winking（2008）在玻利维亚的村落开展了各种类型的行为博弈实验，如独裁者博弈、最后通牒博弈、第三方惩罚博弈（third-party punishment game）实验，还收集了被试平时参与村里的共同劳动、社会交往程度、借予他人食物的比例、接受他人宴请的次数、为乡村宴会提供食物的数据。作者的目的是想考察人们在可控的实验室实验中所表现的社会偏好是否与他们在现实世界中的社会交往行为一致。

Baran 等（2010）在芝加哥大学的 MBA 学员中开展了信任博弈实验，被试在实验中作为代理人时的返还额作为对被试互惠行为的测度，并在 18 个月的课程学习结束之后，让这些学员为回报母校教育进行校友捐赠活动。研究的目的是检验实验室实验所考察的被试的互惠行为是否能作为他们真实的社会偏好的指标。Franzen 和 Pointner（2013）采用误导信函技术，追踪作为学生时参加过独裁者博弈实验的两组被试，在毕业 4—5 周（第一组）以及 2 年后（第二组）重新分析被试是否会因为进入社会参加工作后改变之前实验室实验所表现出的亲社会性，即人们的偏好是否在身份的改变后还能保持稳定。

根据以上对于外部有效性实验研究目的的划分，我们可以大致得到这样的规律：以样本选择为出发点的研究，检验的是样本被试选择的不同是否会影响实验结果，因此这类研究除被试的个人社会属性不同以外，其余如实验结构、实验环境都会尽量控制，以得到被试样本选择的单一影响；以情境为出发点的研究，大多通过比较被试在实验室环境与田野环境下的行为表现，来判断社会情境对于人们偏好的影响，因此这类研究更注重保持实验室实验和田野实验的设计结构大体一致，以便更好地检验社会情境的单一影响；以被试偏好为出发点的研究，大多检验的是同一批被试在实验室中的行为偏好是否与现实世界中的表现一致，因此常将实验室的行为数据与所收集到的被试日常生活中的数据进行比较，更多关注实验室实验方法对人们偏好的测度是否能应用于预测或解决现实世界的社会管理问题（如怎样规避银行的信贷风险、预测党派成员大选投票的偏好、如何解决牧区或渔场的公地悲剧、提高社会捐赠数量）。总体来说，前两类研究更偏重实验的理论意义，第三类研究则更关心实验的应用价值。

（二）不同结论的外部有效性实验

以下，我们将根据已有外部有效性实验的结论再对这一类研究做进一步的归纳，以期获得其他有意义的发现。

1. 能验证实验室实验外部有效性的结论

Fowler（2006）在做数据处理时，将被试是否参与了大选投票作为被解释变量，将被试在独裁者博弈实验中的行为数据与党派变量及之间交互项和其他控制变量作为解释变量进行计量回归分析，以通过被试的实验行为及党派属性来预测他们的投票决策。实验最重要的发现在于，在实验中表现出更多利他行为的被试与党派身份有着交互效应，有更多利他行为的党派成员会比非党员和自利者更多地参与到投票选举中来。也就是说，被试在独裁者博弈实验中所表现出的利他偏好可以预测他们在参与投票选举中的表现。

Meier 和 Sprenger（2007）在控制可支配收入和其他个人社会特征变量后，发现在测度时间偏好的实验室实验中耐心更差的被试在银行的个人信贷中的信用得分也更低，且有更高的违约率。Fehr 和 Leibbrandt（2008）的实验结果发现，对比巴西东北部两种类型的渔民，即海洋渔民和内陆渔民，日常生活中更多经历了社会合作困境的海洋渔民在实验室公共品博弈中展示出了更多的合作行为。事实上，海洋渔民在实际的捕鱼活动中的成功与否取决于相互的合作与协调的程度，但内陆渔民则更倾向于个人独立捕鱼。由此可见，实验室实验中对于人们偏好的测度可以有效地作为预测人们在真实情境下行为表现的依据。

de Oliveira 等（2009）通过对实验室数据和被试的日常行为数据进行回归分析，发现人们对于公共品的捐献在实验室和自然环境下有着强相关性，被试在实验室中的合作偏好可以显著地预测其对于当地慈善组织的捐献行为。

Baran 等（2010）的实验数据显示，在信任博弈中返还额每增加 1% 的实验对象在 18 个月之后的校友捐赠活动中也平均多捐赠了

31美元，且实验结果表明在两种不同环境下被试行为的相关系数为0.29。作者认为，实验室实验对于被试的真实行为有着很强的预测能力。Rustagi等（2010）的实验结果表明，在公共品实验中拥有较多条件合作者（互惠偏好者）的群体，在森林植被上的保护和管理也更加成功，条件合作者每增加10%，其所在群体的植被就相应扩大3%。

Franzen和Pointner（2013）的追踪结果显示，参加过独裁者实验的学生被试即使在工作两年后，仍然与之前的偏好测试结果保持一致，验证说明了大学生被试的偏好不会因为其身份的改变而有所变化，人的偏好在某种程度上是趋于稳定的。Alm（2015）的实验数据表明，即使大学生群体没有真正进入社会，也就是并未实际需要履行缴税义务，实验结果仍和非大学生群体极为相似。由此说明大学生被试并未完全会造成实验室外部有效性。

2. 部分验证实验室实验外部有效性的结论

研究中出现部分验证外部有效性的情况，有的是因为不同的行为博弈实验得到的有效性结果不同，如Carpenter等（2005）结合非参数检验和计量分析得出，在控制个人社会特征变量下，学生被试在最后通牒博弈中比工人被试提供了更多的分配。然而在没有战略决策考虑的独裁者博弈中，车间工人则比两所学校的学生提供了更多的分配，且车间工人在两种博弈中的分配额没有显著的改变。作者认为，这意味着工厂车间的社会情境使得工人的行为趋向于更公平和更多分享的表现。并且在对比不同样本选择时，不同样本的偏好、实验中的选择规则以及参加实验对被试可能造成的影响本身就可能导致不同的样本出现不同的实验结果，同样这些因素也可能导致不同的样本出现相同的结果。或是在同一个博弈实验中，不同角色的被试行为有效性不同，如Karlan（2005）的实验结果表明，在信任博弈中扮演委托人角色的被试行为并不能完全解释被试在个人信贷行为中纯粹的信任，但扮演代理人角色的行为则可以很好地衡量可信任行为的社会偏好。

还有可能是总的实验结果是外部有效的，但有异质性偏好的被试外部有效性结果却并不一致。如 Laury 和 Taylor（2008）首先根据被试在实验室实验中的表现，将被试分为四种类别：纳什博弈者、正的利他主义者、负的利他主义者、无利他主义者。他们将被试在实验室中的行为数据与他们的实际捐赠数据进行回归分析。实验结果表明，实验室实验结果可以作为预测被试实际捐赠行为的依据，被试在实验室实验中对于公共品的投入越多，其越可能参与植树造林计划的捐赠。然而，在实验室中有着不同偏好的被试，在实际捐赠事件中却没有发现一致的行为。

另外，Andersen 等（2010）通过比较两个实验样本的数据结果发现，在实验室实验和田野实验中被试的平均风险厌恶程度和贴现率都没有显著的差异。但田野实验中的被试样本的偏好显示出了更大的异质性，且这种被试偏好的异质性有可能与实验任务形成交互效应，并影响最终的实验结果。Carpenter 和 Seki（2010）的实验结果表明，学生被试相比于在日常生活中经常需要面对合作考验的渔民来说，在公共品实验室中表现出了显著更少的捐献行为。同时，渔民在公共品博弈实验中所表现出的社会偏好与他们在实际捕鱼行动中的生产率存在强相关性。

有些实验得到的相关性结果太弱。如 Benz 和 Meier（2008）的实验数据处理方式是将被试在独裁者博弈实验中的分配数额作为被解释变量，被试在实验开展前后两年的自然捐助数据和其他控制变量作为解释变量进行计量回归分析，得到的变量系数在 0.25 到 0.40 之间，表明被试在实验室和自然环境下的行为存在弱相关性。作者认为个体的行为表现仍然是非常依赖于情境的，很难对个体偏好做一般化的归纳。个体的亲社会行为在何种条件下广泛出现，在何种情况下又会消失，还需要进一步更为细致的实验证明。

3. 不能验证实验室实验外部有效性的结论

Gneezy 等（2004）在实验的数据处理过程中，是将被试在标准的实验室和田野实验的数据分别进行了内部的差异性检验（即不同机制下被试的行为选择是否存在显著差异）。结果表明，实验室的行为数据表现出了更多社会偏好，但在田野实验中，被试的行为却更多地与经典的经济学理论相符合。作者认为，这可能是因为在更现实的餐厅点菜实验中，被试更可能运用自己日常的经验来做出选择。当然，也有可能被试在实验室环境下，会刻意地表现出公平、合作的一面。

Fehr 和 List（2004）的统计结果显示，首席执行官们比大学生们表现出了更高的信任度和可信度，作者认为，这表明被试的职业属性确实可能改变人们的亲社会行为表现。Bellemare 和 Kröger（2007）通过对各种社会属性的样本被试在实验室中行为表现的考察，发现被试在信任博弈中的信任行为（trust behavior）和可信任行为（trusted behavior）均存在明显的异质性。因此作者认为有必要将实验中传统的大学生被试扩展为在更大的样本范围内随机选择有代表性的被试。

List（2006）的实验结果显示，在标准的礼物交换博弈实验中“雇员”和“雇工”所表现的亲社会行为，不能用来判断在真实的运动卡片市场中买卖双方的行为。Gurven 和 Winking（2008）将被试在行为博弈实验中的数据与各种日常生活中的数据进行了相关性检验，结果表明，被试在行为实验中的表现并不能稳健地相关于自然发生的数据。作者认为收益结构和社会情境也许比稳定的个体特征假设更能解释人们在复杂范围下的亲社会行为。

Levitt 等（2010）的实验结果表明，四种被试在博弈实验中的行为选择没有显著差异，有着特殊职业背景的被试并没有将他们在各自职业中所培养的高风险偏好代入到不熟悉的实验室环境中。作者认为，这可说明不论是学生被试还是其他特殊职业的被试，都可能因为轻微的情境改变而影响他们的行为选择。Voors 等（2012）将被试在实验室和田野情境中的各组数据做了计量回归分析，结果表明，被试在实验室博弈中的行为与田野环境下的亲社会偏好不存在显著的关联。Stoop（2012）的实验室结果表明，渔民间存在很低的自愿合作率，即使自愿捐助机制的实验结果相比于其他有关合作偏好检验方法一般来说会显示出更高的合作率。作者认为在实验室中，具体的任务是虚拟的，其本质有别于实际生活中的真实任务；由于渔民在真实情景中通过合作往往可以获得收益，这一情况使得他们更倾向于合作。

2.1.5　关于外部有效性实验结果的讨论

（一）可能的结论

1. 研究目的的不同是否影响了外部有效性？

我们在前文已提及，三种不同研究目的的外部有效性实验，即以样本选择的代表性为出发点、以社会情境的改变是否会影响被试行为作为考察重点、关注实验室中所测度的被试的偏好是否能反映现实世界的自然数据，实质上是实验经济学家们分别对样本选择、实验室环境、实验者效应（experimenter effect）这三个可能影响实验外部有效性的重要因素所做的检验。具体而言，样本被试即使选择相同，但是在实验室实验的情况下，其行为在一定程度上可以被观测到。特别是在涉及个人名誉的情况下，可能导致出现更多的欺骗行为。此外，当人们的决策行为存在很强的依赖性时，影响决策的关键因素被抽象化，可能造成结果缺乏外部有效性。根据表 2.1 的归纳，目前从这三个方面来检验外部有效性的研究都没有一致的结论。因此我们依然不能排除这三方面因素中任何一种对于经济学实验室实验外部有效性的影响，只能通过反复对比实验结果和重复进行实验找出影响外部有效性的关键因素。

2. 是否存在其他影响外部有效性的因素？

实验被试对信息掌握的情况不同，会造成实验结果出现差异。Gautier 和 Van der Klaauw（2012）通过田野实验考察游客在知道可以按照自己的意愿支付酒店价格的情况下，游客支付价格的变化。实验过程中发现，有人并不知道这一信息，且不知道这信息的被试所支付的金额明显高于知道的被试。Kagel 和 Levin（1986）早期招募在校大学生，运用实验室这一信息实验检验“赢者诅咒”（Winner's curse）理论的正确性，研究者在实验过程中发现通过增加投标人数量可以增加销售方的收入，同时提供更多与拍卖有关的信息后销售方的收入明显下降。结果表明这两种方式实际是改变了实验室中样本被试对实验信息的了解状况，所以掌握信息状况的不同也会影响实验有效性。

并且，实验设计时间的不同也会影响实验的外部有效性。Cox 等（1982，1983）开展了关于荷兰式拍卖与密封的投标拍卖的实验室实验，通过设计不同的竞标机制来计算哪种拍卖方式可以获得更多的收入。随后 Lucking-Reiley（1999）进行了同样的田野实验，用于比较真实情境下的拍卖与实验室实验所取得的收入是否存在差异，结果两个实验得出了完全相反的结论。随后，Katok 和 Kwasnica（2008）在对比 Cox 等（1982）和 Lucking-Reiley（1999）的实验中发现，前者的实验室实验中竞拍时速明显快于后者在田野实验中的时速，并且实验室实验中关于荷兰式拍卖的竞拍时间要明显慢于密封式拍卖，从而造成了实验室实验缺乏外部有效性。因为人们在进行决策时，时间控制上的不同可能会造成被试所面临的风险水平存在差异。更慢的时间往往反映了投标人需要面临更大的机会成本，从而造成收益上的差异。

在实验室实验中，人们的决策选择权受到一定程度的限制，这些问题也是实验室实验不可避免的。实验室实验一般需要被试在短时间内（一般不超过两个小时）做出决策行为，但是真实世界中，人的决策行为往往不是在较短时间内完成的。Gneezy 和 List（2006）通过对比两组田野实验发现，当实验被试知道自己即将获得一笔意外收入后，短时间内（3 小时内）被试的行为会发生改变，但是三小时后这种改变会消失，更长的决策时间往往会有更为理性的决策行为。Gneezy 和 List（2006）将雇员随机分配到两组不同的工作中，给予工人礼物并检验物质激励是否可以增加工人的工作效率。实验结果显示在六个小时内，有礼物的处理组工作效率明显提高，但同时也发现工作效率在第四个小时后与控制组相比并未出现显著提高。随后 Camerer（2011）也指出，关于礼物交换博弈，在进行博弈的第一个小时，实验室实验的结果与田野实验的结果基本相似，表明在短时间内实验室实验具有外部有效性。

3. 实验中有些类型偏好的检验一定是外部有效的或者无效的？

Friedman（1962）、Becker（1974）、Stigler 和 Becker（1977）等均认为，个体即使在不同时间段，也会表现出同一种社会偏好。Fehr 和 Leibbrandt（2008）根据自己文章的实验结果，认为至少有一些类型的社会偏好（合作偏好）在各种情境下是稳定的。但实际上我们在表 2.1 中并没有发现任何一种考察社会偏好（利他、公平、合作、互惠等）的实验在所有相关研究中都是外部有效的，或者都是外部无效的。这也说明，我们目前仍然不能证明社会偏好与实验的外部有效性之间存在相互影响的交互效应，不存在实验对于特定类型偏好的检验一定会是外部有效的证据。

表 2.1　实验室外部有效性检验研究摘要

文献	实验室实验	田野实验（自然数据）	研究目的	结论
Gneezy 等 (2004)	类似公共品博弈	不同付账机制下的餐厅点菜实验	社会情境是否影响被试选择	不能[a]
Fehr 和 List (2004)	信任博弈	首席执行官被试	样本的代表性	能[b]
Bellemare 和 Kröger (2007)	信任博弈	各种社会属性的被试	样本的代表性	不能
Karlan (2005)	信任博弈、公共品博弈	乡村小额信贷中的个人借贷和储蓄数据以及偿还率	实验室测度被试偏好的有效性	部分能

续表

文献	实验室实验	田野实验（自然数据）	研究目的	结论
Carpenter 等 (2005)	最后通牒博弈、独裁者博弈	被试是在堪萨斯城配送中心工作的工人以及两个大学生群体	样本的代表性	部分能
List (2006)	礼物交换博弈	被试在真实的运动卡片市场上的交易行为	社会情境是否影响被试选择	不能
Fowler (2006)	独裁者博弈	党派成员参与投票的积极性	实验室测度被试偏好的有效性	能
Laury 和 Taylor (2008)	公共品博弈	市民为当地植树造林计划的捐赠行为	社会情境是否影响被试选择	部分能
Meier 和 Sprenger (2007)	测度时间偏好	被试在银行的信用分数和违约情况	实验室测度被试偏好的有效性	能
Benz 和 Meier (2008)	独裁者博弈	选择对两个慈善基金组织进行捐赠、日常的捐助行为	实验室测度被试偏好的有效性	部分能[c]
Fehr 和 Leibbrandt (2008)	公共品博弈、时间偏好测度	渔民在日常生活中的合作捕鱼行为	实验室测度被试偏好的有效性	能
Gurven 和 Winking (2008)	独裁者博弈、最后通牒博弈、第三方惩罚博弈	参与村里的共同劳动、社会交往程度、借与他人食物的比例、接受他人宴请的次数、为乡村宴会提供食物	实验室测度被试偏好的有效性	不能
de Oliveira (2009)	公共品博弈	居民对当地慈善组织的捐赠、自我报告的慈善和志愿者行为	社会情境是否影响被试选择	能

续表

文献	实验室实验	田野实验（自然数据）	研究目的	结论
Levitt 等 (2010)	零和博弈	特殊职业背景的被试	样本的代表性	不能
Baran 等 (2010)	信任博弈	MBA 学员对母校的回报捐赠	实验室测度被试偏好的有效性	能
Andersen 等 (2010)	测度时间偏好和风险偏好	在大范围的居民样本中随机招募被试	样本的代表性	部分能
Rustagi 等 (2010)	公共品博弈	各团体对于各自森林区域植被的管理情况，如对搭便车者进行监督和惩罚的成本	实验室测度被试偏好的有效性	能
Carpenter 和 Seki (2010)	公共品博弈	渔民在实际捕鱼行动中的表现	实验室测度被试偏好的有效性	部分能
Voors 等 (2012)	公共品博弈	被试对于初始禀赋在自己和社区项目基金中进行分配选择	社会情境是否影响被试选择	不能
Stoop（2012）	自愿合作率测试	渔民在实际中的自愿合作现象	实验室测度被试偏好的有效性	不能
Franzen 和 Pointner (2013)	独裁者博弈	大学生样本进入社会后重新进行独裁者博弈	实验室测度被试偏好的有效性	能
Alm (2015)	第三方惩罚博弈	非学生被试的纳税履行状况	样本的代表性	能

注：a.“能”表示能验证实验室实验的外部有效性；b.“不能”表示不能验证实验室实验的外部有效性；c.“部分能”表示能部分验证实验室实验的外部有效性。

Levitt 和 List（2007）运用实验的方法对社会偏好的稳定性提出质疑，他们认为人的偏好至少要依赖于特定的情境。Camerer

（2010）通过对比各种研究人们对于损失厌恶和即时性偏好的实验数据发现，不同的实验室和实验室之间、田野实验和田野实验之间的差异与实验室实验和田野实验之间的结果差异基本相似。因此作者推断，可能有些偏好参数不受环境因素控制或者说具有很强的外部有效性，但同时也说明涉及有关情境依赖型偏好参数时，其外部有效性往往不能得到验证。大多数实验经济学家认为，在进行社会偏好的实验室实验时，实验被试知道自己处于被监视的状态会使得实验结果表现出更多的亲社会性。而且，实验被试的财富禀赋是实验组织者给予的，并不像现实生活中是由人们通过自己的劳动获得的，这种不同本身可能就会导致行为不一致。Cherry 等（2002）通过实验发现，获取财富禀赋的方式不一样会导致独裁者博弈实验中出现不同的分配行为。由于影响因素太多，我们并不能通过实验断定存在某种偏好一定是外部有效的或者无效的。

4. 外部无效的检验结论是否否定了实验室实验的意义？

其实，即便检验后的结论发现实验室实验结果与田野实验或自然数据结果并不一致，我们也不认为这意味着实验室所得到的实验结果就是错误的。Guala（1991）指出，如果把实验室实验看作是连接理论与现实的桥梁，那么关于实验室实验的外部有效性就不太重要。在最基本的层面上，实验经济学的出现是为了检验某种经济理论。受证伪主义哲学的影响，经济学试图通过实验来证明其理论是否具有普遍性。所有的理论与实证模型都需要简单化假设。在构建这些模型时，消除一些我们认为并不是特别重要的部分，有时可能会导致实验结果并没有那么精准。在有些缺乏外部有效性的例子中，实际上并不是实验理论的错误，而是一开始实验设计者并没有掌握环境中影响决策的关键因素或者模糊了某些重要的东西。Camerer（2010）指出平行原理（parallel principle）并不是要求实验室中的关于外汇交易场景设计必须跟真实的外汇交易的情境一致，但是即使不用完全复制情境，对实验组织来说也不能一次找出所有实验室实验和田野实验结果可能出现偏差的原因。

当评估政策价值时，实验室的外部有效性固然重要，但是实验设计者设计实验的初衷并不是判断实验结果是否正确或是否具有外部有效性，而是为了能通过实验的方法产生一个估计（Camerer, 2010）。Levitt 和 List（2007）强调即使某些实验结果缺乏外部有效性，也不能说明该实验无意义，运用合理的理论模型得到的实验结果对实验室实验的发展仍然具有意义，毕竟存在检验结果总比没有任何检验数据要更好。

因此，即使出现实验室外部无效的检验结果也不能掩盖其在经济学实证分析中的巨大作用。并且经济学家普遍认为在实验室相对简单的环境下都不成立的理论，并没有理由相信其在极其复杂的自然环境下可以成立。大多数实验学家相信，如果变量间的相互作用是单一的，即使改变实验中可能存在的其他影响因素，也不会改变变量间的因果关系，即实验室实验具有定性外部有效性，但是在定量外部有效性问题上仍然存在争议。

（二）外部有效性研究展望

1. 构建跨情境的一般偏好理论

我们在对实验的外部有效性研究的归纳中已经发现，社会情境对于人的行为偏好的影响有着重要的作用。但社会情境包含着非常丰富的内涵，它可以是实验环境、社会背景、群体规范、伦理道德等等。因此，虽然我们难以排斥社会情境对于实验外部有效性的总体影响，但也许我们可以在控制其他情境因素不变的前提下来考察某一情境因素的影响，从而逐一检验各具体情境因素对人的行为偏好的影响，并最终构建跨情境的一般偏好理论（Voors et al., 2012）。实验室实验虽然简单化了社会情境，但是在检验一般行为理论时，如果在实验室环境下得出的结果都不显著，我们很难说明在更加真实复杂的社会环境下，能够得出显著性结果。Scharm（2005）认为在实验室实验就好像新飞机在有风的环境中被检测一样，如果飞机在有风的环境下没有发生坠机事件则会进一步在更极端或者其他不同的环境中试飞，实验室实验普遍被经济学家用来检验一般性准则。目前我国的实验经济学相比于美国等发达国家还属于比较新的阶段，想要成功构建跨情境的一般偏好理论还需要更多、更复杂的相关实验研究。

2. 可应用领域广泛

就目前看来，经济学家关于实验室外部有效性问题还不能得出一致结论，但仍然不可否认外部有效性的重要性。前文归纳过，在研究实验的外部有效性的文献中，有一类虽也是通过比较被试在实验室实验与田野实验或自然数据的行为差异来检验实验的外部有效性的，但其目的是将实验室实验的行为数据作为预测人们在日常生活中相应行为表现的依据，从而为解决现实的经济学问题提供补充数据。如研究信任博弈、合作博弈的实验数据可否作为衡量社会资本的指标，从而推动渔场、牧区的资源管理（Fehr and Leibbrandt，2008；Bouma 等，2008）；研究被试在信任博弈实验、合作博弈实验的行为表现可否作为银行对借贷者信誉评估的标准之一（Karlan，2005）；所研究的被试在独裁者博弈实验中的分配选择是否也预示着他们在真实捐助行为中的表现，从而可以对不同偏好的人群采取不同的捐助激励机制（Benz and Meier，2008）。

同时实验室的外部有效性可以用于对政策的评估，在实验室环境下先检验政策的适用性，研究不同机制设计下人们决策行为的变化，然后再结合现实情境，将更多复杂的因素逐一考虑，为政策可行性提供依据。除了对政策的评估，也可以通过实验室实验考察影响人们行为决策的因素，并将实验室中普遍可观察的结论运用到现实生活中。例如，Armantier 和 Boly（2013）研究了关于腐败问题的实验室外部有效性。腐败现象相比于发达国家更普遍存在于发展中国家，也是我国目前存在的重大问题。作者通过直接对比实验室实验与自然田野实验数据表明，就结果而言，实验室实验具有外部有效性。但考虑腐败问题的特殊性，以往的实验方法很难对其进行直接的研究。然而实验室实验又规避了一些可观测的问题，所以实验结果也可能会缺乏外部有效性。同时由于其他因素的制约（例如，资金的来源，博弈的实质，观测的样本，实验设计者的监控以及道德和文化因素等），在实际生活中的腐败问题可能无法在实验室中观察到。实验主要涉及小腐败问题，对于其他形式的腐败我们无法从实验室实验中获取（例如挪用公款、以权谋私、裙带关系）。而且与小腐败相比，大腐败可能对经济产生更大的影响。因此关于腐败的外部有效性检验其结果是不确定的，但是实验室实验仍然可以用来验证此类问题，因为在更为复杂真实的情况下，众多的影响因素使得腐败问题的本质更加难以显现。所以可以通过在实验室先检验腐败问题的本质相关的因素导致的结果，再对实验室结果进行外部有效性检验，扩展这一结果在更大环境因素下的表现，从而达到直接研究腐败影响因素的目的。凡此种种，都将是检验实验室外部有效性的应用领域。

2.2　田野实验研究方法详述

2.2.1　田野实验研究趋势

近十年来，在经济学的实证研究领域，田野实验[1]［或称随机（控制）实验，随机性田野实验，randomized controlled experiments］[2]一词正在被越来越多地提及。其实，在重要期刊上正式发表的较为成熟的田野实验研究方法可以从 Burtless 和 Hausman（1978）对于个人所得税项目的实验评估追溯。但由于应用领域上的局限（多

[1] field experiments 在国内也常被翻译成实地实验、现场实验。为了强调经济学家应向人类学家、社会学家学习，走向现实世界，开展扎实的田野调查（field study），我们仍倾向于将 field experiments 翻译为田野实验。

[2] 严格来说，field experiments 与 randomized controlled experiments 是两个不同的概念。前者由实验经济学家所提出，是实验经济学在实验室实验基础上的发展；后者是发展经济学家、劳动经济学家的常用方法，强调随机可控及因果关系的识别。当然，二者也有很多方法上的交叉与相似之处，二者在经济学中的兴起时间也很相近。因此，在这里我们暂且将二者的研究发展混为一谈。

用于劳动经济学领域），20 世纪 90 年代中期以前关于田野实验研究的文章在经济学权威期刊上的发表数量并不多[1]。而此后随着田野实验研究人员对于实验方法的推进以及应用领域的拓展，运用田野实验这一实证方法研究的文章在权威期刊上的发表数量正逐年稳定增长（见图 2.2），这一研究工具也正在被主流经济学界接受[2]。田野实验也已成为经济学前沿领域非常重要的研究方法。这里有 3 项代表性的证据：一是据 Card 等（2011）的统计，在过去的 6 年里，平均每年有 8—10 篇田野实验研究实例的论文发表在经济学的五大顶级期刊上；二是介绍田野实验的标志性论文——"Field experiments"（Harrison and List，2004）至今在 Google 学术搜索上的被引次数已超过两千次[3]；三是至少有 Steven Levitt、Emmannuel Saze、Esther Duflo、Raj Chetty 四位经济学家因为将田野实验研究方法引入行为经济学、发展经济学和社会公共项目评估而被授予克拉克奖。

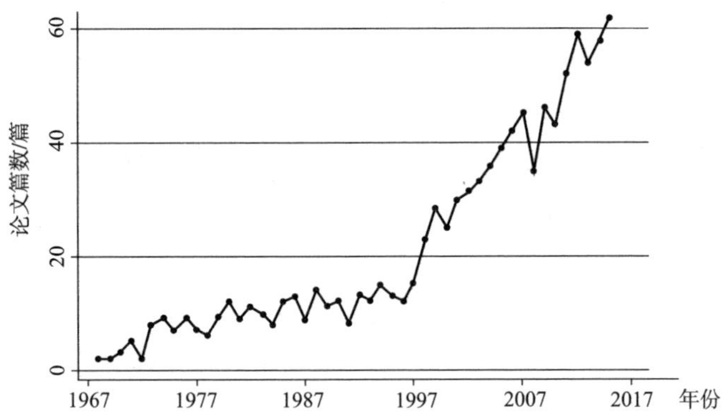

图 2.2　从 1975 到 2017 年在经济学五大顶级期刊上发表的田野实验研究文献数量

注：该图由 Card 等（2011）图 2.1 修改补充而来。

[1] 该图由 Card 等（2011）中图 2.1 的内容修改补充而来。
[2] Angrist 和 Pischke（2010）也称，实验学派已成为经济学经验研究的一个新潮流。
[3] 截止到 2019 年 7 月 1 日，该文被引用次数为 2672 次。

而与之形成鲜明对比的是，在国内经济学期刊上利用田野实验的研究方法所做的实证检验可谓凤毛麟角[1]，国内经济学界也从未有过关于田野实验研究方法的专题学术讨论活动。总体来说，国内经济学界对于田野实验方法的使用还处于谨慎观望的态度。当然，这也与经济学的田野实验研究正是方兴未艾之时，与之相关的概念、名称较为丰富和繁杂[2]，且尚未有明确、公认的界定有关。鉴于此，我们认为充分详细地对田野实验研究方法的发展脉络、核心思想、分类界定进行梳理，系统全面地介绍近年来田野实验在几个重要的经济学科领域的应用实例——可以促进国内经济学界更好地认识田野实验研究；可以帮助非实验经济学领域的经济学者掌握田野实验这一实证研究方法，并将其应用于各分支学科领域；也可以拓展实验经济学者设计田野实验实例的研究思路，并在复杂性和多样性并存的中国情境下，以贴近现实著称的田野实验研究方法为开展面向真实世界的经济学研究提供更多的机会和可能。

因此，本章中将分六个部分对经济学田野实验做全面的综述。第一部分为引言；第二部分我们从两个方面对田野实验的发展历程进行了系统的梳理；第三部分对田野实验的概念、特点及与其他实证研究方法的比较做了具体的总结；第四部分我们对于田野实验在行为经济学、劳动经济学、发展经济学、公共经济学四个领域的应用实例做了细致的综述；第五部分介绍了田野实验在中国的应用前景，并陈述了在中国情境下如何更好地开展田野实验研究的思路；第六部分为结语，阐释了田野实验在经济学的科学化和走向真实世界的进程中所起的重要作用。

---

[1] 据我们所知，何浩然（2011）、何浩然和陈叶烽（2012）、周晔馨等（2014）、罗俊等（2019）是仅有的几篇发表在国内权威经济学期刊上的关于田野实验的实证研究。

[2] 如与田野实验含义相近的名词（随机控制实验、项目评估方法、实验室实验、社会实验等）就有 10 余种之多。

2.2.2 田野实验的发展历程

其实，田野实验也如任何一项研究方法，从争议到被接受，从分立到合流，经历了一个不断完善吸收的过程。总体来看，可梳理出两条独立的田野实验发展轨迹：在经济学实验室实验基础上关于现实情境的补充而催生出的田野实验，以及在实验方法上对于社会实验的改进而产生的田野实验。

（一）贴近现实：从实验室到田野

田野实验的一个重要方法论来源是实验经济学家对于实验室实验研究方法的反思。始于 Chamberlin（1948）的课堂市场实验，并由 Smith（1962）等人发展的实验室实验研究方法于 20 世纪中叶逐渐兴起，并在进入 21 世纪后走向繁盛，现已成为一个重要的经济学研究领域[1]和数据来源。实验室实验的特点在于通过构造一个可操作的实验室内的微观经济环境，以控制其他必要的变量，从而实现对有关变量的定量测度。具体来说，实验室实验可以允许实验者在实验室内在通过控制其他条件不变的情况下，改变价格信息、预算约束、信息结构或被试的行动集合来分别衡量这些因素对于人们行为的影响。

但是，正是由于经济学的实验室实验吸收并强调了自然科学实验中的"控制"（比如确保化学实验室的无菌操作，是为了抑制病菌和有害微粒的自由流动而影响测试的结果），当控制应用于人类行为时，我们应该明白，人的行为不可能完全被控制，人的行为总是在被某些不可控的因素影响着。具体来说，实验室实验获得数据的过程多在实验室中进行，缺乏丰富的社会情境作为背景，

[1] 我们可以以顶尖杂志发表论文数量、学校院所接受程度、研究团体数量等硬性指标作为衡量标准，其中更具标志性意义的事件是 2002 年的诺贝尔经济学奖颁给了行为经济学与实验经济学的两位先驱——Daniel Kahneman 与 Vernon Smith。

因而其结果不能简单地外推至真实世界。实验室实验的这一特征也被实验经济学家称为以外部有效性（external validity）为代价的最大化内部有效性（internal validity）[1]（List，2001）。实验室实验的外部有效性欠缺一直以来为人所诟病。以研究人的社会偏好的经济学实验为例，实验中人的行为除了受到物质激励的影响外，还非常容易受到其他多种因素的影响，而这些因素在实验室环境下和真实世界中又往往不尽相同。这些因素至少包括以下五个方面：（1）道德伦理和社会规范的约束；（2）被试被他人注视的性质和程度（the nature and extent of scrutiny）；（3）实施决策时嵌入的情境；（4）样本选择的代表性问题；（5）博弈的初始禀赋（The stakes of game）（Levitt and List，2007）。这些因素的影响使得实验经济学家对于实验室实验结论外推至真实世界产生了一定的疑问，并开始共同推动起实验经济学另一方向的发展，即田野实验。田野实验与实验室实验相比，突出的特点就是更贴近真实世界，正如 Carpenter 等（2005）发出的感慨："实验经济学家不再保守，他们开始在实地招募被试而不是实验室；他们开始用实际物品而不是诱导价值；他们开始在实验说明中设定真实的情境而不是抽象的术语。"

需要注意的是，这里对于实验室实验的诘问并不意味着我们对于实验室实验的否定[2]。实际上，实验室实验仍旧是帮助经济学家更科学地检验经济理论，分析人的经济行为的重要工具。且实验室实验与田野实验在很多时候可以形成互补。实验经济学家们常让同一批被试开展田野实验和实验室实验，以检验情境因素是否可以影响

---

[1] Campbell 和 Stanley (1963) 给内部有效性下过非常简洁的定义："内部有效性即通过实验的合理控制来测度因变量和自变量的因果关系。"

[2] 我们也不认为田野实验可以取代其他实证研究方法，而只是提供了另一种有效的选择。正如 Falk 和 Heckman（2009）所说："田野数据、调查数据、实验室实验、田野实验以及标准的计量方法可以共同推动社会科学的研究。"

人的行为，以及具体的情境因素在什么程度上影响了人的行为[1]。因此，我们可以认为，田野实验是对实验室实验的一般性结论在具体情境下的补充和检验。因此，根据实验中相关情境因素引入的程度，Harrison 和 List（2004）将田野实验划分为不同的类型[2]，如此的划分也凸显了实验室实验与田野实验的传承和区别。

在表 2.2 中我们列举在这种分类标准下的各种田野实验之间及与实验室实验、自然实验[3]、非实验数据[4]相比较的差别。其中传统的实验室实验（conventional lab experiments）是指招募在校大学生作为被试集合，设定一些抽象的背景框架和一系列实验规则（主要通过实验说明体现）的实验；人为的田野实验（artefactual field experiments）除了是招募非传统（非在校大学生）的被试以外，其他均与传统的实验室实验类似；框架的田野实验（framed field experiments）除了在交易物品、实验任务或被试能够代入实验的信息集方面有现实的情境以外，其他均与人为的田野实验类似；自然的田野实验中被试所承担的实验任务在一个自然发生的环境中展开，并且被试并不知道自己正在参与实验（可以避免可能的"实验者效应"）[5]，其他均与框架的田野实验一致。

---

[1] 这部分的研究称为外溢性（spillover）研究，实验经济学界在近几年里也有很多相关文献发表（Gurven and Winking，2008；Benz and Meier，2008；Voors et al.，2012 等）。

[2] 虽然 Card 等（2011）按照理论在田野实验中的角色将田野实验划分为描述性研究、简单模型、多模型、参数估计研究四种类型，但以影响力来说，我们还是遵照了 Harrison 和 List（2004）早期的划分。

[3] 自然实验在很多特征上与自然的田野实验相似，如同样是对自然发生的事件进行考察，也具有一定的实验属性（如随机分配被试），但这类实验是由外生的政策干预所造成的，缺乏人为的实验控制（Harrison and List，2004），因此在检验干预的效果时往往会存在潜在的内生性问题。

[4] 以非实验数据为基础的实证研究方法与田野实验的差别，我们在后文还会有详细的比较。

[5] 实验心理学家则常常通过欺骗被试的方式来克服实验者效应（如 Milgram，1963）。而经济学家考虑到早期研究的欺骗可能会影响后续实验的样本池（Hertwig and Ortmann，2001），从而破坏长期的实验声誉。所以欺骗被试是实验经济学的大忌，几乎所有的实验经济学指南都一再强调不可故意欺骗被试。

表 2.2　实验分类及相关比较

实验类别	被试类型	被试信息	激励	实验环境	被试知晓实验	研究者干预	外生改变
实验室实验	大学生	抽象信息	诱导价值	实验室	是	是	否
人为的田野实验	各类人群	抽象信息	诱导价值	实验室	是	是	否
框架的田野实验	各类人群	情境信息	真实激励	自然环境	是	是	否
自然的田野实验	各类人群	情境信息	真实激励	自然环境	否	是	否
自然实验	各类人群	情境信息	真实激励	自然环境	否	否	是
非实验数据	各类人群	情境信息	真实激励	自然环境	否	否	否

注：该表参考了 List 和 Rasul（2011）表 1 的内容，自然实验是自然发生的扰动事件，研究者不能做出随机的设计和控制的操作，因此自然实验往往缺乏实验可控性且发生机会甚少。

（二）方法的改进：从社会实验到田野实验

如果说实验室实验的发展催生了田野实验的兴起，那么社会实验就可以被认为是田野实验的前身了。准确地说，田野实验是经济学家对于社会实验在实验方法上的加强和改进。

人们常常会把 Fisher（1925，1926）和 Neyman（1933，1934）运用实验方法解决农业生产领域的工作认定为经济学田野实验最早的雏形。虽然这个阶段的田野实验没有一项研究对象是以人作为被试，且很少发表在经济学期刊上，但他们的研究确实为以后的实验设计和样本设计方面提供了基本的思路[1]。其中，Fisher 在实验设计

[1] 关于 Fisher 和 Neyman 在实验和样本方面的更具体贡献可以参见 Fienberg 和 Tanur（1996）的评述。

中引入了随机性的概念并且强调了实验的三要素——复制、干扰和随机性，这是实验分析的基础（Street，1990）。Neyman 则意识到重复随机抽样的作用，并认为概率推断的必要条件是随机性。因此，这些研究被认为是第一次将随机性这一实验方法的关键要素概念化了（Levitt and List，2009）。

田野实验研究发展的第二个重要时期则是 20 世纪后半叶，彼时政府机构开展了一系列大规模的社会实验。在欧洲，早期的社会实验包括 20 世纪 60 年代末英国电价的设计；在美国，社会实验能够追溯到 Heather Ross（1970）关于个人所得税项目检验的工作。第一批这样的实验开始于 20 世纪 60 年代末期，政府机构试图通过在政策上面的有意调整来评估目标项目。如此大规模的社会实验项目包括用工计划、电价设计、住房补助等（Hausman and Wise，1985）。早期的这一批社会实验主要聚焦在测试新的目标项目上，而 20 世纪 80 年代早期的大部分社会实验则集中考察了各类改革，即测度现有项目上新增的改变。这些实验对于当时政策的确定有着重要的影响，比如它们对于 1988 年家庭支持法案[1]的贡献，并由此修正了救助无自理能力儿童（AFDC）这一计划（Manski and Garfinkel，1992）。

这一阶段的社会实验虽然为当时的社会公共项目的实施提供了一定的实践依据，但其在实验方法上却存在着诸多缺陷和隐患（List and Rasul，2011）。这些缺陷主要包括以下几个方面：一是随机偏误（randomization bias），即随机分配被试进入实验的过程可能改变参与者的行为，例如被分配到实验组的被试可能会更加努力，进而影响项目的实际评估效果；二是中途退出实验（attrition），即由于社会实验历时较长，一些被试可能在实验进行过程中就离开了当地，而

[1] 1988 年美国实施的家庭支持法案旨在针对不负责任的父母强制执行子女抚养命令（Child Support Order），以及通过扩大职业训练和增加教育的机会来降低父母对于抚养费及社会福利的依赖程度。该法案在一定程度上改革了美国的福利体系。

造成实验结果的偏差；三是样本的代表性问题（non-representative sample），比如项目参加者可能为自愿报名的义工，而义工的平均素质一般高于普通人，因此造成实验被试的自选择效应；四是，小型实验的条件与项目被大规模推广时的现实条件不同，由于条件的制约，一些小型实验在大规模推广时可能会遇到一些困难和不同，而这种差异又可能导致对项目的评估结果截然不同。

面对社会实验在实验方法上的不足，近来开展的优秀田野实验都有针对性地进行了一些加强和改进。譬如，虽然都是通过随机招募被试来参加实验，但与社会实验不同的是，这些田野实验都尽可能在自然发生的环境中随机招募普通的人群，以期使得作为研究对象的被试都没有意识到自己成了实验的一部分。因此，这样的田野实验相比于社会实验，总是需要在一些好的机会下、更小的规模中得到开展。此外，这一时期的田野实验也总是比社会实验（对于政策制定者而言更多的是实践意义）有更大的理论目标，这些田野实验在许多情况下是被设计去检验经济理论的，包括收集构建理论的有效信息、组织数据以及测度理论假设下的关键参数。

总体来说，由于田野实验的两条发展轨迹的侧重点与方法论来源都有所不同，它们所应用的实际领域也有所不同。比如从实验室到田野的演变路径，一直关注的是人的行为在微观环境下的情境属性，因此这类田野实验多应用于行为经济学与劳动经济学领域；而从社会实验到田野实验的这一演进路径上，由于主要是对社会宏观领域问题的实证检验，因此这类田野实验多应用于发展经济学和公共经济学[1]。在图 2.3 中我们对于田野实验的这两条发展轨迹及相应

---

[1] 两条路径下四个不同领域的应用和组合，其实也可以从研究者的学术脉络和关系中得知。如 Duflo 同时在发展经济学和公共经济学领域都有田野实验的应用研究；List 和 Rasul 分别在行为经济学和劳动经济学领域有很多田野实验应用研究，但同时他们又合作介绍了田野实验在劳动经济学中的应用（List and Rasul, 2011）。

的应用领域做了概括[1]。

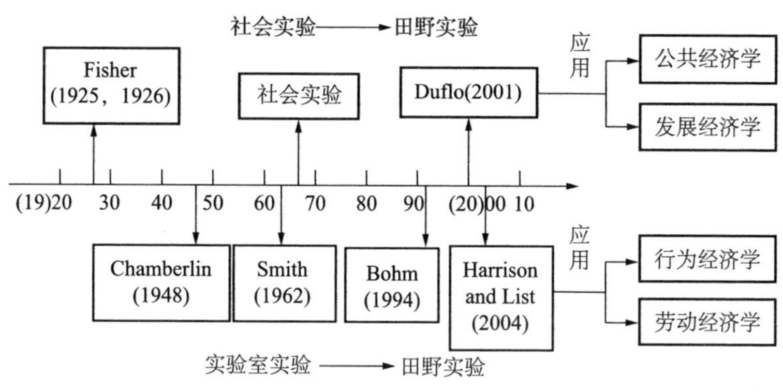

图 2.3 田野实验发展轨迹及应用领域

2.2.3 田野实验的概念、特点及相关实证研究方法比较

（一）田野实验的核心思想、概念和基本操作方法

通过对田野实验发展历程所做的梳理，我们基本可以勾勒出田野实验的核心思想、概念和基本操作方法。从研究内容上来说，田野实验的核心思想在于对现实世界所发生的事件之间的联系给出科学的检验；从研究方法上来说，田野实验的核心思想在于利用实验的操作技巧（如随机化被试、控制相关变量），来评估干预事件的处理效应或者说变量之间的因果效应。正如 List（2007）所说："田野实验在实验室和自然产生的数据之间架起了一座桥梁，它意味着控制与现实主义的结合，完成了在实验室和不受控制的自然数据中不

[1] 其中 Peter Bohm 是最早对实验室实验和田野实验的差别做系统性阐述的经济学家，他于 1994 年的文章中首次在实验经济学界引入"field experiments"这一名词。但可惜的是他已于 2005 年去世，且他对田野实验的应用也仅限于环境、农业等领域，因此他在经济学田野实验发展历程中的地位一直以来都没有被广泛认识。直到 Dufwenberg 和 Harrison（2008）在文章中对于 Peter Bohm 相关实验研究进行专题介绍，并追认 Peter Bohm 为田野实验之父，人们才开始认识到他对田野实验发展的重要贡献。

能单独完成的任务。”

因此，我们可以给田野实验做一个概念上的总结：运用科学的实验方法去检验真实世界中，或者说自然发生的环境下，而不是在实验室里发生的扰动对人们行为决策的因果影响，它可以为经济学理论研究提供有力的实证依据。

而田野实验的基本操作方法则是从一个总体中随机地选取被试样本，然后随机地将被试分为控制组与处理组，在控制其他因素不变的情况下，对处理组被试进行实验处理，并根据随后两组被试的数据比较，得出最后的因果效应。其中，由于被试是被随机分入两组的，因此实验的处理组水平是完全独立于个体特征和其他可能影响实验结果的因素的。这就避免了计量模型中常见的遗漏变量偏差（omitted variable bias）或内生变量偏差（endogeniety bias）的问题，即处理组水平 X 对实验结果 Y 的因果效应表现在条件期望上的差别，$E(Y|X=x)-E(Y|X=0)$。其中 $E(Y|X=x)$ 是处理组被试在处理组水平为 x 时的行为表现 Y 的期望值，$E(Y|X=0)$ 是控制组被试的行为表现 Y 的期望值。

（二）田野实验的特点

正如我们在以上对田野实验的核心思想和概念的叙述中所反复提到的，田野实验这一实证研究方法的主要特点，其实就是现实性和科学性。

1. 田野实验的现实性

现实性指的是田野实验的实验过程会尽可能地贴近真实世界，因此实验结果比较能反映人们在现实生活中的行为决策。具体而言，相对于实验室实验标准的大学生被试来说，田野实验的被试选择则更具针对性和广泛性。他们可以是车间工人（Carpenter et al.，2005）、公司首席执行官（Fehr and List，2004）、足球运动员（Levitt et al.，2010）、日本渔民（Carpenter and Seki，2010）等。而且已有研究也发现大学生被试与这些特殊群体被试在行为偏好上确实存在一定的差异，如车间工人在实验中会比大学生表现得更慷慨、更公平（Carpenter 等，2005）；公司首席执行官在实验中也比大学生表现出了更高的信任度和可信度（Fehr and List，2004）。此外，还有专门的研究对实验中样本选择的代表性做了系统检验。如 Bellemare 和 Kröger（2007）从 2000 户有代表性的荷兰家庭中选择了各种宗教信仰、年龄、职业的 499 名被试参与了标准的行为实验，并发现被试的个人社会属性在不同程度上影响着行为实验的结果。Andersen 等（2010）的实验研究则进一步比较了田野实验随机选择的被试与实验室实验的大学生被试是否存在行为偏好上的系统偏差。研究者在 25000 名丹麦居民样本中随机招募了 268 名被试参与关于时间和风险偏好的田野实验，并在哥本哈根大学招募了 100 名学生被试参与相关的实验室实验。通过比较两个实验的数据结果发现，虽然实验室实验和田野实验被试的平均风险厌恶程度和折现率都没有显著的差异，但田野实验中的被试样本的偏好显示出了更大的异质性，且这种被试偏好的异质性有可能与实验任务形成交互效应，而改变最终的实验结果。

除被试选择的针对性和广泛性以外，实验设计所嵌入的真实情境也是田野实验现实性的重要体现。这里的真实情境并不是实验室实验中抽象的指令和封闭的实验室，而大多是我们日常生活中常见的场景和环境，比如氏族部落中的食物分享行为（Marlowe，2004）、渔村村民的合作行为（Leibbrandt 等，2013）、朋友聚餐时的付账方式（Gneezy 等，2004）、为当地植树造林计划做公益捐赠（Laury and Taylor，2008）、在求职市场中筛选简历（Bertrand and Mullainathan，2004）、在运动卡片市场中的讨价还价（List，2006）等。而也有研究证明了同一批被试分别在嵌入了真实情境的田野实验与抽象模拟的实验室实验中，可能会表现出不同的行为偏好，Marlowe（2004）关于坦桑尼亚哈扎族人（Hadza）的田野实验便体现了这一点。哈扎族人是以狩猎、采集为生的流动部落，研究者希望利用最后通牒博弈[1]与独裁者博弈[2]来考察哈扎族人的食物分享行为的特点。最终的实验结果显示，虽然食物（如肉、蜂蜜）分享平时在哈扎族部落随处可见，但在博弈实验中哈扎族人表现出的分享行为却比其他复杂的社会群体更少。Gneezy 等（2004）在以色列理工学院招募了一批被试参与了一个实验室实验和田野实验，田野实验的设计是让被试拿到实验收入后，6 人一组一起吃饭，被试被随机安排在 4 种不同的实验任务下，即在四种不同的付账方式（AA 制；6 人均分总额；由实验室买单；只需付个人消费的 1/6，其余由实验室买单）下点菜。而同一批被试还需要参与一个有着相似实验结构的实验室实验，只是真实的点菜情境变成了在不同的付费机制下选择为抽象的物品支付成本。结果表明，实验室的行为数据显示了更多社会偏好，但田野实验中，被试的行为却更多地与经典的经济学理论相吻合。相似的比较研究还有 List（2006）的实验，研究者招募被试在实验室中通过抽象的模拟商品交易，开展标准的礼物交换博弈[3]，并让同一批被试在真实的运动卡片市场中进行买卖交换，以考察被试在抽象环境和现实情境下的偏好是否一致。实验结果显示，在标准的礼物交换博弈实验中“雇员”和“雇工”所表现的亲社会行为，不能用来判断真实的运动卡片市场中买卖双方的行为。

2. 田野实验的科学性

田野实验的另一个重要特点是科学性，主要体现在相对于其他实证分析方法而言，能更为直接和便利地对变量之间的因果关系做

[1] 最后通牒博弈实验（Güth 等，1982）有两个行为对象，其中一人为提议者（proposer），需要对一笔给定数额的货币（初始禀赋）在他与另一人即响应者（responder）中进行分配。响应者对这一分配方案进行回应，若接受这个分配，则两人按此分配方案获得相应的收益；若拒绝，则双方收益均为 0。

[2] 独裁者博弈实验（Forsythe 等，1994）与最后通牒博弈的不同之处在于，响应者对提议者的分配方案没有否决权。

[3] 在礼物交换博弈实验（Fehr 等，1993）中，被试会被分别指定为雇主和雇员这两个角色，博弈为一次性的匿名博弈。雇主首先提供一份工资给雇员，雇员在接受了工资后需要相应付出有成本的努力，即努力水平越高，雇主收益越大，但雇员效用越低。

出检验。我们知道，检验变量之间的因果关系不仅是经济学实证分析的主要目的，也是所有科学研究的基本目标之一。而对因果关系的推断则必须是基于反事实（counterfactual）框架的（Heckman，2008），即一个影响变量或者干预对个体的因果效应，应该是个体在控制组（没有受到干预）和干预组这两个可能的结果状态之间的差异。但就像“人不能两次踏入同一条河流”一样，个体的结果只可能在一个组中被观察到。这样，对于该个体而言，干预结果与控制结果中必有其一是缺失数据的（谢宇，2006）。例如我们要检验大学教育对个人收入的因果影响，然而对一个接受了大学教育的人来说，我们不可能获得他没接受大学教育情况时的数据。因此，对因果关系的科学分析只能用平均处理效应（average treatment effect）来替代，即估算一组接受了大学教育的人（干预组）与一组没有接受大学教育的人（控制组）之间平均成绩的差异。但替代的前提是，干预组和控制组必须在其他与收入相关的因素上是一致的，即两组人的年龄、性别、家庭背景、智商、性格等变量的均值无显著差异。

而田野实验解决这一问题的办法，是由随机分配将实验被试分成实验处理组（即干预组）和控制组，以实现“其他相关因素都无显著差异”的条件，从而通过比较两组被试的表现，最终确定干预对被试表现的因果效应。但是，在非实验条件下进行因果关系的有效识别却并不易做到（王美今和林建浩，2012），研究者往往需要搜集大量的自然数据（naturally occurring data），利用复杂的统计方法和计量模型才能实现对变量之间因果关系的检验，如以下几种常见的与因果检验相关的非实验研究方法。

（1）格兰杰因果关系检验（Granger causality test）。格兰杰因果关系检验的基本观念在于，未来的事件不会对目前与过去产生因果影响，而过去的事件才可能对现在及未来产生影响（Granger，1969）。因此，在时间序列情形下，两个经济变量之间的格兰杰因果关系可定义为：假如在控制了 y 变量的过去值以后，x 变量的过去值仍能对 y 变量有显著的解释能力，我们就认为变量 x 是引致变量

y 的格兰杰原因（Granger-cause）。但是，格兰杰因果关系和真正的因果关系还是有本质区别的。前者说的是一种可预测性，而真正的因果关系是一种逻辑上的顺序，后者与发生时间上的先后顺序有的时候甚至是完全相反的。因此，时间上的因果关系并不能完全揭示逻辑上的因果关系。

（2）工具变量（instrumental variable，IV）。工具变量的基本思想是，遗漏变量（omitted variable）u 的存在使得经济学者直接利用 x 与 y 的数据做计量回归，会出现内生性（endogeneity）的问题，即 x 对 y 的影响可能是由 u 的存在所导致的，而采用 z 这一工具变量来替代性地检验 x 对 y 的因果影响则可以避免以上问题，图 2.4 是工具变量功能示意简图。但工具变量法的使用至少需要满足两个条件：z 与 u 不相关，即 $Cov(z，u)=0$；z 与 x 相关，即 $Cov(z，u) \neq 0$（伍德里奇，2003）。因此我们要找到这样一个符合条件的工具变量，并不是一件容易的事情。

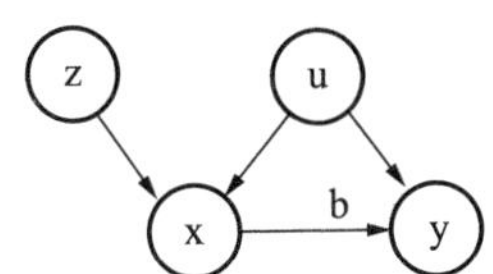

图 2.4　工具变量功能示意图

（3）倾向值评分配比法（propensity score matching，PSM）。在一般的实证研究中，存在很多其他变量混淆自变量和因变量之间的因果关系。混淆变量的影响通常被称为选择性偏误（selection bias），而通过倾向值匹配的方式可以在一定程度上控制和消除选择性偏误。首先，倾向值是指在控制可观测到的混淆变量（confounding variables）的情况下，被研究的个体受到自变量影响的条件概率（Rosenbaum and Rubin，1983）。配比的基本逻辑是将受到自变量影响的个体与没有受到影响的个体进行配对。而倾向值匹配就是保证匹配起来的个体的倾向值相等或者近似。回到大学教育的例子，倾向值匹配就是将没有受过大学教育的人和受过大学教育的人配对并保证他们的倾向值（即上大学的概率）相同或近似，这样就得到了上过大学和没上过大学两组个体。由于已有的混淆变量已经在基于倾向值的配对过程中被控制起来了，两组个体收入上的差异就只能归因于大学教育的有无，而不是其他混淆变量，由此遏制了选择性误差（胡安宁，2012）。可显见这一方法的理念就是通过对非实验数据进行一定的处理以实现类似于实验数据的随机控制效果。

（4）双重差分模型（difference in difference，DID）。双重差分估计方法利用了个体受到事件干预前后的数据，即控制时变性因素影响的同时，通过比较受到事件干预影响的处理组和没有受到干预影响的控制组的数据差异，来最终检验事件对个体干预的因果效应。图 2.5 为双重差分模型示意图。设定 Y_{c1} 为控制组被试在干预前的平均数据，Y_{c2} 为控制组被试在干预后的平均数据，Y_{t1} 为处理组被试在干预前的平均数据，Y_{t2} 为处理组被试在干预后的平均数据。由图 2.5 可知干预的因果效应在数值上是等于 $(Y_{t2}-Y_{t1})-(Y_{c2}-Y_{c1})$。但这一数值上的相等至少需要满足两个条件：对照组个体的数据确实未受到政策影响；对照组个体受时变性因素影响的幅度与处理组必须一致，即二者在坐标轴中的斜率必须相等（Harrison and List，2004）。

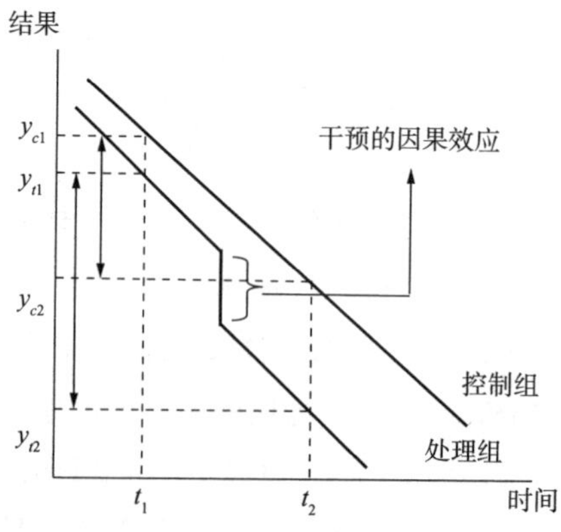

图 2.5　双重差分模型示意图

（5）断点回归法（Regression Discontinuity，RD）。断点回归实际上是在断点附近的局部随机实验。把断点看成一种干预，断点右侧的是处理组，断点左侧的是控制组。可以观测到处理后的处理组，和未处理的控制组。在离断点很近的区间里（在图 2.6 中是 $X=2$），控制组 Y（0）观测不到的那部分就可以作为处理组 Y（1）观测到的那部分的反事实，从而推断出因果效应。也就是说，在断点回归中，小于临界值的个体可以作为一个很好的控制组来反映个体没有接受干预时的情况，尤其是在变量连续的情况下，临界值附近样本的差别可以很好地反映干预和结果变量之间的因果联系（Lee and Lemieux，2010）。断点回归设计的最大问题在于只能做到局部（断点附近）随机，但要把局部政策效果外推会很困难。

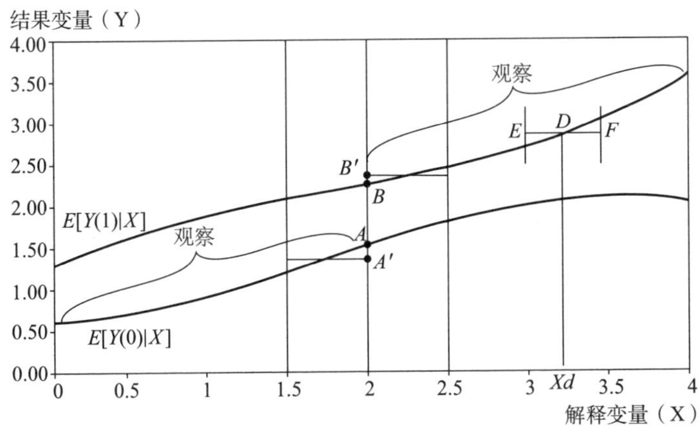

图 2.6　断点回归模型示意图

根据以上所介绍的几种与因果检验相关的非实验研究方法的特点，我们很容易发现这些研究方法在检验变量之间的因果关系时，要么不能检验逻辑上的因果关系，要么必须满足多个苛刻的条件，要么操作过程复杂且最终仍是为了实现类似于实验数据的随机控制效果。因此，可以说田野实验在科学地检验自然情境下变量之间的因果关系时，有着明显的优势。

2.3 神经科学实验技术介绍

2.3.1 脑功能成像技术

脑功能成像技术将大脑的结构与功能联系了起来，成像出脑结构在给定实验状态下被激活的基本过程。因此，对不同脑结构功能的详细成像可以为分析人们的心理过程和行为偏好提供可靠依据。随着科技的发展与进步，越来越多不同功能、不同特点的脑成像技术应运而生，它们的出现为神经科学实验研究提供了极大的帮助和便利。其中，脑电图（Electroencephalography，EEG）、脑磁图（Magnetoencephalography，MEG）、正电子发射断层显像（Positron Emission Tomography，PET）、功能性核磁共振成像（Functional Magnetic Resonance Imaging，fMRI）与功能性近红外脑成像（Functional Near-Infrared Spectroscopy，fNIRS）是五种比较典型、高效的技术手段。

我们的大脑是一种神经组织，它们的活动会产生生物电信号，这些电信号在头皮表面可以被记录到。脑电图技术就是利用脑电图仪[1]来记录人体头皮上两个电极间脑电细胞群的电位差（曹阳，2007）。脑电信号是脑神经细胞群电生理活动在大脑皮层或头皮表面的总体反映，不同的思维状态和病因在大脑皮层的不同位置会产生不同的脑电信号，因此，神经科学家们就可以通过脑电图很容易地观察到个体心理活动和偏好感受的变化所同时带来的脑电信号的变化。但脑电图技术也有明显的缺陷，如无法精确定位，无法与颅脑神经功能团一一对位，易受电磁干扰，人体姿态、动作甚至呼吸都会对脑电图的检测造成影响。

[1] 脑电图仪是一种特殊的生物电诊断仪器，可以检测并记录颅脑神经生理活动电信号波形。

电流的变化总是会伴随着磁场的变化，脑细胞的电活动会产生极微弱的磁场。高灵敏度的磁场传感器可以检测并记录磁场随时间变化的关系曲线。脑磁图技术就是检测并记录这种磁信号的装置。与脑电图相比，脑磁图的突出优点是其源定位更为直接和准确，原因在于：脑电数据受颅骨和各种脑组织的导电性和形状的影响很大，这些因素是很难控制的；而脑磁图所检测的磁信号不同于电信号，它基本不受皮肤、骨骼、肌肉等组织的限制和影响，因而获取的数据信息更准确（Hillebrand 等，2005）。但由于屏蔽、电磁装置等设备复杂、昂贵，在实际应用方面并没有脑电图普及。脑电图和脑磁图都具有毫秒量级的高时间分辨率优势，被广泛应用于认知研究的各种领域；然而，由于此类技术记录的都是大脑内部神经活动的电磁信号在脑外的反映，那么对脑内的信号发生形态的假设、头颅的结构模型、导电性等等都可能影响源定位的精确性和可靠性。因此，脑电图和脑磁图技术所能提供的空间分辨率相对较低。

正电子发射断层显像技术是一种放射性同位素成像技术。它是将人体代谢所必需的物质（如水、蛋白质、葡萄糖、氧等）标记上短寿命的同位素以制成显像剂注入体内，基于湮灭性同时探测（annihilation coincidence detection，ACD）原理（Haddad 等，1991）实现显像。根据这一原理，PET 可以通过测度区域脑代谢率（regional cerebral metabolism rate，rCMR）和区域脑血流（regional cerebral blood flow，rCBF）的改变，来反映大脑的功能活动状态，因此正电子发射断层显像技术在认知研究领域得到了广泛的应用，并取得了许多重要的发现。但是它也存在一些固有缺陷，如成像的时间较长、技术复杂、系统造价及运行成本高昂，成像时受放射性同位素的限制，不适用于单个被试的重复研究等。

功能性磁共振成像技术是目前运用较为广泛的一种脑功能成像技术，其原理是利用磁振造影来测量血氧水平从而实现对颅脑功能的检测。功能性磁共振成像技术所采集的磁共振信号反映的是脑内局部毛细血管和静脉血管中血氧饱和度的变化，进而反映血流动力学的变化。功能性磁共振成像技术具有较好的空间及时间分辨率，不仅能清晰、准确地显示脑组织的解剖和病理改变，还能同时观察到脑皮层功能活动时的信息，并可非侵入性、实时地对颅脑的功能活动进行成像。因此，有关亲社会行为神经机制的早期研究多是利用功能性磁共振成像技术开展的。尽管功能性磁共振成像技术的优点很多，但也存在一些自身的不足之处，如强大的外加磁场对人体可能存在一定影响，且维护和运营成本较高。另外，由于功能性磁共振成像技术的信号不是直接的神经活动信号，其信号一般存在滞后于神经活动 4—8 秒的响应延迟（Menon 等，1995；Kim 等，1997）。

近年来，功能性近红外脑成像技术作为一种新兴的脑功能成像技术也开始运用于神经科学的研究领域。功能性近红外脑成像技术通过近红外光对大脑血氧浓度的不同反射率来探测大脑皮层的功能激活状态。功能性近红外脑成像技术，旨在探求组织表面下数毫米的组织光学特性，利用血液的主要成分对 600—900nm 近红外光良好的散射性这一原理，从而获得大脑不同区位活动时含氧血红蛋白（HbO_2）和脱氧血红蛋白（Hb）的变化情况，并依据对所测量的含氧血红蛋白和脱氧血红蛋白浓度，准确定位测量点所在位置的局部脑活动，从而为建立脑活动与相关脑区的对应关系提供了可能（Cooper and Delpy，1997；Strangman et al.，2002）。功能性近红外脑成像技术的优点在于可移动性、对被试限制较少、兼容磁性金属物品、允许长时间内的连续测量和短时间内的反复测量（各种脑成像技术特点比较如表 2.3）。

表 2.3 各种脑成像技术特点对照表

名称	脑电图	脑磁图	正电子发射断层显像技术	功能性磁共振成像技术	功能性近红外脑成像技术
实体图				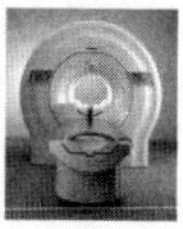	

续表

名称	脑电图	脑磁图	正电子发射断层显像技术	功能性磁共振成像技术	功能性近红外脑成像技术
测量媒介	电信号	磁信号	伽马射线	电磁波	近红外光
测量对象	检测头皮上的电活动	检测头皮上的电活动	大脑皮层血液流动情况（代谢物质）	大脑皮层的血液流动	大脑皮层的血液流动
放射性	无	无	有	无	无
强磁场	无	无	无	有	无
相对重量	小	大	大	大	小
相对体积	小	大	大	大	小
相对价格	低	高	高	高	低
时间分辨率	毫秒	毫秒	分	秒	100 毫秒

2.3.2　脑刺激技术

脑功能成像技术结合了功能、解剖和影像三方面的因素，实现了对脑功能激活区的准确定位，进而成为我们观察大脑活动的重要方法。然而，脑功能成像技术因为无法对神经活动进行影响和改变，只得到大脑区域激活与我们的行为表现同时发生的相关性关系，这便不能揭示大脑各区域的神经活动对心理及行为的作用。随着技术的发展和应用的需要，脑刺激技术应运而生。它很好地弥补了脑功能成像技术在这一方面的不足，通过对大脑区域的外部作用，影响和改变这些区域的神经活动，从而得到神经活动与心理行为之间的因果关系。

其中，经颅磁刺激（transcranial magnetic stimulation，TMS）是一种利用脉冲磁场作用于中枢神经系统（主要是大脑），改变皮层神经细胞的膜电位，使之产生感应电流，影响脑内代谢和神经电活动，从而引起一系列生理生化反应的磁刺激技术。目前经颅磁刺激仪共有三种主要的刺激模式：单脉冲经颅磁刺激仪（sTMS）、双脉冲经颅磁刺激仪（pTMS），以及重复性经颅磁刺激仪（rTMS）。以上三种刺激模式分别与不同的生理基础及脑内机制相关。单脉冲经颅磁刺激仪产生的弱电流场可以引起皮层的去极化；双脉冲经颅磁刺激仪中第一个刺激引起神经元的活化后，可以降低神经元对下一个刺激的反应阈；重复性经颅磁刺激仪中的慢刺激模式趋向于引起皮层的抑制，快刺激模式则引起兴奋（陈昭燃等，2004）。

由于经颅磁刺激仪的磁场强度可能会对被试的认知或情绪健康造成影响，且适用人群有一定的限制（Anand and Hotson，2002），因此，经颅磁刺激仪在神经科学研究领域的运用逐渐被另一种脑刺激技术取代。经颅直流电刺激仪是一种安全、无侵害性，利用微弱电流（1—2 mA）调节大脑皮层神经细胞活动的技术。它的基本原理在于调节皮质兴奋性，尤为重要的则是经颅直流电刺激仪对于神经调节的可塑性，药理学证据表明，经颅直流电刺激仪所激发的电流能使突触上的蛋白合成量升高，进而提高脑组织的可塑性，此时当受到外源刺激时，大脑神经元更容易重塑突触连接。经颅直流电刺激仪由阳极和阴极两个电极片构成，阳极刺激（anodal stimulation）和阴极刺激（cathodal stimulation）。Priori 等（1998）首次考察了直流电刺激对运动皮层的影响，并发现微弱的阴极刺激能够抑制运动皮层的兴奋性。之后 Nitsche 和 Paulus（2000）发现了经颅直流电刺激仪刺激对运动皮层兴奋性的影响具有极性特点，阳极刺激使运动皮质的兴奋性提高，而阴极刺激则会降低运动皮质的兴奋性。进一步研究发现经颅直流电刺激仪的效应取决于刺激的强度和刺激持续的时间，如果刺激的时间持续足够长，刺激结束后皮质的兴奋性的改变可持续达 1 小时（Jacobson 等，2012）。此外，最新的经颅直流电刺激仪设备还设置有伪刺激（sham stimulation）[1] 的功能，可方便实验者开展对照研究。

日渐成熟的神经科学研究范式主要以医学研究为基础，明确大脑各个区域所发挥的作用，继而在行为实验过程中采集脑成像数据，分析被激活或抑制区域，找出发挥作用的大脑部位，最后通过脑刺激技术证明因果关系。而经颅直流电刺激仪则在这一过程中发挥不可替代的作用，它以其便捷性、灵敏性 、准确性得到了很多学者的青睐，并被越来越多地运用于行为认知研究领域（Sellaro 等，2016），来证明大脑不同区域与相应行为表现之间的因果关系。

[1] 伪刺激只在实验开始后的 15—30 秒内有刺激感，目的是起到安慰剂的作用，控制刺激本身对实验者心理带来的可能影响。

第3章　互惠、利他、公平的田野实验与神经实验研究综述

3.1　互惠、利他、公平的田野实验研究

近十几年来，迅速发展的行为经济学领域的一个重要发现是违背经济人自利假设的亲社会行为的广泛存在。这些行为主要包括互惠、利他、公平、信任、合作等，一般可通过最后通牒博弈、独裁者博弈、信任博弈、公共品博弈等行为博弈实验来检验[1]。而由于田野实验正是强调人在真实世界的行为表现，其在亲社会行为检验上的应用也受到实验经济学家的重点关注。以下我们便从互惠公平行为、利他行为、信任行为和合作行为 4 部分依次对相关的田野实验研究进行详尽介绍。

3.1.1　有关互惠公平行为的田野实验研究

我们知道人的公平感是与生俱来的，但公平感的强弱可能又会随着年龄的变化而有所改变。Sutter（2007）在儿童、少年、大学生中开展的最后通牒博弈实验，比较了未成年人和成年人的公平行

[1] 国内关于亲社会行为和社会偏好检验的系统研究可参见陈叶烽（2010）、陈叶烽等（2012）。

为，即随着年龄的改变，博弈的分配结果和分配动机（intentions）是否和怎样影响着人的行为决策。实验设计了四个不同的迷你最后通牒博弈[1]，可供提议者选择的分配方案有两个，要么选择（8，2）（前一数字为自己所得，后一数字为对方所得）的默认分配方案，要么在（2，8）、（5，5）、（8，2）和（10，0）这四个分配中选择一个备选分配方案。而如果响应者面对上述不同备选方案下的同一个默认分配方案（8，2）的拒绝率的大小顺序依次是（5，5）、（2，8）、（8，2）和（10，0）时，就代表了基于动机的互惠偏好确实影响了人们的行为决策。因为，（5，5）作为备选方案下人们对（8，2）的拒绝率，如果大于（2，8）作为备选方案下人们对（8，2）的拒绝率，正是说明了人们对于不公平行为的一种回应。实验结果表明分配结果和分配动机均影响着儿童、少年、大学生三个群体的行为决策。但儿童和少年更多地注意到的是分配结果的公平，而大学生则更注重分配动机的公平，即随着年龄的增长，动机公平的重要性更多地会被人们意识到[2]。

还有一类框架的田野实验关注到了被试所代入实验的信息集对于公平互惠行为的影响，而被试的信息集则主要由嵌入实验的社会情境决定，其中主要包括被试在这一情境下所遵循的行为规范和制度。Carpenter 等（2005）试图通过比较学生与工人在分配博弈中的行为表现来测度社会情境对于公平行为的影响。行为实验采用的是最后通牒博弈和独裁者博弈，被试是在堪萨斯城配送中心工作的工人以及两个大学生控制组，即明德学院和堪萨斯城社区学院的大学生。三组实验被试均在各自平时所处的现实环境中参与实验，即仓库工人是在工厂的休息室参与实验，学生们则在各自学校的教室中参与实验。其中，实验预期工人所处的车间情境与学生所处的校

[1] 这一实验设计的想法主要参照了 Falk 等（2003）的研究。

[2] 这或许也在认知科学领域得到了一定程度的验证，Saxe 等（2007）发现年龄更小的儿童更不会考虑事情的因果动机，而只考虑事情的结果。

园情境会有所不同，工厂车间情境里工人们每天一起进行团队工作有长期的合作默契，而大学情境中学生们互相交往的时间有限且存在一定程度的竞争关系。实验设计中通过比较车间工人和明德学院的大学生的实验行为数据体现了两个维度的效应：社会情境与被试的社会人口特征。而为了分离这两种效应，实验引入了堪萨斯城社区学院的学生参与实验，因为这一学院就在工人被试所属的工厂附近，所以其社会人口统计的特征与车间工人相似[1]，而其校园的社会情境又与明德学院相似。文章首先通过非参数检验的威尔科兰森检验和 Kolmogorov-Smirnov 检验，分别利用样本的集中趋势分布和累计频数分布的比较来检验三个总体分布之间以及两种博弈（最后通牒和独裁者）之间的差异。更进一步地，作者假定人口统计特征与社会情境效应是可分离相加的，以此建立了如下简单的回归模型：

$$f_i=\beta_0+T_{1,i}\times\beta_1+T_{2,i}\times\beta_2+x_{i'}\times\beta_3+\varepsilon_i$$

式中，f 代表提议者为响应者提供的分配，T_1 与 T_2 分别表示样本是堪萨斯城的学生与堪萨斯城的车间工人的虚拟变量，x 则表示社会人口统计变量。所以，T_2–T_1 可以被视作大学情境与车间情境之间的差别，即社会情境效应。结合非参数检验和计量分析得出，在控制社会人口统计特征不同的情况下，堪萨斯城的提议者比明德的提议者更为慷慨，即地区差异影响了分配行为。另外，堪萨斯的学生在最后通牒博弈中比堪萨斯的工人提供了更多的分配，然而在没有策略考虑的独裁者博弈中，车间工人比两所学校的学生都提供了更多的分配，且车间工人在两种博弈中的分配额没有显著的改变，这也意味着工厂车间的社会情境使得工人的行为趋向于更公平和更多分享。

除了利用最后通牒博弈来表征公平互惠行为以外，也有作者在实验中研究了日常人际交往过程中的间接互惠（indirect reciprocity）

[1] 当然这一被试的选择还并不完美，车间工人与学生虽然地理位置相近，但仍然在一些个体特征上不尽相同，如年龄和教育等。

行为，即过往经历对亲社会行为的影响。更确切地说，是因为其他人已经表现出对你的亲社会行为，你因而表现出的亲社会行为。Yoeli 等（2013）在社区开展的田野实验，利用了社区公告栏信息来引出间接互惠行为。实验结果发现，在社区公告栏中公开邀请参与社区志愿活动的人员名单，可以提供居民间接互惠的机会，从而提高人们参与社会志愿活动的可能性。同时，住户会比租户更容易产生间接互惠行为。Mujcic 和 Leibbrandt（2017）开展的间接互惠实验，场景是发生在陌生人之间的城市交通现象。实验设计了两个组别，在间接互惠组中由实验员首先给对方让路，来考察司机让路的可能性。基准组中考察司机自愿让路给实验员的可能性。实验表明，被试在其他人已经先为他们停下车的情况下相比其他人没有任何举动的情况，有超过两倍的可能性停下来让车。此外，一旦接收到善意的举动，在考虑交通拥堵和行车之间物理距离的情况下，间接互惠对让车行为的作用仍然是稳健的。

3.1.2　有关利他行为的田野实验研究

研究者常常观察到人的利他行为表现会受到交易的物品、实验任务、被试信息集和社会情境等方面的影响。因此，有的田野实验便会根据实验所处的具体情境选择贴合实际的交易物品。如 Marlowe（2004）关于坦桑尼亚哈扎族人（Hadza）的田野实验便体现了这一特点。哈扎族人是以狩猎、采集为生的流动部落，研究者希望利用最后通牒博弈与独裁者博弈来考察哈扎族人的食物分享行为的特点。实验的被试由实验者在流动的人群中随机选定，博弈实验在实验者的路虎车中进行，需要分配的资金则被直接放在了被试的面前（为了考察不同的分配物品对于被试的影响，在独裁者博弈中实验者用珠子替代了钱作为分配物品）。最终的实验结果显示，虽然食物（如肉、蜂蜜）分享平时在哈扎族部落随处可见，但博弈实验中哈扎族人表现出的分享行为比其他复杂的社会群体更少。此外，来自更大（人口更多）的族群中的哈扎族人比来自更小的族群中的哈扎族人表现出更多的食物分享行为。

Soetevent（2005）研究了教堂里捐献的匿名性与否对于捐献行为本身的影响。这一田野实验的特点在于：首先，来教堂做礼拜的信众是无意中参与到了实验中，这可以有效避免实验招募被试中的自选择效应[1]；其次，实验中的被试在实验之前已多次参与了教堂的捐献，因此实验者可以很容易掌握这些固定信众以往的捐献信息和个人信息；最后，信众在实验中所捐献的资金均是自己个人的资产，而并不是由实验者所给予的初始禀赋，这可以有效地反映被试在现实情境下的真实捐献行为。为了分析捐献的匿名性对于被试捐献行为的影响，实验设计了两种不同的收集捐款的容器，实验的控制组用了一个密封的小包募捐，处理组则是一个开放的篮子。区别在于，使用篮子作为捐款容器时，周围的捐款者均能观察到自己的捐款数量，而且每个捐款者在捐款时都能看到篮子里已经捐款的数量。小包作为容器使用 29 周后才被篮子替换使用，每个实验任务组募捐次数均不少于两次。实验的数据分析发现，篮子对包的替换显著地增加了第二次捐献的数量，但这一替代效应却没有在第一次捐献中被发现。可能的解释是第一次捐献总是会被参与者认为是为了教区自身的捐献（公共物品），而第二次捐献则会被理解为是对教区以外的捐献（慈善捐献）。进一步的计量结果表明，当篮子作为捐款容器时，这一非匿名性的效应可以显著增加捐款的数量，但这一效应会随着时间的推移而逐渐消失。

为了进一步考虑捐赠信息公开对捐赠行为的影响。Soetevent（2011）在上门募捐的自然实验中设计了不同的捐赠支付方式：只能现金捐款，只能借记卡捐款，现金或借记卡捐款。因为借记卡捐款过程会显示数额，所以在借记卡捐款组中被试的捐款数额更容易被准确观察到。实验结果表明，借记卡捐款显著降低了捐款的可能

[1] 即用物质激励来招募被试参与实验可能会减弱被试的随机性。

性，但借记卡捐赠者的平均捐款数额普遍比现金捐款者更高。

除上例检验的匿名性以外，被试所接收到的捐助信息也可能影响到人们的利他行为表现。Stutzer 等（2006）考察利他行为的自然环境是苏黎世大学的采血车，他们与瑞士红十字会合作，利用问卷的形式开展了自然的田野实验。实验的目的是研究人们在被要求积极地回应同意或不同意参与利他行为时的决策结构。实验预期人们在面对是否献血的决策前若被要求积极地回应同意或不同意献血，可以引致人们更明确地决定是否献血，并且能使得人们意识到献血这一行为的社会价值。也就是说，积极的决策和承诺行为有助于明确的亲社会偏好的形成。实验设计了三个实验条件：处理组中被试需要填写一份关于个人信息以及一些对于献血重要性是否有认识的问题的问卷。问卷的最后一页会有邀请被试参加献血的信息，包括献血车的工作时间和地点，最重要的是，被试还被要求在是否同意献血的选项中做出抉择。如果被试选择参加，那么他（她）将被要求对献血的具体时间和地点做出承诺。控制组 1 相对于处理组增加的一个额外的选项是："我不想做出选择"（关于是否献血）。控制组 2 的调查问卷中没有关于被试是否要献血的问题。实验结果证实了积极的决策和承诺可以显著增加人们的献血意愿，特别对于那些在事前没有明确的献血偏好的人来说更是如此。

在此基础上的相似研究有 Frey 和 Meier（2004）关于慈善捐款中"条件性合作"（conditional cooperation）理论的验证，即人们会在接收到更多其他人的捐款信息后，增加自己的捐款。实验设计了三个实验任务：一部分学生被告知过去某个时期相对高的学生捐款比例信息；一部分学生被告知过去某个时间段相对低的学生捐款比例信息；最后一部分学生被告知有一定的物质激励去竞猜总的学生捐款比例。实验结果支持了"有条件的合作"理论，如果人们知道了相对更高的捐款比例信息，平均捐款数额会有所增加，但是这一效应的大小会由于被试过去捐款行为的差异而有所不同。Croson 和 Shang（2013）也同样证实了人们在接收到其他捐赠者较大数额的捐赠信息后，会显著提高自己的捐赠数额。

3.1.3 有关互惠信任行为的田野实验研究

如前所述，实验室实验被试通常为在校大学生，其中重要的不足是忽略了不同年龄段人群的行为差异。Sutter 和 Kocher（2007）的田野实验对不同年龄段群体的信任度（trust）和可信度（trustworthiness）进行了测度。实验者招募了六个不同年龄组别总共662 名被试参与了信任博弈实验。这六个不同年龄组别分别是:（1）8 岁的二年级小学生;（2）12 岁的六年级小学生;（3）16 岁的中学生;（4）平均年龄 22 岁，标准差为 2.8 的大学生;（5）平均年龄 32 岁，标准差为 6.3 的工人;（6）平均年龄 68 岁，标准差为 8.6 的退休人群。信任博弈在相同年龄组别的人群中进行，结果发现，从儿童时期到青少年时期人们对于他人的信任度几乎呈线性增长，而进入成年阶段后，其信任度在不同年龄组别之间却没有显著的不同。此外，人们的可信度则存在于所有年龄组别中，并随着年龄的增长而显著增加。在实验的数据处理方面，如果实验仅在成年人群中开展，则可以方便地得到年龄、性别、收入、教育等社会人口统计变量对于信任的影响，但由于实验是比较不同年龄组别的未成年人和成年人在信任度上的差别，所以收入这一变量很难在实验中作为控制变量[1]。由此，研究者没有将收入纳入到控制变量中，而是尝试将信任博弈的初始禀赋作为控制变量来代替收入，并进一步证实了不同年龄组别人群的信任度和可信度均不会随着初始禀赋的变化而有显著的不同。

除去年龄这一个体属性会影响人们的亲社会行为表现以外，职业属性对于亲社会行为表现的影响也在田野实验中被研究。Fehr 和 List（2004）比较了哥斯达黎加的首席执行官们和大学生们在信任博

[1] 即便使用父母收入或父母每周提供的零花钱作为未成年人群收入的代理变量，也不能有效地代替真实收入在计量回归上的效应。

弈中的表现。实验设计了两组处理任务，一组是标准的信任博弈，委托人转移一定的筹码，这一筹码会被乘以 3 而给予代理人，代理人最后决定回报多少筹码给委托人。而另一组则在信任博弈中加入了惩罚机制，委托人可以选择对没有达到回报要求[1]的代理人给予固定筹码的惩罚（委托人不需要付出成本）。而第二组条件中委托人不惩罚情况下代理人的收益与第一组条件中相同。所以通过第一组任务和第二组任务中委托人不选择惩罚条件下代理人回报结果的比较，期望可以显示出委托人在拥有惩罚权利时却不去威胁使用惩罚，会带给代理人一个特殊的信任激励，即信任行为会培育出可信行为。文章给出的回归模型便为：

$$y_{it}=\beta_1+\beta_2 x_{it}+\beta_3\times TWP+\beta_4\times TWP\times TWPN+\omega_{it}$$

式中，y_{it} 表示代理人对于委托人的回报，x_{it} 表示委托人对于代理人的转移，*TWP* 为虚拟变量，值为 1 时是带有惩罚机制的处理组，同样，*TWPN* 的值为 1 时代表在带有惩罚机制的处理组中委托人没有选择惩罚代理人。因此，交互项系数 β_4 的大小测度的是委托人在带有惩罚机制的处理组中都没有选择惩罚情况下的边际效应。β_3 的大小则表示相对于标准的信任博弈，在带有惩罚机制的处理组中选择了惩罚的边际效应。最终的统计结果显示，首席执行官们比大学生们表现出了更高的信任度和可信度。而博弈中委托人可以对代理人施加惩罚这一举动也带来了回报：如果委托人在可以施加惩罚的情况下对代理人表现出了信任，那么代理人将比没有惩罚这一环节的博弈中表现出更高的可信度。总之，如果惩罚的威胁可以使用但却没有被委托者使用时，代理人会表现出最高的可信度；而惩罚一旦被委托者使用，则代理人将表现出最低的可信度。

田野实验还能通过比较不同社会情境下同一批被试的行为差异来测度社会情境的效应。Cronk（2007）通过比较相同的被试人群在

[1] 委托人要求代理人的准确回报数是不会影响结果的，因为委托人的惩罚不需要成本，所以委托人总是会选择惩罚。

不同社会情境下的行为差异来验证文化背景对于信任行为的影响。这里的文化背景选取的是东非马赛人（游牧民族）的“Osotua”（奥索图）观念，“Osotua”意味着基于义务、需要、尊重的礼物交换过程。实验设计了两个不同的社会情境，一半的被试参加常规的信任博弈，另一半被试参加的是有“Osotua”情境的信任博弈，即在博弈中实验者会向被试声明：“这是一个 Osotua 游戏。”实验结果显示，相较于标准的信任博弈，嵌入了“Osotua”文化背景的实验被试表现出更低的投资水平和更低的期望回报率。而在嵌入了“Osotua”文化背景的情境中，委托者的投资水平与代理者的回报率也呈现了负相关性。这一结果说明“Osotua”文化背景引致的是一种在部落成员真正需要帮助时施以援手的利他行为，而不是一种在信任博弈中体现出的纯粹投资逻辑。

实验经济学家还试图将现实生活中的社会身份（social identity）直接引入田野实验，以检验社会身份的引入对于人与人之间互惠信任水平的影响。这些实验研究均发现，社会身份的引入可以减少信任方和可信任方之间的社会距离，从而显著影响信任水平和可信任水平。如 Song 等（2012）将中国人的社会关系（guanxi）表征为社会身份，在实验中利用同班同学关系和陌生人的关系来衡量社会距离。实验结果表明，人情关系所表征的社会距离大小与信任水平高低成反比。类似的研究还发现宗教、种族、阶层等社会身份的凸显（identity salient）和差异在实验中的引入对于人们的信任行为和可信任行为有着重要影响。容易预期的是，较低地位的被试给其他较低地位被试的信任投资额会更低。Falk 和 Zehnder（2013）开展的信任博弈实验就发现，如果代理者来自高收入社区，则委托者会提供更高的投资额。Koopmans 和 Veit（2014）发现如果在博弈中凸显种族文化多样性的认知，会降低委托者对不同种族博弈方之间的信任水平。关于不同群体之间的互惠信任还扩展到宗教人群。Gupta 等（2013）在印度开展的信任博弈实验，证实不同宗教人群之间的敌视：少数族裔人群在信任行为方面表现出了积极的组内偏好；多数族裔人群在可信任行为方面表现出了积极的组外偏好。此外，Bapna 等（2017）还利用网络社群中的社会关联来表征行为人之间的社会距离，从而研究了 Facebook 用户中不同社会关系人群之间的互惠信任行为。

3.1.4　有关合作行为的田野实验研究

实验室实验中的被试在进行行为博弈时通常是被抽离了各自社会身份的，而田野实验则可以关注到社会身份的引入对于被试行为的影响。Ruffle 和 Sosis（2006）考察了人们在面对组群内部和组群外部对象时的合作行为的差别。实验的特别之处在于招募的被试来自以色列特有的集体合作农场基布兹（Kibbutz）以及周边的一些现代城镇，基布兹人仍然保持着集体农业生产组织形式，内部实行“各尽所能，平均分配”的分配原则。实验设计类似于公共品博弈实验，两个被试得到一个总数有 100 筹码的信封，每人均要决定从信封中取走多少筹码据为己有，但如果两人决定拿走的筹码总数超过 100 的话，则两人将空手而归，而如果未超过，则两人将得到各自决定取走的筹码数，并且剩下的筹码将被乘以 1.5 然后在两人之间平分。两组实验任务分别为：在两个匿名的基布兹人中开展，在一个公开信息的基布兹人和一个公开信息的城市人中开展。目的是观察基布兹人在分别与组群内部和组群外部被试配对时的合作表现是否有所不同。实验结果显示基布兹人在与另一位基布兹人的配对中比在与城市居民的配对中表现出了更高的合作水平，而且在基布兹人与城市居民的配对中，两者表现出的合作水平没有显著差异。此外，Andersen 等（2008）还研究了性别与社会属性的交互效应，即分别在父系社会下和母系社会下，女性在公共品博弈中的表现与男性在公共品博弈中的表现有何不同。

被试的社会属性在很大程度上是由所处社会的文化决定的，Henrich 等（2001）对五大洲 12 个国家中 15 个经济和文化环境迥异的小规模社会的人群开展了跨文化的最后通牒博弈、公共品博弈和独裁者博弈实验[1]，实验结果显示文化差异对于亲社会行为表现有重要影响，且自利模型没有得到任何一个所研究的社会的支持。实验结果还表明：经济组织和市场一体化程度在群体层面上的差异很大程度上解释了不同社会之间个体亲社会行为表现的差异——市场一体化程度越高，对合作的支付越高，博弈实验中的合作水平也越高。此外，个体层次上的经济和人口变量既不能解释群体内也不能解释群体间的行为。而 Carpenter 等（2004）在东南亚城市贫民窟测度了相关被试的信任和合作水平，以此分析了人口变量和社会资本因素对于亲社会行为的影响，并进一步指出了是越南和泰国在文化上的差异导致了以上行为表现的不同。Carpenter 和 Seki（2011）在日本开展的田野实验发现，日本渔民在公共品博弈实验中的合作行为与他们的生产率水平正相关。这是因为在公共品博弈中表现出合作行为的渔民在现实中也更倾向于与其他渔民一起合作捕鱼，从而可以提高捕鱼的效率。

田野实验还可以应用在研究虚拟网络社区的合作行为上。Chen 等（2010）设计了一个田野实验来探究社会比较的作用是否能增加网络社区（实验选取的是一个电影评分社区）的总体参与水平。研究者利用网络的特性，通过邮件通信和网站内容的修饰以实现对不同类型的网络用户发送不同社会化信息的目的。具体来说，邮件信息包括以下两种社会信息中的一种：用户评价数量的中位数、群组中用户平均的净分值。控制组用户接收到的信息是用户自己过去的评分行为。研究者通过更改网站界面的方式发出通知，以尽快得到每位用户新的贡献水平，如要求用户及时对流行或小众电影进行评分、更新数据库、邀请其他人加入等。随后研究者会跟踪用户在收到通知一个月内的网络操作，结果发现：在收到用户评价数量中位

[1] 当然，如此远距离、大范围的田野实验也使得实验经济家们对于实验各方面的控制表示了担心（Ortmann，2005）。

数信息的用户中，在中位数以下的用户在一个月内会有 530% 的电影评价数量的增加，在中位数以上的用户会有 62% 的评价数量的减少；而在收到用户平均净分值信息的用户中，平均值以上的用户在这个月内会从事一些帮助其他用户的行为。

也有实验证实当人们的捐献行为更容易被其他人观察到时，人们会为公共品提供更多捐献。Rogers 等（2016）利用美国全国范围内投票选举的契机，开展了一个大规模的田野实验。他们通过设计投票后会收到回访以及投票后不会接收到回访两种方式，以考察合作行为被他人观察到（接受回访）是否能促进人们参与公共投票的可能性。结果发现，无论投票的渠道是哪一种（邮件、信件、社交媒体），公共参与的比例都会因为他人能观察到而有显著增长（20% 以上）。我们对于以上田野实验在行为经济学领域应用的经典实例进行了一个简单比较，并制作了表 3.1。

表 3.1　行为经济学田野实验应用实例

文献	实验类型	检验行为	影响变量*	显著性
Frey 和 Meier (2004)	NFE	利他	他人捐款信息	显著
Croson 和 Shang (2013)	FFE	利他	他人捐款信息	显著
Marlowe (2004)	FFE	利他、公平、互惠	真实激励、自然环境	显著
Soetevent (2005)	FFE	利他	匿名性	半显著*
Soetevent (2011)	NFE	利他	匿名性	显著
Stutzer 等 (2006)	NFE	利他	捐助信息、自然环境	显著
Sutter (2007)	AFE	公平、互惠	年龄、分配动机	显著
Carpenter 等 (2005)	FFE	利他、公平、互惠	生活环境	显著

续表

文献	实验类型	检验行为	影响变量*	显著性
Sutter 和 Kocher (2007)	AFE	信任、互惠	年龄、初始禀赋	半显著、不显著
Yoeli 等 (2013)	NFE	互惠、合作	信息公开	显著
Mujcic 和 Leibbrandt (2017)	NFE	互惠、公平	他人决策	显著
Fehr 和 List (2004)	AFE	信任、互惠	职业	显著
Cronk (2007)	FFE	信任、利他	社会规范	显著
Song 等 (2012)	FFE	信任、互惠	社会关系	显著
Gupta 等 (2013)	FFE	互惠、信任	宗教身份	显著
Bapna 等 (2017)	AFE	互惠、信任	社会关系	显著
Ruffle 和 Sosis (2006)	FFE	合作	社会身份	显著
Andersen 等 (2008)	FFE	合作	性别	显著
Henrich 等 (2001)	FFE	合作、利他、公平	社会文化、市场程度	显著
Carpenter 等 (2004)	FFE	合作、信任	人口变量、社会资本	显著
Carpenter 和 Seki (2011)	AFE	合作	生产率水平	显著
Chen 等 (2010)	NFE	合作、利他	他人捐助信息	显著
Rogers 等 (2016)	NFE	合作、利他	他人观察	显著

注：AFE 是人为的田野实验的缩写，FFE 是框架的田野实验的缩写，NFE 是自然的田野实验的缩写；影响变量指的是相对于实验室实验而言，实验经济学家们为了研究人们的行为受哪些现实情境因素的影响，而引入到田野实验中的变量；半显著指的是显著性会随时间的推移而变化。

3.2 有关互惠、利他、公平的神经实验研究

要对互惠、利他、公平等亲社会行为及其影响因素进行检验，必然要关注到亲社会行为背后的偏好动机是怎样的。然而在传统的经济学理论中，偏好虽然是经济行为分析的起点，但却一直是被给定的。我们无法从经济学理论中得知各种偏好是如何产生的，偏好又是如何决定个体行为的。为了改变这一局面，有的经济学家开始借助于其他学科的方法和范式来解决以上问题。因为在神经科学中，偏好是人类（以及部分灵长类动物）大脑的一种功能。人类的行为偏好可以在神经元层次及神经元网络的层面上被编码，并在特定条件下被激活，从而使人们做出特定的行为（Ranganath and Ritchey，2012；Dolan and Sharot，2011）。因此，从神经经济学角度来看，偏好不是给定的，而是被决定的、有结构的。打开偏好的“黑箱”，正是神经经济学研究的主要目标之一。

3.2.1 有关互惠、利他、公平的脑成像研究

有关互惠、利他、公平的脑成像研究通过观察在实验中表现各种亲社会行为倾向的被试与做出自利行为的被试，在决策时哪些相应脑区的激活程度有所差异，以及激活程度有何不同，来推断亲社会行为与相关偏好所对应的大脑区域，以及亲社会行为的神经机制。

人们为什么会在没有物质补偿的情况下主动对背叛者进行惩罚？ de Quervain 等（2004）利用 PET 成像技术发现，人类可能天生就有利他惩罚的意愿。他们观察到被试在信任博弈实验中惩罚背叛者时中脑的腹侧被盖区（midbrain ventral tagmental area，VTA）[1]、

[1] 腹侧被盖区是多巴胺（dopamine）神经元最集中的脑区，而多巴胺水平的提高可以使人精神愉悦。

背纹体和腹侧纹状体（dorsal and ventral sectors of the striatum，STR）都会被激活，而这些区域正是人在获得金钱奖赏时被激活的脑区，即所谓的中脑边缘奖赏系统（mesolimbic reward system）。此外，利他惩罚与大脑中负责正向强化激励的脑区的活跃程度有关。因此，人们在发现违反规范的行为未得到惩罚时会觉得不舒服，只有在公正秩序得以建立以后，人们才会感到轻松和愉悦。

Moll 等（2006）通过功能性磁共振成像技术试图探寻人类捐赠行为的神经基础。研究者同样发现，当人们在做匿名捐赠行为的时候，中脑边缘奖赏系统会被激活（如图 3.1）。这说明对于人类来说，捐赠与自己获得金钱都是一种奖赏或满足，它们在脑区结构中分享着相同的奖赏系统，且因为这一区域是被试在匿名捐赠情况下被激活的，即人们会由于捐赠这一举动本身而获得内在的满足。那么，捐赠行为和金钱奖赏是否有着完全相同的神经关联呢？为了回答这一疑问，研究者直接比较了这两种情况下的大脑活动，并发现人在捐赠时大脑的布罗德曼 25 区（Brodmann's area 25）[1] 及相连的隔膜区域结构，相比金钱奖赏时有更显著的激活。有趣的是，在捐赠情况下大脑的腹侧纹状体（ventral striatum）及相连的隔膜区活动也比金钱奖赏情况下更为活跃，且腹侧纹状体的活动强度与被试的捐赠数额相关。研究者根据这些发现推断，捐赠行为引发了大脑中两种类型的奖赏系统：一种是与金钱奖赏相关的中脑边缘奖赏系统；另一种位于布罗德曼 25 区，与捐赠数额相关，是在个体形成社会关系的过程中起到重要作用的关联奖赏机制（affiliative reward mechanisms）。也就是说，人们不仅是因为捐赠行为能获得自我满足才做出捐款，还由于我们天生就对他人的遭遇有同情共感之心。

---

[1] 这个区域包括眼窝前额皮质（medial orbitofrontal cortex）的后半部分，以及前扣带皮层（anterior cingulate cortex）。

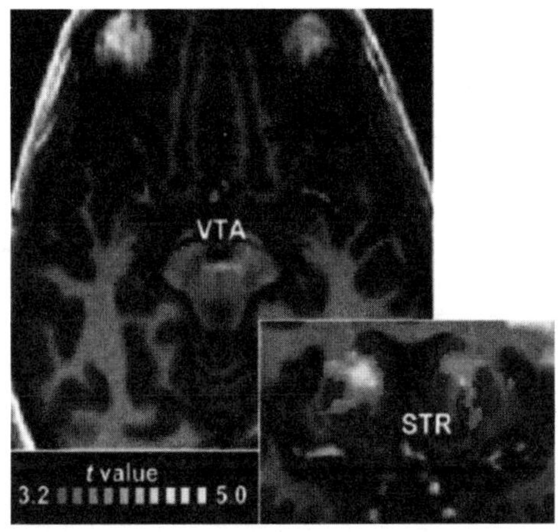

图 3.1　大脑的 VTA 和 STR 区域会在做出捐赠和得到奖赏时被激活（Moll 等，2006）

Izuma 等（2010）利用功能性磁共振成像技术研究了被试分别在他人观察下和没有他人观察下，自愿决定是否捐款时的神经关联。在决定是否捐赠前，大脑腹侧区纹状体（ventral striatum）的活动会由于行为要受到他人的观察而有显著的调整。特别是，在他人的观察下做出捐赠行为（收获社会性奖赏）和在没有他人观察下不付出捐款（不用付出社会成本且能收获物质奖赏）时，纹状体的活动会异常活跃。这表明在他人观察下的捐赠行为会使人们获得效用上的增加，即证实了声誉动机对捐赠行为的重要作用。Morishima 等（2012）从神经解剖学（neuroanatomical）的角度对人们在利他捐赠行为上的异质性做了解释。其中，基于体素的形态学分析（voxel-based morphometry）结果显示，右侧颞顶联合区（right tempor-oparietal junction，RTPJ）的脑灰质（gray matter）量与个人的自愿捐赠水平有着强相关性，可以说明当个人在面对利他动机和自利倾向的冲突时，这一区域得到了激活。

当受到不公平对待时，人们会表现出不满和怨恨。Sanfey 等（2003）在一个最后通牒博弈实验中对面对不公平的分配方案的被试和面对公平方案的被试脑成像数据进行了比较，结果发现，不公平的分配方案不同程度地激活了三个脑区：背外侧前额叶皮质（dorsal lateral prefrontal cortex，DLPFC）、前扣带回（anterior cingulate cortex，ACC）和脑岛皮质（insular cortex）。一般认为，背外侧前额叶皮质是负责计划、协调和抑制利益冲动的脑区，脑岛皮质通常是在经历诸如痛苦和恶心等负面情绪时被激活的，而前扣带回则是完成执行功能的脑区，它经常从其他许多脑区接受输入的信息并处理这些输入信息之间的冲突。这些脑区同时被激活或许说明了不同脑区在共同对被试决策产生作用：前额叶皮质背外侧或许想“接受”这种不公平，脑岛则“厌恶”这种不公平，而前扣带回必须努力去“解决”这种冲突。

Guo 等（2013）进一步将最后通牒博弈的范式区分成收益和损失两种情境，从而利用功能性磁共振成像技术，通过博弈中的拒绝行为，来考察被试在这两种情境下，对于对方不公平分配决策的反应和大脑激活情况。实验结果显示，从行为层面上来看，损失情境下的不公平分配会比收益情境下的不公平分配，出现更低的公平分配比例和更高的拒绝率。从神经层面上来看，左背外侧前额叶皮质、双侧脑岛、前扣带回以及纹状体区域都和损失不公平分配情境下的拒绝行为有关，但与收益不公平分配情境下的拒绝行为无关。此外，数据还显示，被试会在损失不公平情境下的最后通牒博弈中，经历更多的不公平以及显示更强烈的制裁不遵守社会规范者的意愿。

上述研究揭示的是处于劣势地位的人的公平偏好的神经基础。进一步的研究证明，当人们处于优势地位时，公平偏好仍然相当强烈。Tricomi 等（2010）的脑成像实验过程如下：两组被试在一开始会被随机地给予 50 美元（“富人”）或 0 美元（“穷人”），然后再由实验者进行几轮“财富分配”，每一轮分配都是随机的，每对被试中，其中一人多得，另一人少得，数额从 0 元到 50 美元不等。在每一轮实验中，他们都让被试对自己和他人在将来可能分配到的金钱进行打分，同时利用磁共振成像技术观察被试打分时的脑区反应。结果表明，当被试看到了不公平分配现象时，大脑的腹侧纹状体和腹内侧前额叶皮质（ventromedial prefrontal cortex，VMPFC）被激活了，不过，当“穷人”看到“富人”得到钱时上述脑区的激活程度不如自己得到钱的时候，而当“富人”看到“穷人”得到钱时上述脑区的激活程度则比自己得到钱时更加强烈；而且，被试大脑激活程度的差异比他们自己打出来的分数之间的差异要大得多。这一结果表明，与自己得到钱相比，“富人”更喜欢“穷人”得到钱，而这也就意味着，更加公平的结果使处于优势地位的人感到快乐，这可能是由于大脑内部存在着重要的自我奖赏激励机制。

3.2.2　有关互惠、利他、公平的脑刺激研究

由于脑刺激技术问世较晚，所以虽然脑刺激技术可以在脑成像结果的基础上，为人类的行为决策与其神经机制提供直接的因果关系，但有关亲社会行为的脑刺激研究也只是在近几年才开始逐渐受到关注[1]。

Knoch 等（2006）最早利用经颅磁刺激技术检验了有关公平感的神经机制。由于之前的脑成像研究发现大脑的背外侧前额叶皮层区域可能与公平感有关，因此研究者对参加实验的被试在做出是否接受对方提出的分配方案时，暂时抑制了他们左右背外侧前额叶皮层的神经活动。结果发现，右背外侧前额叶皮层的神经活动暂时被抑制的被试相对于左背外侧前额叶皮层被抑制的被试，会更加愿意接受不公平的分配方案。这也就意味着：当被试的右背外侧前额叶皮层被抑制时，会更加难以抑制经济利益对自己的诱惑。Knoch 等（2008）又利用了经颅直流电刺激技术进一步验证了以上结果。他们将最后通牒博弈中的响应者随机分成了两组：利用经颅直流电的阴极刺激被试的右背外侧前额叶皮层区域，以减弱这一区域的神经

[1] 虽然该研究方向的成果并不多，但大多发表在 *Science*、*Nature*、*PNAS* 等重要学术期刊上。

活跃程度；利用经颅直流电设备但不对被试做任何刺激（即伪刺激组）。实验结果发现：面对的分配方案越不公平，右背外侧前额叶皮层受到负刺激的被试相对于伪刺激组被试更愿意接受这一分配方案。

行为人的意图动机是我们对日常行为规范的对错做出判断的重要依据。以往研究表明，左右侧颞顶联合区（TPJ）可能与信念意图的整合加工能力相关，尤其是近年来越来越多的神经刺激研究为左右侧颞顶联合区区域与心理状态归因能力之间的因果关系提供了证据。Young 等（2010）利用经颅磁刺激技术，通过抑制大脑右侧颞顶联合区（the right temporo-parietal junction，RTPJ）的神经活动发现：相对于其他区域受到抑制的实验组被试，大脑右侧颞顶联合区区域受到抑制的被试在道德判断上会更加不在意动机的作用。也就是说，当大脑右侧颞顶联合区区域受到抑制后，被试会对于伤人未遂这种行为有更大的宽容度。因此，该研究证实了大脑右侧颞顶联合区区域对人们在道德判断时整合有关动机信念的信息起到了直接的作用。该区域受损会使我们难以判断道德事件的动机和行为人的信念。Ye 等（2015）进一步通过经颅直流电刺激被试道德判断的谴责程度和决策时间数据发现，当人们在处理信念意图信息时，左右侧颞顶联合区域可能是协同互动、共同发挥作用的。在激活右侧颞顶联合区并限制左侧颞顶联合区的情况下，人们对负性结果的谴责程度变高，人们变得更加依赖于行为的结果做出道德判断；而在限制右侧颞顶联合区并激活左侧颞顶联合区的情况下，人们对负性意图的谴责程度变高，人们变得更加依赖于行为者的动机做出道德判断。

信任是否是一种风险投资行为，该问题在经济学界一直备受关注且存在争议：一些学者认为风险和信任是非常相近的概念，两者之间有着某种必然联系，而另外一些经济学家则认为风险和信任是两个截然不同的概念。神经科学实验也发现了人们在做出信任与风险决策时激活的脑区之间存在着显著的差异性，这两种面对不确定性的行为决策在脑成像实验中表现出了迥然不同的大脑神经基础。Zheng 等（2017）利用经颅直流电刺激技术分离了风险与互惠信任两种动机在信任博弈中的作用。他们发现，被试的风险偏好会因为经颅直流电刺激作用于右背外侧前额叶皮层脑区而发生显著改变；而被试的信任水平则不会因为经颅直流电刺激作用于右背外侧前额叶皮层脑区而产生显著改变。被试的信任水平和风险投资水平在三组刺激组（包括阳刺激、阴刺激和伪刺激）之间均不存在显著相关性。同时被试的信任水平和被试自述风险偏好之间同样鲜有这种显著相关性，该结果支持信任与风险是完全不同的概念，有着不同的表现形式和不同的神经基础这一观点，个体的风险偏好几乎与个体的信任水平无关。此外，Zheng 等（2016）还利用经颅直流电刺激技术研究了腹内侧前额叶皮层区域与可信任行为之间的因果关系。他们发现，激活 VMPFC 可以同时提高被试的可信任水平和利他行为，而且 VMPFC 区域的激活对可信任行为的影响，可能是被试利他水平提高的结果。

Ruff 等（2013）发表在《科学》杂志上的研究，利用经颅直流电刺激检验了人们对社会规范的遵守（互惠公平）是否与大脑右外侧前额叶皮层区域的神经活动存在因果联系。为了测度大脑右外侧前额叶皮层区域的神经活动对惩罚威胁下遵守社会规范行为的影响，研究者将被试随机分成了三个刺激组，分别是阳极刺激被试的右外侧前额叶皮层区域，阴极刺激被试的右外侧前额叶皮层区域，伪刺激组。实验结果显示，当被试面对惩罚威胁时，被经颅直流电阳极刺激的被试给对方的平均分配额，比伪刺激组的被试多了 33.5%，而被经颅直流电阴极刺激的被试给对方的平均分配额，比伪刺激组的被试少了 22.7%。

然而，以上刺激效应在无惩罚威胁的遵从规范行为中是否也能得到一致的体现呢？为了检验经颅直流电刺激对自愿遵守社会规范行为的影响，研究者对基准组被试进行了同样的脑神经刺激实验。实验结果显示，被试在受到经颅直流电阳极刺激后，自愿分配给对方的金额相比伪刺激组更少；而被试在受到经颅直流电阴极刺激后，自愿分配给对方的金额相比伪刺激组更多。对比之前直流电刺激对惩罚威胁下遵从行为的结果，可发现经颅直流电阴、阳两极的刺激，各自对惩罚威胁下遵从行为的抑制和加强与对自愿遵从行为的加强和抑制是完全相反的效应。这一结果也说明，当被试面对惩罚威胁时，经颅直流电阳极和阴极刺激对被试分配额实际上的正向和负向影响会比之前数据中体现的效应更大。因为惩罚组被试的分配既有自愿遵守社会规范的考虑，又有惩罚所引致的遵守社会规范的考虑。也就是说实验中所得到的经颅直流电对惩罚组中被试的刺激效应数据，其实是经颅直流电刺激对惩罚威胁下遵从行为的实际效应加上了经颅直流电刺激对自愿遵从行为的负效应所得到的结果。

此外，与实验任务相关的心理机制是否也会受到经颅直流电刺激的影响呢？为此，惩罚组的被试在实验中还需要回答三个主观感受性的问题：对各种分配数额的公平感，认为对方在面对各种分配数额时的愤怒程度，认为对方在面对各种分配数额时的惩罚额度。数据表明，所有被试对公平感这一社会规范都有一致的认识。更为重要的是，脑电刺激对被试的感受、信念或认识都没有显著的影响。最后，由于惩罚组的被试在做分配决策时还涉及冒险和在高分配额与低惩罚风险之间的权衡等非社会性偏好，为了排除这类决策偏好对实验结果的可能影响，研究者将扮演角色 B 的被试换成了按照相同惩罚规律设定好程序的电脑。结果表明，扮演角色 A 的被试虽然在电脑惩罚的威胁下也会相应地提高分配额，但经颅直流电刺激对被试与电脑间分配决策的影响却显著弱于之前两名人类被试间互动博弈时的结果。

从而，文章证实了人们在面对惩罚威胁时遵守社会规范的行为是由大脑右外侧前额叶皮层区域的神经活动所引致的。同时，脑电两极刺激对惩罚威胁下的遵从行为与自愿遵从行为的反向效应，说明了两种情境下遵守社会规范的行为涉及的是完全不同的大脑神经回路，右外侧前额叶皮层对惩罚威胁下的遵从行为与自愿遵从行为甚至起到了完全相反的引发作用。另外，对右外侧前额叶皮层区域的刺激也不会影响人们对公平这一社会规范的感受和对可能面临的惩罚的认识。可见，大脑对遵守社会规范行为的控制与人们能感受到违反社会规范会受到惩罚、什么是“对”、什么是“错”的神经机制是完全分离的。

第 4 章　户籍身份与互惠公平：来自小学生田野实验的证据

4.1　户籍制度与社会公平

户籍制度作为国家的一项基本行政制度，依靠各级政府在所辖范围内的调查、登记和申报，来实现国家对于人口的控制和管理。户籍制度的一项核心内容是根据地域和家庭成员关系，将户籍属性划分为农业户口和非农业户口（城镇户口）的二元身份制。[1] 人们的住房、医疗、教育、就业、社会福利和保障等公民权益则都与个人的户籍身份直接相关。户籍制度也因此深刻地影响着中国社会、经济领域的各个方面。例如，户籍制度成了中国农民改善生活的阻碍（Wu and Treiman，2004），进而扩大了城乡收入差距（陆铭、陈钊，2004；Liu，2005；Lu and Song，2006；Whalley and Zhang，2007）；此外，户籍制度还造成了城市内部劳动力市场的分割（蔡昉等，2001），从而阻碍了城市化的进程（陈钊、陆铭，2008），与中国社会阶层之间的分化也有着显著的关系（陆益龙，2008）。

然而，对户籍制度所造成的各种社会、经济层面的宏观影响背

---

[1] 2014 年 7 月 24 日，国务院正式印发了《关于进一步推进户籍制度改革的意见》（以下简称《意见》），《意见》指出，建立城乡统一的户口登记制度。取消农业户口与非农业户口性质区别，统一登记为居民户口。《意见》的出台，标志着进一步推进户籍制度改革开始进入全面实施阶段。

后的微观机理，诸如户籍制度所引致的社会身份差异对于人们的心理感受及行为表现的影响，却少有研究涉及。我们知道，户籍制度将公民分为了两种不同的户籍类型，由此带来了社会权益的差异。而两种群体在社会权益上的显著差异就可能使得人们形成一种社会观念，即农村户籍人口与城镇户籍人口代表着两种不平等的社会身份（social identity）。那么这一与户籍身份有关的不公平是否会改变人们在相互交往时固有的公平感，导致不同户籍身份群体也存在如不同种群、民族、宗派之间可能发生的对立和排斥，或造成人们对于不同户籍身份的人群有着不同的公平分配要求和行为表现？对这些问题的解答需要进一步的实证依据来明确户籍制度是否带来了人们对于不同户籍身份的认识，以及这一认识是否会改变人们心中固有的公平感。

鉴于户籍身份与其他个人特征及行为表现之间很可能存在相互作用，在运用计量方法研究户籍身份对个人感受及行为的影响时常常会遇到内生性的问题。因此，为了检验户籍身份的引入与人们在相互交往过程中所体现的公平感及行为表现的改变是否存在因果关系，我们采用框架田野实验[1]的研究方法，将户籍身份外生地引入到博弈实验中，以直接考察户籍身份本身对于人们公平感的影响。

我们在实验中用来表现人们公平感的博弈形式是最后通牒博弈（Güth 等，1982），它有两个实验对象，其中一人为提议者（proposer），需要对一笔给定数额的货币（初始禀赋）在他与另一人即响应者（responder）间进行分配，响应者对这一分配方案进行回应，若接受这个分配，则两人按此分配方案获得相应的收益，若拒绝，则双方收益均为 0。在自利假设下，均衡解应为提议者分配给响应者一个尽可能小的数额，而响应者将接受任何非零的分配方

[1] 按照 Harrison 和 List（2004）的划分，框架田野实验为田野实验的一种，它不同于标准的实验室实验，不是招募在校大学生被试参与实验，且在交易物品、实验任务或实验信息集方面代入了现实的情境［国内对于田野实验的研究可见何浩然和陈叶烽（2012），以及罗俊（2014）中的具体介绍］。

案。然而，大量实验研究表明，大部分提议者都会将 40%—50% 的禀赋分配给响应者，而响应者则一般会拒绝低于 30% 的分配方案（Güth and Tietz，1990；Roth 等，1991；Camerer and Thaler，1995）。上述现象说明人们的行为并未完全遵循自利假设，而会表现出公平、互惠的一面。但人们的公平感（即提议者的分配额和响应者的拒绝率）也常常因为实验中的初始禀赋（Cameron，1999）和职业（Carpenter 等，2005）的不同而受到一定的影响。

因此，为了避免职业、社会阶层、收入等因素的干扰，而检验出户籍身份本身对于人们固有公平感和行为的纯粹影响，我们招募小学生作为最后通牒博弈实验的被试，并在实验过程中将不同年级、班级和性别的被试随机地分配到不同的实验局。我们引入户籍身份变量的具体做法是在引入户籍身份信息的实验局中，首先采用“启动”（priming）[1] 这一成熟的心理学研究方法（Bargh，2006），即通过实验前的有关户籍身份的调查来“启动”被试在日常生活中对于户籍身份可能带来差异的感受，而后在实验中公开被试及其博弈对手的户籍身份信息。这样便使我们能够比较是否引入户籍信息，以及不同户籍身份对被试博弈行为的影响。实验结果表明，小学生被试对于户籍身份已有明显的认识：户籍身份信息的引入会使得具有农村户籍的提议者分配显著更低的提议额，会使得响应者在面对城镇户籍的提议者时提出显著更高的最小接受额。但我们并没有发现相同户籍身份被试间有更多的公平、互惠行为，以及不同户籍身份被试间明显的对立和排斥。

本章余下部分将按以下结构展开：第二部分回顾文献，重点对以往实验中关于社会身份的引入对人们行为表现的影响的研究进行

[1] 启动效应（priming effect）是流行于认知心理学领域的一项研究技术，实验者通过引入某种刺激（包括图像、音频、文本，如调查问卷和文章）来激活被试社会结构中的某些认知，即被试日常生活中的某些经历、感受。近年来有一些实验经济学家开始研究社会身份的启动对于人们的行为和态度的影响（Benjamin et al.，2010；Hoff and Pandey，2006）。

梳理；第三部分介绍实验的设计和开展过程；第四部分报告实验结果，并给出非参数检验和回归分析；第五部分给出文章的结论，讨论其理论与实践意义，以及不足与展望。

4.2　社会身份实验文献回顾

近三十年来行为和实验经济学的重要贡献便是发现了违背经济学自利人假设的，诸如公平、利他、合作、互惠等亲社会行为（prosocial behavior）的普遍存在（例如 Güth 等，1982；Forsythe 等，1994；Berg 等，1995；Fehr 等，1996）[1]，而利用最后通牒博弈实验来检验人的公平感和互惠行为的研究则是其中重要的一类实验。研究者们通过考察博弈中提议者的分配方案和响应者的回应来判断人们的公平感的存在及强弱。Oosterbeek 等（2004）就对 37 篇论文中的 75 个最后通牒博弈实验结果进行了汇总，发现提议者平均提供 40% 的初始禀赋给该博弈中的响应者，而响应者对分配方案的平均拒绝比例为 16%。但人们的提议额与拒绝率却也常常因为实验中的初始禀赋值（Cameron，1999）、地域文化（Henrich 等，2001；Buchan 等，2004）、宗教（Chen and Tang，2009）、被试的专业背景（Carter and Irons，1991）、被试的职业（Carpenter 等，2005）的不同而有着显著的差异。

尤其是当本身就蕴含着不公平待遇的社会身份被引入到最后通牒博弈中时，人们固有的公平感及其博弈行为会不会因此而受到影响，进而出现相同身份被试博弈时有更多的公平、合作行为，不同身份被试间有更少的公平、合作行为？这一问题也是经济领域的热点研究课题之一。如通过在实验室环境下建立不同的组群身份（group identity）来检验实验中身份的建立对于被试公平感及亲社会行为的影响。Eckel 和 Grossman（2005）通过不同的分组和激励方式建立了实验中的组群身份，并检验了各种组群身份的建立方式对

[1] 国内关于亲社会行为和社会偏好检验的系统研究可参见陈叶烽（2010）。

于组群间被试合作行为的不同效应。McLeish 和 Oxoby（2007）以答题结果为标准在实验室中引入了组群身份，发现提议者在博弈中对组内成员会表现出相对于组外成员更多的公平感（分配更高的提议额），且提议者对组外成员更低的分配可以增强组内的身份认同和合作行为，给组外成员更高的分配则会带来相反的效果。Chen 和 Li（2009）基于个人艺术偏好的差别在实验室中建立了分组，并通过在线聊天和对他人的分配操作来增强组内成员的身份认同，以此发现人们在面对组内成员时会比面对组外成员时表现出更多的公平、怜悯和合作行为，更少的嫉妒、惩罚。

近来也有研究将现实生活中的社会身份直接引入田野实验，以检验社会身份的引入对于人们经济社会行为（惩罚、分配、合作、激励等）的影响。如 Bernhard 等（2006）在巴布亚新几内亚选取了两个完全不同的部落中的被试，来检验是否存在被试在共享行为和利他性惩罚（altruistic punishment）上的组内偏爱（in-group favoritism）（即对组内成员做出更有利的行为）。Goette 等（2006）的实验分析了瑞士军队中的身份在合作行为表现中的效应。Tanaka 等（2008）在越南开展的实验，考察了不同族群形成的社会身份是否会影响个人的社会分配偏好和合作行为。类似的研究还发现性别、种族、区域等社会身份的凸显（identity salient）和差异对于人们的偏好和市场行为有着重要的影响（Ball 等，2001；Fershtman and Gneezy，2001；Falk and Zehnder，2013；Ferraro and Cummings，2007；Benjamin 等，2010；Luo 等，2019）。

更多从实践出发，关于发展中国家社会身份的实验设计有 Hoff 和 Pandey（2004，2006）对印度长期的历史和文化背景下所形成的等级身份的研究，实验发现等级身份影响了人们的自信和相互信任，并因此改变了人们在物质激励下的行为表现。Hoff 等（2011）则在最新的研究中将关注的焦点放在了等级身份制度对于社会规范的影响，即不同等级身份的人们在惩罚违背合作性社会规范行为时有着不同表现。

参照具有印度特色的等级身份对行为的影响的研究，学者们开始将中国特殊背景下的户籍身份引入到经济学实验中来，这一方向的研究正逐渐展开。Afridi 等（2015）的实验研究选取了北京市的本地小学生和在北京生活的外地农民工子弟的小学生作为被试，并通过问卷调查和公开通报的方式，“启动”学生们对于因为户籍身份不同所受到的不公平待遇的感受，以此唤起被试在日常生活中对于户籍身份的认知，并期望检验这一认知对于被试之后的行为表现是否产生一定的影响。实验结果显示，户籍身份的凸显和公开激发了被试对于各自户籍身份的心理认知，并进而降低了外地农村学生在激励机制下的表现，提高了本地城市学生的表现，这说明户籍身份可能进一步拉大了两种户籍身份群体之间的收入差距。Dulleck 等（2012）在南京的“保姆”市场开展田野实验，招募了近 300 名本地城镇户籍与外地农村户籍的“保姆”作为被试，采用被试间设计（between-subjects design）安排两种户籍身份的被试随机扮演礼物交换博弈[1]中的雇主和雇员（即 2×2 的设计）。实验结果显示，在户籍身份是外生的情况下，即本地城镇户籍与外地农村户籍被试在个体行为特征上均无显著差异，人们依然会有针对农村户籍被试的更不合作的行为存在。

但这两个实验均是选取同一城市中的城市本地人群与外地农民工（或其子女）群体作为被试。也就是说，他们将外地农民工群体与城市本地人群的相互作用直接视为户籍身份带来的影响。但是，这里应至少存在三个因素的影响，共同导致了他们的研究结果，即户籍身份本身的差异与地域上的差异（外地人在陌生城市的融入问题），以及收入和社会地位的差异带来的影响。而为了分离出户籍身份本身的效应，在本章的研究中，我们选择了在本地持有农村户

---

[1] 在经典的礼物交换博弈实验（Fehr et al.，1993）中，被试会被分别指定为雇主和雇员这两个角色，博弈为一次性的匿名博弈。雇主首先提供一份工资给雇员，雇员在接受了工资后需要相应付出有成本的努力，即努力水平越高，雇主收益越大，但雇员效用越低。

籍与在本地持有城镇户籍的两类小学生作为被试，从而可以更直接、更清晰地检验出户籍身份本身对于被试公平感及其行为的影响。

综上可见，社会身份与人们的经济社会行为关系的研究受到了普遍的关注，通过实验研究方法来检验这一因果关系也被越来越多的研究者们采用，并被证明是行之有效的路径。而户籍身份作为一种中国特色的社会身份，其往往与地域、社会阶层、收入等因素交织在一起，因此如何分离出户籍身份本身的效应，检验出户籍身份对于人们的经济社会行为的直接影响，仍然是现有实证研究没有完全解决的问题。此外，人们对户籍身份本身所带来的不平等待遇和利益差距的认识，是否会影响人们固有的公平感也还没有相关的研究予以讨论。对这些问题的解答就是我们这一章的出发点。

4.3 户籍实验设计

本实验的地点是浙江省慈溪市周巷镇中心小学，招募对象为该校四到六年级的小学生[1]。实验在课堂教学结束后进行，且是在学生完全自愿参与、校方认可、家长知晓的前提下开展的。在我们所采用的最后通牒博弈实验中，提议者需要在自己和响应者之间分配获得的 20 元初始禀赋。若响应者接受提议者的分配方案，则双方按照这一分配方案获得相应的现金收益；若响应者拒绝提议者的分配方

[1] 该校共有 1520 名在校学生，28 个教学班级。选择该校小学生作为我们的实验对象，主要出于两点考虑：第一，周巷镇中心小学位于城乡接合部，因此进入该所小学就读的学生多为就近的城镇居民和农村居民的子女，这便可以最大限度地保证城镇学生被试和农村学生被试除户籍身份（非农业户口与农业户口）以外，在其他个人特征方面（如地域）不会有较大的差别；第二，周巷镇中心小学在分班时，是将城镇学生和农村学生混合编入的，也就是说，如果被试在面对与自己相同和不同户籍身份的被试时存在着显著差异的行为表现，则是由其对不同户籍身份的认识所导致的，而不是由人为的干扰（如相同户籍身份的学生被编入同一班级）所形成的。

案，则双方均不能获得任何收益。不过，无论被试做出什么选择，他们都能获得 5 元钱的出场费。以此为主体，我们采用了 2×2×2 的实验设计，由是否引入被试户籍信息、提议者户籍身份（城镇或农村）、响应者户籍身份（城镇或农村）三个变量组合而成。表 4.1 报告了各实验局设计的基本情况。实验采用被试间设计[1]，每名被试只允许参加一场实验，扮演一个角色，所有被试均在匿名条件下进行博弈选择。此外，为了获得更为全面的被试行为信息，每位响应者在实验中还需报告他们能够接受的最小接受额。

表 4.1　实验设计基本情况

实验局	户籍信息	提议者户籍	响应者户籍	提议者数量	响应者数量
实验局 1	不引入	城镇	城镇	20	20
实验局 2	不引入	城镇	农村	15	15
实验局 3	不引入	农村	农村	20	20
实验局 4	不引入	农村	城镇	25	25
实验局 5	引入	城镇	城镇	20	20
实验局 6	引入	城镇	农村	20	20
实验局 7	引入	农村	农村	20	20
实验局 8	引入	农村	城镇	20	20

共有 320 名被试参加了实验，其中男性 168 名，女性 152 名。实验场地为周巷镇中心小学的教室。为了避免信息扩散所可能造成的干扰，我们的多位实验员被分别安排在 4 个课外活动教室同时进行实验，每 2 个教室为一组（即提议者与响应者各安排在一个教室）

[1] 我们采用被试间设计，而不是被试内设计（within-subject design），主要是为了避免被试在参加多场实验任务后出现的学习效应（learning effect）。而为了克服被试间设计可能导致的实验任务组之间的个体差异对实验结果的混淆，我们根据学生花名册信息按照年级、班级、性别等个人基本情况的平均分配，将被试随机安排在各实验任务组，以实现对不同实验任务组被试的社会经济变量的控制。此外，我们在下文的回归分析中也验证了个体的社会经济变量对实验结果并无影响。

构成一个实验局，从而保证实验在 2 天内就能完成。此外，为了让实验被试确信自己的真实身份不会被另一个教室的博弈对方知晓，场内实验员会在收齐教室内所有被试填写的博弈选择的卡片（按被试决策完成的先后顺序收取卡片）后，交给一名场外实验员，再由场外实验员交给另一个教室的场内实验员，让该教室的被试根据匿名博弈对方的博弈选择做相应的决策。

4.3.1 户籍实验被试

我们选择了小学生而非成年人作为实验被试主要是基于以下几个方面的考虑：其一，城镇与农村的成年人口在受教育水平、职业、收入、社会地位等方面存在较大差异[1]，这些差异可能与户籍身份共同作用于公平感。其二，成年人存在由户籍类型的不同而导致被区别对待的更多经历，这些经历又很有可能会导致被试博弈行为的不同，而小学生被试在上述几方面均更为趋同[2]，因此选择小学生被试可以有利于我们直接检验出户籍身份本身的纯粹影响。其三，以往相关实证研究多采用成年人的数据（汪汇等，2009；Dulleck et al.，2012），并证实了户籍身份对他们的影响。而我们的实验则可以考察这一影响是否在少年阶段便已经形成，以此可以有助于今后的研究，通过比较少年与成年人的行为数据，来进一步地分离户籍身份、制度、经历分别对人们行为表现的影响。最后需要说明的是选择这类被试的可行性，即小学生们是可以在实验员的指示下顺利完成最后通牒实验的，如 Murnighan 和 Saxon（1998）、Harbaugh 等（2002）以及 Sutter 和 Kocher（2007）已顺利开展了实验，研究儿童

[1] 根据国家统计数据，2010 年城镇居民家庭人均可支配收入为 19109.4 元，农村居民家庭人均可支配收入为 5919.0 元；城镇居民文盲比例为 3%，农村居民文盲比例为 10%；城镇居民大学及以上学历比例为 44%，农村居民大学及以上学历比例为 9%（中国统计年鉴，2010）。

[2] 有关这一点我们也会在之后的实验结果分析中给出数据证明。

在最后通牒博弈中的行为表现。

我们的被试招募过程如下：通过小学生们的自愿报名[1]，我们对报名信息进行汇总，并根据校方为我们提供的学生花名册，在保证各实验局所需要的被试户籍身份人数的前提下，对于被试的年级、班级、性别等个人基本情况进行了控制，以尽可能将不同年级、班级、性别的被试随机平均分配到各个实验局、教室。

4.3.2　启动被试对于户籍身份的认识和公开户籍信息

在实验中被试的户籍身份需要被外生地引入，从而考察户籍身份本身的效应。因此，我们在需要引入户籍身份的实验局中采用了如下两项设计。

第一，在博弈选择正式开始前，我们会通过实验前有关户籍身份信息的调查来“启动”被试在日常生活中对于户籍身份可能带来不同待遇的感受和认识。调查问卷中的内容主要是关于自己、同学、老师对于被试户籍身份的判断以及被试对于城镇学生与农村学生在相处、入学所交费用、得到的表扬、担任班干部的情况、零花钱数量方面是否有差异的判断。在这一方法的运用上面，我们主要参考了 Benjamin 等（2010）为了唤起亚裔美国人在日常生活中对于民族身份（ethnic identity）差异的认识、美国黑人在日常生活中对于种族身份（racial identity）差异的认识和人们对于性别身份（gender identity）差异的认识的实验前调查问卷的设计，以及 Afridi 等（2015）在考察户籍身份的凸显对于被试行为激励的影响时的问卷设计[2]。

---

[1] 在我们道明自己的身份、来意及实验报酬情况后，小学生们几乎全部表示愿意参加我们的实验。当然，这都是在学校和老师知情且同意的前提下。

[2] 另一篇有代表性的“启动”被试心理认知的实验经济学文献是 McLeish 和 Oxoby (2007)，他们通过要求被试描写一段近来与同学友好交往的经历，来启动被试对于身份的心理认知和感受。

第二，关于被试及其博弈对象户籍身份信息的公开。我们在被试进行最后通牒博弈选择的卡片上写明博弈双方的户籍信息，并在向被试讲解实验说明的时候提示我们发给被试的卡片内容上有双方的户籍信息。需要说明的是，我们在利用实验前开展的问卷调查和实验中公开户籍身份信息来唤起被试对不同户籍身份所可能存在差别的真实想法和认识时，特别注意采用中性语言询问和陈述了有关户籍身份的信息，以防止可能的实验者需求效应（experimenter demand effect）（Zizzo，2010）。

4.3.3 假设及其检验路径

假设 1：城镇户籍身份的被试与农村户籍身份的被试在公平感上存在差异。我们可通过分别对比第一场与第四场实验、第二场与第三场实验中提议者的行为是否存在显著差异，分别考察第一场与第二场实验、第三场与第四场实验中响应者的行为是否存在显著差异来检验这一假设。

假设 2：在引入户籍身份信息条件下，城镇户籍身份的被试和农村户籍身份的被试在面对相同户籍身份的博弈对手与面对不同户籍身份的博弈对手时的公平感会存在显著差异，即在城镇户籍身份的被试与农村户籍身份的被试之间存在着身份区隔和相互排斥的现象。我们可通过分别对比第五场与第六场实验、第七场与第八场实验中提议者的行为是否存在显著差异，分别对比第五场与第八场实验、第六场与第七场实验中响应者的行为是否存在显著差异来检验这一假设。

假设 3：城镇户籍身份的被试和农村户籍身份的被试在不引入户籍身份与引入户籍身份的情况下公平感会存在显著差异，即户籍身份的引入对被试的公平感有着显著影响。我们可通过分别对比第一场与第五场实验、第二场与第六场实验、第三场与第七场实验、第四场与第八场实验中提议者的行为是否存在显著差异，分别对比第一场与第五场实验、第二场与第六场实验、第三场与第七场实验、第四场与第八场实验中响应者的行为是否存在显著差异来检验这一假设。

4.4　户籍实验结果

关于实验结果的分析，我们将从以下几个部分展开：首先对城镇学生与农村学生的个人社会经济特征情况的差异进行检验，以说明户籍身份的类别与被试公平感和行为表现的外生性关系；其次我们会通过实验前关于被试户籍身份信息的调查数据来判断被试对于自己的户籍身份是否有一定的认识，且对于不同户籍身份可能带来的不同待遇是否有所感受；再次，我们会对被试的这一认识和感受所带来的实验中相应的博弈行为进行考察，即分别对不同实验场次之间提议者行为的差异和响应者行为的差异进行非参数检验；最后，我们会对实验中的提议者行为和响应者行为做进一步的回归分析，以对之前的实验结果做一定的补充和验证。

4.4.1　被试社会经济基本特征

为了便于在实验数据处理时控制城镇学生与农村学生在个人特征方面的差异，我们在实验的博弈过程结束后，利用问卷收集了被试的基本信息。总共回收了 319 份问卷[1]，其中城镇学生 160 名，农村学生 159 名。基本信息主要包括家中小孩人数、担任班干部情况、父母亲最高学历、成绩排名情况、零花钱数量等（具体的数据比较见表 4.2）。

[1] 有一名被试填写的问卷遗失。

表 4.2　城镇学生与农村学生在个人特征变量上的比较 [1]

个人变量	均值 [a]		标准差		样本数 [b]		双侧 t 检验
	城镇	农村	城镇	农村	城镇	农村	P 值
家中小孩人数	1.98	1.83	1.28	1.16	160	159	0.28
是否担任班干部 [c]	0.36	0.37	0.48	0.48	155	157	0.82
父亲最高学历							
小学	0.08	0.05	0.27	0.21	157	153	0.27
初中	0.31	0.44	0.42	0.50	157	153	0.01
高中	0.42	0.34	0.50	0.48	157	153	0.15
大学	0.17	0.17	0.38	0.38	157	153	1.00
研究生	0.03	0.007	0.16	0.08	157	153	0.11
母亲最高学历							
小学	0.03	0.13	0.18	0.34	157	156	0.001
初中	0.34	0.38	0.48	0.49	157	156	0.47
高中	0.39	0.37	0.49	0.48	157	156	0.72
大学	0.22	0.12	0.42	0.32	157	156	0.02
成绩排名情况							
拔尖	0.17	0.10	0.43	0.30	160	159	0.09
中上	0.28	0.33	0.45	0.47	160	159	0.33
中等	0.39	0.41	0.49	0.49	160	159	0.72
中下	0.14	0.13	0.35	0.33	160	159	0.79
末尾	0.03	0.03	0.17	0.18	160	159	1.00
每天的零花钱							
1 元以下	0.22	0.21	0.41	0.41	160	157	0.83
1—2 元	0.24	0.15	0.43	0.35	160	157	0.04
2—3 元	0.15	0.15	0.36	0.36	160	157	1.00

[1] 由于我们在选择实验被试时，就已随机控制了性别和年龄，且所有民族均为汉族，所以在这里并没有给出性别、年龄、民族等个人基本特征变量的统计。

续表

个人变量	均值[a]		标准差		样本数[b]		双侧 t 检验 P 值
	城镇	农村	城镇	农村	城镇	农村	
3—4 元	0.06	0.15	0.24	0.35	160	157	0.008
4—5 元	0.17	0.17	0.38	0.38	160	157	1.00
5 元以上	0.16	0.17	0.36	0.37	160	157	0.81

注：a. 分类变量的均值数据指该选项所占样本数的比例；b. 各特征变量样本总数不一致是因为有的被试没有填写所有题目；c. 被试是班干部时变量 =1，不是班干部时变量 =0。

从以上城镇户籍学生与农村户籍学生的个人特征变量的比较中，可以看出两个群体间的大部分个人特征基本相同，只是城镇学生的母亲受教育程度更高（小学比例更低，大学比例更高，总体上城镇学生的母亲受教育程度也显著更高，t=3.54，p=0.0005），城镇学生平时的零花钱相对更少（1—2 元的比例更高，3—4 元的比例更低，但城镇学生零花钱比农村学生零花钱更少这一假设在总体上并不显著，t=–1.14，p=0.26）。此外，由于我们选择的城镇学生和农村学生来自同一地域（均为慈溪周边），且是在同一学校、户籍混合的班级中接受教育，因此我们所选取的两个户籍的被试群体除户籍以外，在其他个人特征方面均非常相似，适合作为我们实验的被试，即户籍身份可被视作被试博弈行为表现的外生因素。

4.4.2　被试对于户籍身份的认识和感受

在保证了户籍身份的外生性后，我们还需要考察学生被试对于户籍身份的认识和感受，如他们是否明晰自己的户籍身份以及他们是否会认为不同户籍身份的学生在日常生活中受到了不同的对待。因此，我们对于被试在实验前所填写的有关户籍身份的问卷调查（只在需要引入户籍身份的四个实验局中出现）进行了分析。如在分析被试是否明晰自己的户籍身份时，我们将被试自己在问卷中所回答的户籍身份与我们从校方提供的学生名册上获得的被试户籍身份进行了比较，结果显示两组数据分布的差异并不显著［威尔科克森秩和检验（Wilcoxon rank-sum）的结果为不显著，$z=0.490$，$p=0.6244$］。可见，被试对于自己户籍身份的类别是有充分认识的。

此外，在实验前的问卷调查中还有关于不同户籍身份的学生是否受到了不同对待的提问，这是用来启动被试在日常生活中对于不同户籍身份所受待遇的感受的，从我们根据实验数据所画出的直方图中，可以明显发现学生被试（不论城镇被试还是农村被试）在回答关于不同户籍身份的学生是否受到了不同对待的提问时，大多倾向于认为城镇学生会比农村学生得到更好的待遇。图 4.1 显示被试认为城镇学生担任班干部和平时零花钱的数量要显著高于农村学生［威尔科克森符号秩检验（Wilcoxon signed-rank）的结果均为显著，$z=-4.982$，$p=0.0000$；$z=-7.777$，$p=0.0000$］。

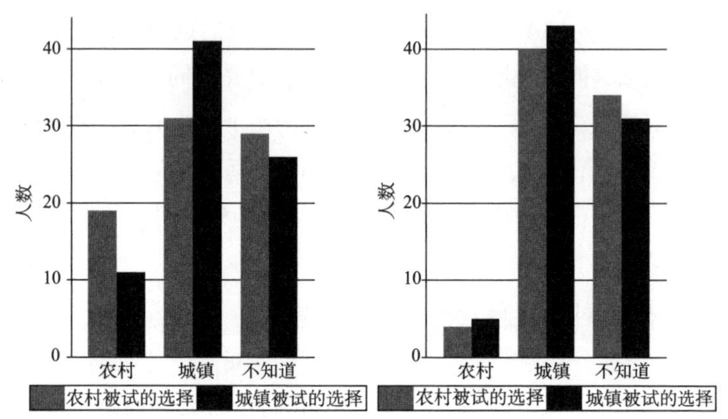

图 4.1　被试对于不同户籍身份的学生是否受到了不同对待的判断

4.4.3　户籍身份与提议者行为

而实际上在实验结果分析的第一部分，即我们对城镇学生与农村学生个人特征变量的对比分析中，已说明两类被试在学习和生活中的个人特征与表现是基本相同的，甚至城镇学生平时的零花钱还比农村学生更少。那么为什么被试在对关于不同户籍身份的学生是否会受到不同对待的主观上的判断会与实际情况出现如此大的差异呢？我们进一步发现被试对“什么同学得到了老师更多的表扬”与“什么同学的零花钱更多”这两个问题的选择是强相关的（斯皮尔曼检验的结果是显著的，$s=0.1527$，$p=0.0555$），因此我们推断，可能是被试在日常生活中的氛围和经历（如父母亲的切身经历和讲述，老师们对待不同户籍学生的差异等）带给了他们对不同户籍身份会受到不平等待遇的认识和感受[1]。而被试对户籍身份的这一扭曲认识将如何影响他们的公平感和博弈行为呢？这是我们在之后的最后通牒博弈中具体想要考察的。

首先对三个假设中提议者行为的数据比较给出直观的描述，图 4.2a 是不引入户籍信息时城镇提议者和农村提议者的提议额均值及误差的数据比较，即对假设 1 的检验；图 4.2b 是引入户籍信息时提议者在分别面对城镇响应者和农村响应者时提议额的均值及误差的数据比较，即对假设 2 的检验；图 4.3 是各种提议者身份和响应者身份的博弈配对，被试在面对不引入户籍信息与引入户籍信息时的提议额均值及误差比较，即对假设 3 的检验。

[1] 由此也可见，我们希望通过实验前的调查问卷来启动被试在日常生活中对于户籍身份认识的办法是有效的。

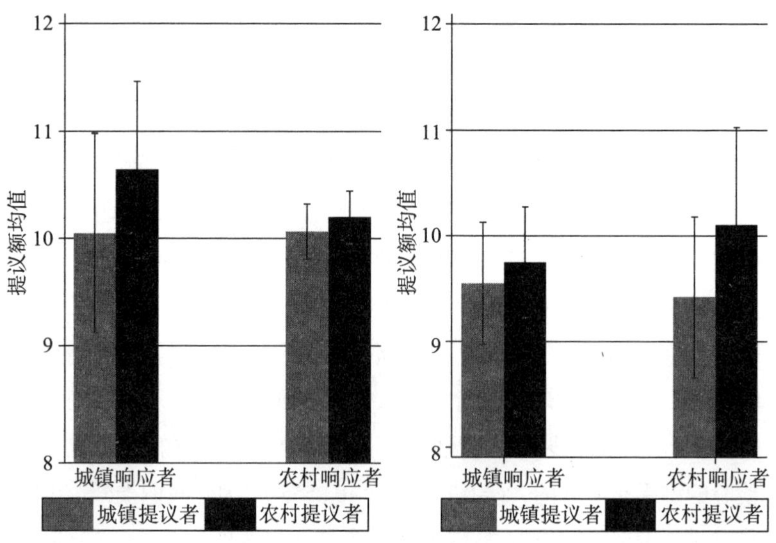

图 4.2a 不引入户籍信息时各实验场次提议额比较 图 4.2b 引入户籍信息时各实验场次提议额比较

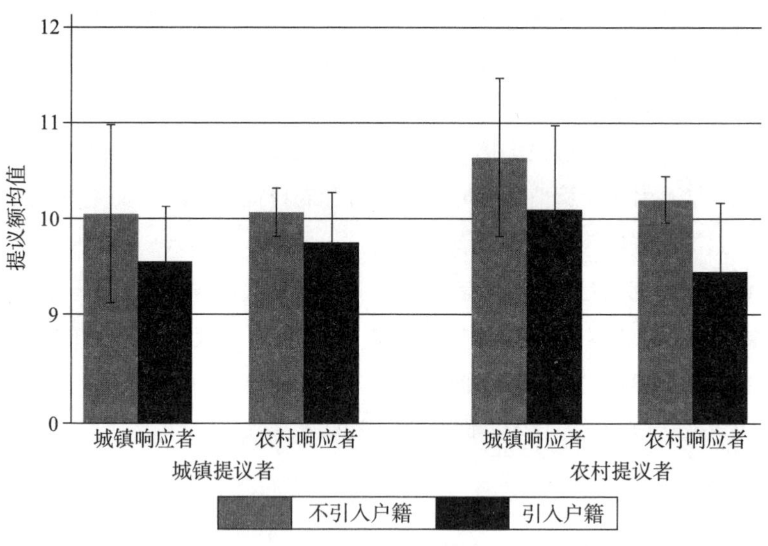

图 4.3 各户籍身份配对在不引入户籍信息与引入户籍信息时提议额的比较

我们运用非参数检验，对是否引入户籍身份和不同户籍类别对提议者行为的影响做了进一步的考察。首先，可从表 4.3、表 4.4 中发现各实验局的提议额均值所占初始禀赋（20 元）的百分比均在 50% 左右，被试都提供了一个较为公平的分配方案[1]。

为了检验假设 1 的提议者行为部分，即城镇户籍学生与农村户籍学生在公平感上是否存在固有差异（假设 1），我们对不引入户籍信息情况下的各实验局两两之间[2]的提议额（均值）进行了比较（见表 4.3）。如假设 1 所述，考察实验局 1 与实验局 4（均值分别为 10.05、10.64；p 值为 0.375）、实验局 2 与实验局 3（均值分别为 10.07、10.20；p 值为 0.542）中提议者的行为是否存在显著差异，结果并没有发现任何实验局的提议额之间存在显著差异。假设 1 不成立，说明两类户籍身份的学生之间并不存在公平感上的固有差别，而这也与我们之前在分析两类群体个人特征变量时的结果相契合。

表 4.3　不引入户籍信息情况下的各实验局提议额（均值）差异检验

提议者的户籍身份	响应者的户籍身份		双侧 p 值[a]
	城镇	农村	
城镇	10.05（1.99）[b]	10.07（0.64）	0.761
农村	10.64（2.00）	10.20（0.52）	0.328
双侧 p 值	0.375	0.542	

注：a. 双侧 p 值为威尔科克森秩和检验的结果；b. 括号内为标准差。

为了检验假设 2 的提议者行为部分，即城镇户籍身份的被试

---

[1] 以往的实验也证实小学生们有着较强的公平感。Murnighan 和 Saxon（1998）的最后通牒博弈实验选取了不同年龄段的学生被试（9 岁、12 岁、15 岁、18 岁），结果显示，年龄更小的被试所分配的提议额更大（越接近平均分配），年龄更小的被试更愿意接受更小的分配。

[2] 实际上，我们也将提议者为城镇被试、响应者为农村被试与提议者为农村被试、响应者为城镇被试，以及提议者为城镇被试、响应者为城镇被试与提议者为农村被试、响应者为农村被试的提议额数据进行了比较，都没有发现显著结果。由于两组博弈之间，提议者与响应者身份均不相同，无法识别单一变量的影响，因此在这里并没有给出这两组博弈的比较结果，引入户籍信息的情况也同样因此没有给出两组博弈的比较结果。

与农村户籍身份的被试之间是否存在着身份区隔和相互排斥的现象，我们给出了引入户籍信息情况时各实验局两两之间提议额差异的检验结果（见表 4.4），以判断被试的公平感是否会在面对与自己户籍身份相同的博弈对方和在面对与自己户籍身份不同的博弈对方时有所不同。如假设 2 所述，考察实验局 5 与实验局 6（均值分别为 9.55、9.75；p 值为 0.323）、实验局 7 与实验局 8（均值分别为 10.10、9.45；p 值为 0.384）中提议者的行为是否存在显著差异，结果显示没有任何实验局的提议额之间存在显著差异。假设 2 不成立，这说明城镇户籍身份的学生与农村户籍身份的学生之间尚未出现明显的对立和排斥。

表 4.4　引入户籍信息情况下的各实验局提议额（均值）差异检验

提议者的户籍身份	响应者的户籍身份		双侧 p 值[a]
	城镇	农村	
城镇	9.55（1.23）[b]	9.75（1.12）	0.323
农村	10.10（1.86）	9.45（1.54）	0.384
双侧 p 值	0.396	0.311	

注：a. 双侧 p 值为威尔科克森秩和检验的结果；b. 括号内为标准差。

最后，检验假设 3 的提议者行为部分，即户籍身份的引入对被试的公平感是否存在显著影响。我们分别对不引入户籍信息和引入户籍信息情况下提议额的差异做了检验（见表 4.5）。如假设 3 所述，考察实验局 1 与实验局 5（均值分别为 10.05、9.55；p 值为 0.116）、实验局 2 与实验局 6（均值分别为 10.07、9.75；p 值为 0.305）、实验局 3 与实验局 7（均值分别为 10.20、9.45；p 值为 0.016）、实验局 4 与实验局 8（均值分别为 10.64、10.10；p 值为 0.022）中提议者行为是否存在显著差异。

表 4.5　各实验局在不引入户籍信息与引入户籍信息情况下的提议额（均值）差异检验

提议者的户籍身份	响应者的户籍身份	
	城镇	农村
城镇	p=0.116	p=0.305
农村	p=0.022**	p=0.016**

注：p 值为威尔科克森秩和检验的结果；** 表示在 5% 水平上的显著。

检验结果表明：（1）在引入户籍信息的情况下，提议者为农村户籍、响应者为城镇户籍时的提议额显著低于不引入户籍信息时的情形；（2）在引入户籍信息的情况下，提议者为农村户籍、响应者为农村户籍时的提议额显著低于不引入户籍信息时的情形。

假设 3 成立，即户籍身份信息的引入会影响被试的公平感。具体来说，农村提议者在被启动关于户籍身份的认识和被公开户籍信息的作用下，改变了相应的博弈行为。且不论是面对城镇响应者还是农村响应者，农村提议者在引入户籍信息情况下都会比不引入户籍信息情况下有显著更低的提议额。可解释为农村提议者对自己户籍身份的感知，认为自己（农村户籍身份的学生）应该得到更多的分配，而不担心过低的提议额会被拒绝。

综合以上对提议者行为的检验，可知两类户籍身份群体之间在日常生活中尚未出现明显的对立和相互排斥，但户籍身份的引入可改变被试的公平感，导致被试有关于不同户籍身份应受到不同对待的认识，这一点我们在实验前的有关被试户籍身份的调查问卷中也有所发现。

4.4.4　户籍身份与响应者行为

关于响应者的行为，由于实验中提议者所提出的分配方案基本上均接近于绝对公平的平均分配，故几乎没有响应者选择拒绝分配方案（仅有一例拒绝发生）。鉴于此，我们使用响应者在接收到提议者的分配方案后，决定是否拒绝分配方案的同时[1]，所报告的最小接受额数据来分析响应者的行为[2]。

首先检验假设 1 中的响应者行为部分，即城镇户籍身份的学生与农村户籍身份的学生存在固有的公平感差异。因此我们对不引入户籍信息情况下，两两实验局之间响应者的最小接受额数据做了差异检验（见表 4.6）。如假设 1 所述，考察实验局 1 与实验局 2（均值分别为 7.82、8.87；p 值为 0.191）、实验局 3 与实验局 4（均值分别为 9.21、7.45；p 值为 0.241）中响应者的行为是否存在显著差异，结果并没有发现任何一组有显著差异。假设 1 不成立，可以再次说明城镇被试与农村被试并不存在公平感上的固有差距。

表 4.6　不引入户籍信息情况下的各实验局最小接受额（均值）差异检验

提议者的户籍身份	响应者的户籍身份		双侧 p 值[a]
	城镇	农村	
城镇	7.82（3.40）[b]	8.87（2.33）	0.191
农村	9.21（2.67）	7.45（3.41）	0.241
双侧 p 值	0.193	0.325	

注：a. 双侧 p 值为威尔科克森秩和检验的结果；b. 括号内为标准差。

[1] 即响应者在决策时所收到的卡片上，会有提议者所选择的分配方案以及响应者是否同意这一方案的选项和最少能够接受多少元的分配的问题。这一同时序的决策安排使得响应者所回答的最小接受额数据可以在很大程度上替代是否拒绝的响应数据。

[2] 利用最小接受额数据来考察最后通牒博弈中响应者的行为，在以往的文献中也多有出现（Knez and Camerer，1995；Buchan 等，2004；Weber 等，2004；Henrich 等，2010）。尤其是与我们相近的研究，Solnick（2001）在考察博弈方性别的异同对最后通牒博弈中提议者和响应者行为的影响时，就是采用最小接受额数据来反映响应者的行为。因此，虽然最小接受额是假设性问题（hypothetical question），但最小接受额的数据大小相对于“拒绝”这一是否决策来说，能更充分地反映响应者的个体行为偏好。且我们在所有实验任务组中均采用了最小接受额数据来表征响应者行为，所以即便数据收集方法的不同在反映响应者的行为上存在可能的差别，这一差别也并不会影响最终的实验结果，即实验任务组之间被试行为表现的差异（treatment effect）。

接下来，检验假设 2 的响应者行为部分。我们给出了引入户籍信息情况下，各实验局两两之间最小接受额差异的检验结果（见表 4.7），以判断被试的公平感是否会在面对与自己户籍身份相同的博弈对方和在面对与自己户籍身份不同的博弈对方时有所不同。如假设 2 所述，考察实验局 5 与实验局 8（均值分别为 8.95、7.94；p 值为 0.212）、实验局 6 与实验局 7（均值分别为 9.72、8.76；p 值为 0.074）中响应者的行为是否存在显著差异，从中发现农村响应者在面对农村提议者时比在面对城镇提议者时可以接受显著更低的提议额。但我们认为这一组差异并不能完全证实城镇户籍学生与农村户籍学生存在组内相互合作，组间相互排斥的效应。这是因为该组差异结果并没有对称性和其他相匹配的证据支撑，如城镇响应者面对两类户籍身份时最小接受额的差异以及提议额的相关组群效应。

表 4.7　引入户籍信息情况下的各实验局最小接受额（均值）差异检验

提议者的户籍身份	响应者的户籍身份		双侧 p 值[a]
	城镇	农村	
城镇	8.95（2.48）[b]	9.72（1.18）	0.196
农村	7.94（3.01）	8.76（2.66）	0.384
双侧 p 值	0.212	0.074*	

注：a. 双侧 p 值为威尔科克森秩和检验的结果；b. 括号内为标准差；* 表示在 10% 水平上的显著。

我们最后检验了假设 3 的响应者行为部分，即户籍身份的引入对被试的公平感是否存在显著影响。我们分别对不引入户籍信息和引入户籍信息情况下最小接受额的差异做了检验（见表 4.8）。如假设 3 所述，考察实验局 1 与实验局 5（均值分别为 7.82、8.95；p 值为 0.070）、实验局 2 与实验局 6（均值分别为 8.87、9.72；p 值为 0.024）、实验局 3 与实验局 7（均值分别为 9.21、7.94；p 值为 0.492）、实验局 4 与实验局 8（均值分别为 7.45、8.76；p 值为 0.181）中响应者行为是否存在显著差异。

表 4.8 各实验局在不引入户籍信息与引入户籍信息情况下的最小接受额（均值）差异检验

提议者的户籍身份	响应者的户籍身份	
	城镇	农村
城镇	p=0.070*	p=0.024**
农村	p=0.492	p=0.181

注：双侧 p 值为威尔科克森秩和检验的结果；**、* 分别表示在 5% 和 10% 水平上的显著。

检验结果表明:（1）提议者为城镇学生，响应者为城镇学生的最后通牒博弈在不引入户籍信息时的最小接受额显著低于引入户籍信息时的情形;（2）提议者为城镇学生，响应者为农村学生的最后通牒博弈在不引入户籍信息时的最小接受额显著低于引入户籍信息时的情形。

假设 3 成立，即户籍身份的引入会影响人们的公平感。即被试在被启动关于户籍身份的认识和感受后，会使得不论是农村户籍还是城镇户籍的响应者都对城镇户籍的提议者有着更高的分配要求。我们推断这与被试在日常生活中对于两种户籍身份人群存在差异的固有认识（如城镇户籍学生有更多的零花钱）有关，因此被试会认为城市户籍身份的学生在博弈实验中理应表现得更加慷慨、公平。

结合以上对最小接受额的所有非参数统计结果，我们没有发现城镇户籍与农村户籍被试之间的相互对立和排斥现象，但存在着针对某一身份的既有看法，如所有被试都对城镇户籍的被试有着更高的分配要求。

4.4.5 对提议额与最小接受额的进一步回归分析

为了进一步分析不同实验局条件下提议者行为和响应者行为的变化，即考察户籍信息的引入、提议者的户籍身份和响应者的户籍身份等对于提议额与最小接受额的影响，我们以户籍信息引入的虚拟变量（引入 =1；不引入 =0）、提议者户籍身份的虚拟变量（城镇 =1；农村 =0）、响应者户籍身份的虚拟变量（城镇 =1；农村 =0）及相互间的交互项为解释变量，构建以提议者分配的提议额为被解释变量的计量模型，以提议额、户籍信息引入的虚拟变量（引入 =1；不引入 =0）、提议者户籍身份的虚拟变量（城镇 =1；农村 =0）、响应者户籍身份的虚拟变量（城镇 =1；农村 =0）及相互间的交互项为解释变量，构建以响应者提出的最小接受额为被解释变量的计量模型，具体回归结果见表 4.9。

表 4.9　对提议额与最小接受额的 OLS 回归结果

	被解释变量			
	提议额		最小接受额	
解释变量	（1） 估计系数	（2） 估计系数	（3） 估计系数	（4） 估计系数
常数	10.25 （0.22）	10.06 （0.24）	0.44 （2.18）	0.38 （2.17）
户籍信息的引入	−0.48** （0.22）	−0.48** （0.21）	0.73 （0.45）	1.20* （0.64）
提议者户籍身份	−0.31 （0.22）	0.09 （0.31）	0.59 （0.44）	1.23* （0.64）
响应者户籍身份	0.28 （0.22）	0.64** （0.29）	−0.25 （0.44）	0.77 （0.73）
提议额			0.75*** （0.21）	0.71*** （0.21）
户籍信息的引入 × 响应者户籍身份				−0.91 （0.89）
提议者户籍身份 × 响应者户籍身份		−0.76* （0.43）	−1.23 （0.88）	−1.44 （0.91）

续表

	被解释变量			
	提议额		最小接受额	
样本量[a]	160	160	147	147
F 统计量	3.14**	3.17**	3.89***	3.16***
调整后的 R^2	0.0389	0.0518	0.0734	0.0816

注：a. 在处理最小接受额的回归数据时，我们删除了做出非理性选择（即最小接受额大于其实际接受的提议额）的样本；括号内为标准误；***、**、* 分别表示在 1%、5% 和 10% 水平上的显著；在控制其他个人特征变量的情况下，回归的显著性并没有改变，因此我们没有给出相关结果。

模型（1）、（2）的回归结果均显示，各虚拟变量的系数都较小，而常数较大。这表明提议者分配的提议额基本保持在 10 左右（即平均分配）。且引入户籍信息对于提议者行为的影响始终是显著的，即在其他因素不变的情况下，引入户籍信息情况下的提议额比不引入户籍信息情况下的更少。再次证实，引入户籍信息确实影响了人们的公平感和博弈行为。我们在模型（2）中加入提议者户籍身份与响应者户籍身份的交互项后发现，响应者户籍身份的系数显著为正，交互项的系数显著为负。也就是说，当响应者为城镇户籍身份的被试时，提议额更高，且提议者为城镇户籍身份的被试时，反倒会减弱这一正效应。这表明被试在面对相同户籍身份被试时并没有比在面对不同户籍身份被试时提出更高的提议额，即没有出现城镇户籍被试与农村户籍被试之间的对立和排斥。这一结论也与我们之前的非参数检验结果相吻合。

从模型（3）、（4）的回归结果来看，响应者报告的最小接受额显著受到提议额的影响，这也说明最小接受额与拒绝率一样，都可作为分析响应者在已得知提议者所分配的提议额后的反应数据。我们在模型（4）中加入户籍信息的引入与响应者户籍身份的交互项，以及提议者户籍身份与响应者户籍身份的交互项后发现，在其他条件不变的情况下，户籍信息的引入和提议者的城镇户籍身份都会使得响应者的最小接受额有所提高。具体来说，当提议者为城镇户籍身份或在引入户籍信息的情况下，响应者的最小接受额都会显著更高。这表明户籍身份信息的引入确实启动了被试对于户籍身份的认知，并进而影响了其公平感和博弈行为，且所有被试对于城镇户籍身份的提议者都有着更高的分配要求，回归结果与我们之前的非参数检验结果相吻合。

4.5　户籍身份影响互惠公平感

本书运用框架田野实验的方法，将户籍身份外生地引入到最后通牒博弈中，直接考察了小学生对于户籍身份的认识和感受以及户籍身份的引入是否能影响被试的公平感和互惠行为。结果显示，户籍身份的概念及其表征的不平等已经植入人们的少年时代并进而影响了他们固有的公平感。小学生已经对于不同户籍身份所带来的不同待遇有一定的认识和感受，且户籍身份被引入后，农村学生会认为自己应该得到更多的分配，城镇学生会被提出更高的分配要求。数据上，我们对不同实验局的博弈行为进行非参数统计分析后，发现农村提议者在引入户籍身份信息后会分配显著更低的提议额，而被试在引入户籍身份信息后面对城镇提议者时，也会提出显著更高的最小接受额。但同时我们并没有发现相同户籍身份被试中有更多的公平、互惠行为，不同户籍身份被试间出现对立和排斥。此外，根据进一步的计量回归，我们也证实了非参数检验的结果，即引入户籍身份信息的操作，确实对于提议额和最小接受额有显著影响，且提议者和响应者的户籍身份也交互影响着提议额和最小接受额。

本书试图开展如下几方面的尝试：其一，实验被试是四到六年级的小学生，考察的是小学生在最后通牒实验中的行为表现，这可以丰富国内实验经济学研究的样本数据库；其二，我们检验了户籍这一社会身份的引入对被试亲社会行为（公平、互惠）的影响，因此我们的实验可以拓展国内关于亲社会行为研究的思路；其三，文章尝试了田野实验这一实验经济学界前沿的研究方法（Harrison and List，2004；Levitt and List，2007），将实验场地从大学实验室搬到了被试日常生活、学习的地方，将抽象的电脑指令、交易物品和实验信息改为了具体的任务、真实的激励和现实的情境，以图更科学地检验真实世界的社会问题。

本书也许还可提供一定的实践意义。实验中虽然展示了小学生关于户籍身份的认识以及他们对于农村户籍与城镇户籍被试有着不同的要求和偏好，但被试的公平分配和互惠行为始终较为稳定。这可说明小学生的社会偏好（公平、互惠）非常强烈，且他们虽在不同的户籍身份可带来不同社会利益的背景下成长，但由于自己并没有亲身经历过户籍身份给他们造成的不公平事件，因此也就没有在实验中表现出不同户籍身份之间的排斥和区隔。也就是说，不同户籍身份群体的分化可能只是由户籍对于流动人口的限制和不公平的公民待遇等区别性政策本身所导致的。此外，不同户籍混合的班级管理[1]也可能帮助不同户籍身份的学生之间更好地融合[2]。

当然，文章还有着进一步改进和扩展的空间。如我们采用的最后通牒博弈，只能反映被试的公平感和互惠行为，若要分析户籍身份对于人们更多亲社会行为（利他、合作、信任等）的影响，还需要补充其他博弈（如独裁者博弈、公共品博弈、信任博弈、礼物交换博弈等）实验的检验。此外，今后的研究还可以比较相同地域和背景下成年人与小学生之间（如家长与自己的孩子）在引入户籍身份下的亲社会行为是否存在差异，以检验年龄和不公平经历的增加是否确实会导致不同户籍身份被试间的对立和排斥。

[1] 周巷镇中心小学实行的是城镇户籍与农村户籍学生混合编班的形式。

[2] 一些省份出台了让农民工子弟免费在城市学校入学的政策，曾让不少家长担心不同户籍的学生可能会相互排斥，但实验证明了这一政策的有效性。

第 5 章　信息公开与利他捐赠行为：来自田野实验的证据

5.1　慈善捐赠与信息公开

慈善捐赠是一个社会文明程度的标志，它对于调节社会资源分配、缓和贫富差距矛盾、促进社会公平正义等方面都具有重要的意义。由社科院发布的《中国慈善发展报告（2014）》显示，2013 年我国各类社会公益组织接受的总捐赠额为 1100 亿元，只占 GDP 的 0.19%。而美国各类公益组织所接受的总捐赠额为 3352 亿美元，占到了 GDP 的 2%[1]。我国慈善捐赠总体水平落后于发达国家与民众的捐赠意愿不强、个人捐赠占捐赠总额的比例太低有直接关系。《2013 年度中国慈善捐助报告》的统计数据表明，我国个人捐赠只占总捐赠额的 30%。与之形成鲜明对比的是，2013 年美国的个人捐款占总捐款的 72%。此外，94.5% 的美国家庭有慈善捐赠行为，2013 年每户家庭的平均捐款额达到了 29742 美元[2]。

因此，大力促进全民参与式的个人小额捐赠成为近年来我国慈善捐赠事业的重点发展方向。很多慈善组织或机构为了促进个人捐

[1] 来自美国国家慈善基金（National Philanthropic Trust）2013 年的统计报告数据，网址为：http://www.nptrust.org/philanthropic-resources/charitable-giving-statistics/。

[2] 来自美国国家慈善基金（National Philanthropic Trust）2013 年的统计数据。

赠行为，设计安排了各种相关的捐赠激励方式。其中，通过慈善捐赠榜单来公布捐赠信息（包括捐赠者的个人姓名和捐款数额）就常被慈善组织采用。而捐赠信息的实名公开对捐赠行为的作用，在传统的经济学理论研究中被认为是捐赠者出于声誉动机（reputation motivation）的考虑，会因为自己的捐赠行为被他人知晓而收获个人效用的增加（Becker，1974）。或者说，捐赠者会在意他人对于自己的看法，希望自己的捐赠行为可以得到他人的尊重和肯定（Glazer and Konrad，1996；Harbaugh，1998）。

可见，相关的理论研究都假定个人捐赠信息的公开所引致的声誉动机，会对捐赠行为产生正向的促进作用。以往的实验经济学研究也普遍证实了这一点：人们在匿名性的条件下，往往会表现出更加自利的一面，而在更为公开的情境中，则会有更多亲社会行为的表现（Bohnet and Frey，1999；Andreoni and Petrie，2004；Soetevent，2005；Ariely 等，2009）。根据以上理论假定，研究者还推断：在慈善捐赠活动中，人们为了得到他人的赞誉（获得正效用），一般不会选择匿名的捐款方式，而更愿意公开自己的个人捐赠信息（Glazer and Konrad，1996）。他们列举了一些自然数据作为支持。如匹兹堡交响乐团 1991 年收到了 2240 位捐赠者的捐款，其中仅仅有 29 名捐赠者是匿名捐赠的。1991 年秋有 1950 名捐赠者给耶鲁法学院基金会进行了捐款，但捐款者的展示栏上却只有 4 人是匿名的。

至此，上述有关捐赠信息的实名公开对捐赠行为的影响机理，似乎已得到了理论模型与实证研究的相互印证，也即是图 5.1 中上半部分（无阴影部分）所描绘的逻辑。但这却不是故事的全部。仅以日常观察与直观体会来看：在现实生活中，我们其实常常会认为“小恩小惠”是“不足挂齿”的。当自己的捐款数额并不高的时候，实名公开捐赠信息也许并不会带来正向的效用。尤其是在中国人“做好事不留名”的文化传统下，一旦捐赠信息被他人知晓，很可能会被人认为是在标榜自己的善行，反倒给自己带来负面的感受（如羞愧感）。

实际上，Vesterlund（2003）就认为 Glazer 和 Konrad（1996）给出的经验证据并不是普遍现象，“只有那些希望向其他人炫耀个人收入、展示个人地位的捐款者，才会以实名的方式捐赠”。在现实生活中愿意公开捐赠信息的捐赠者，往往是因为他们的捐款数额都比较大（Rotemberg，2014）。此外，在所涉捐款数额较小的捐赠实验研究中，研究者发现的公开捐赠信息可以促进捐赠行为的结论，总是在基于被试无法通过退出捐款来避免捐赠信息公开的条件下才得以实现的，即无论被试捐款数额为多少、是否捐款，其姓名和对应的捐款数额（如不捐款，捐款数额为 0）都会被实验者公开或被他人知晓。而这一条件显然只是现实世界中一种比较特殊的情况。

因此，我们试图在一些更为全面且符合现实的假设下，为捐赠信息公开下的个人捐赠行为构建相关的理论模型。首先，我们对捐赠信息公开下个人的心理状态，有两个重要的一般性假定：一是，捐赠信息的实名公开所引致的声誉动机，会给个人带来正向的效用；二是，当人们意愿的捐款数额较低时，捐赠信息的实名公开会令人产生羞愧感，从而给个人带来负向的效用。那么，在这两个假定的基础上，我们进而考虑在各种不同的捐赠信息公开条件下，个人的捐赠行为决策会有怎样的改变。具体来说，当个人可以通过退出捐款来避免捐赠信息公开时，他需要在参与捐赠（因捐赠信息被实名公开，同时收获声誉动机带来的正效用及可能的羞愧感带来的负效用）和不参与捐赠（可避免因捐赠信息实名公开带来的效用增减）之间进行权衡决策。当个人无法通过退出捐款来避免捐赠信息公开时，他同样需要在参与捐赠和不参与捐赠之间进行权衡决策，但此时不参与捐赠的后果是捐款数额为 0 的信息将被实名公开（只有羞愧感带来的负效用）。当个人在完成捐款后可自主选择是否要实名公开捐赠信息时，他需要在实名公开捐赠信息和匿名公开捐赠信息之间进行权衡决策，此时的匿名公开捐赠信息不会产生羞愧感带来的负向效用。

以理论模型为导向，我们开展了有关慈善捐赠的自然的田野实验，对不同捐赠信息公开情况下的个人捐赠行为进行了验证。实验结果发现，当被试被要求实名公开捐款数额时，捐赠率出现了显著下降（基准组的捐赠率为 84.62%，实名公开捐款数额组的捐赠率为 65.31%）。而当被试在完成捐款后自主选择是否要实名公开捐赠信息时，绝大多数被试都没有选择实名公开捐赠信息（选择实名的被试比例为 18.2%，选择匿名的被试比例为 81.2%），且愿意实名公开捐赠信息的捐赠者平均捐款数额要显著高于不愿意实名公开捐赠信息的捐赠者平均捐款数额（分别为 15.92 元和 12.18 元）。以上实验数据表明，捐赠信息的实名公开对个人的捐赠行为会产生一种“筛选效应”，即个人意愿捐款数额较低的被试，会为了避免捐赠信息实名公开带来的羞愧感，而宁愿不参与捐赠。此外，我们还设计安排了强制性实名公开捐款数额组，该组被试无法通过不参与捐赠来避免捐赠信息的实名公开。在此种情况下，当被试被要求实名公开捐款数额时，捐赠率与捐款数额都有了显著提高（93.02%、17.35 元）。这说明捐赠信息的实名公开对个人的捐赠行为还会产生一种“提拔效应”，即在确定要被实名公开捐赠信息的情况下，被试会出于声誉的考虑刻意提高自己的捐款数额。上述逻辑机理如图 5.1 所示。

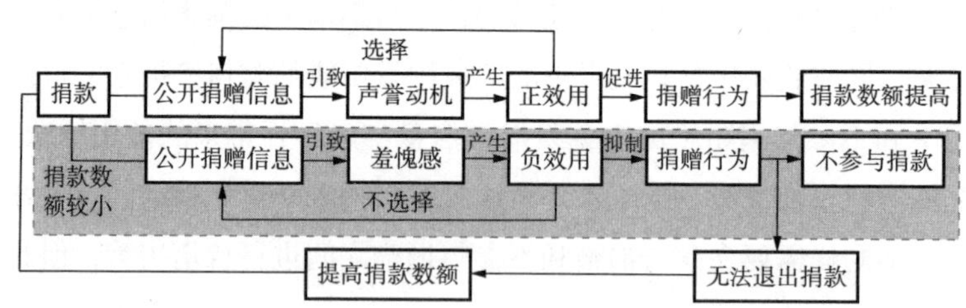

图 5.1 捐赠信息公开引致的声誉动机对捐赠行为作用的机理结构图

我们的研究既希望可以完善有关捐赠信息公开对捐赠行为作用的一般性理论，界定并拓展经典的捐赠行为声誉动机模型的适用范围，还希望可以为可能出现的各种不同捐赠信息公开的现实制度安排对捐赠行为的作用效果提供实证依据，从而帮助慈善组织在慈善捐赠活动中更好、更有针对性地激励目标捐赠者，促进中国慈善捐赠事业的健康发展。

本章的结构安排如下：第一部分为引言，介绍了本章的出发点、基本的理论假设和实验结论；第二部分为文献综述，对相关的理论和实验文献做了介绍；第三部分为理论模型，对各种不同捐赠信息公开条件下的个人捐赠行为决策做了理论分析；第四部分为实验设计，对慈善捐赠田野实验的前期准备、实验安排、实验任务与实验过程做了详细描述；第五部分为实验结果，利用 matlab 数值计算、统计与计量分析、倾向值匹配法等方法验证了文章假设；第六部分为结语，对实验结论、研究的不足与展望做了阐述。

5.2　捐赠实验文献回顾

人们为什么会自愿付出自己的成本（金钱或时间）去支持和帮助他人？研究者们认为慈善捐赠行为主要来自两大类动机因素的驱使：一类是内在利他动机，包括内化到个人效用中的纯粹利他动机（pure altruism）（Becker，1974；Dawes and Thaler，1988）和从捐赠行为中获得自我满足的非纯粹利他动机[1]（Andreoni，1989；Andreoni，1990；Ribar and Wilhelm，2002）。另一类是因社会互动的需要而受到外在因素的作用，如遵从社会规范（Sugden，1984；Bernheim，1994）和考虑社会声誉（Harbaugh，1998；Bénabou and Tirole，2006）等。

相对于内在利他动机，外在因素对捐赠行为的作用常常会因为环境、条件的变化而充满不确定性。因此有关外在因素作用于捐赠行为的主题总是会受到很多研究者的关注。而研究捐赠的相关信息对捐赠行为的影响就是其中一个重要的研究方向。这一方向上的研究又可具体细分为接收到其他相关捐赠信息（如过往捐赠信息和他

[1] 非纯粹利他动机也被称为“光热”（warm glow）效应。

人捐赠信息）对捐赠行为的影响，以及捐赠信息公开的设计安排对捐赠行为的影响两种。

接收到其他相关捐赠信息对捐赠行为的影响在较早的微观经济理论研究中就有所讨论。Sugden（1984）认为个人对公共品的慈善捐赠，服从互惠原则（principle of reciprocity）这一社会规范。慈善捐赠的互惠原则是指，如果其他人都向公共品提供了某一水平的金钱或劳动，那么捐赠者也一定要对公共品提供相同的贡献。这意味着捐赠者会根据自己接收到的他人捐赠数额信息而做出类似的捐赠。Bernheim（1994）构建的遵从模型（conformity model）进一步解释了上述现象。他设定每个人的类型是无法被直接观察到的，其他人需要从可观察的个体选择中来推断其类型。模型中个体的捐赠行为不仅是从内在的动机偏好出发，还由于他们在意个人的社会地位，即其他人怎么看待他。人们认为偏离社会规范的行为都将有损自己的社会地位。因此，其他人的捐赠信息很容易影响到个人的捐赠决策。

相关实验还从实证角度检验了接收到他人的捐赠信息对于个体捐赠行为的具体影响。如 Frey 和 Meier（2004）的实验验证了为被试提供过往其他捐赠者相对更高的捐赠数额信息，可以更有效地激励被试的捐赠行为。但 Shang 和 Croson（2009）、Croson 和 Shang（2013）开展的田野实验却发现所提供的捐赠数额信息并不是越高越好。他们的实验结果显示，过往捐赠数额大小在 90%—95% 区间的信息对当期捐赠行为的影响最大。Guzmán 等（2013）的实验则检验了社会信息的引入对捐赠行为的作用是否会因为年龄的不同而有所差异。实验结果发现，接收到过往捐赠信息对 13—14 岁被试当期捐赠行为的影响是显著负的，对 16—17 岁被试当期捐赠行为的影响是显著正的。

除了他人或过往捐赠信息的提供会影响捐赠者行为以外，捐赠信息公开的安排本身对捐赠行为也有着重要的影响。即捐赠前当人们得知慈善组织会公开捐赠信息（包括捐赠者姓名和对应的捐款数额）时，捐赠行为会有怎样的改变？ Glazer 和 Konrad（1996）的回答是，捐赠信息公开的安排会促进人们的捐赠行为。他们将可观察的捐赠水平（observable donation）纳入到了捐赠者的个人效用函数中。人们的真实收入水平无法被他人观察到，但可以通过公开的捐赠信息来释放个人收入水平的信号，从而展示自己的社会地位。因此，捐赠者会有动机在捐赠信息公开的情况下，提高自己的捐赠水平以获取更高的社会地位。持相近观点的还有 Harbaugh（1998），他提出了一个有关声望动机（prestige motive）的慈善捐赠行为模型，在模型中他假定声望就等于个人被公开的捐赠数额。因而捐赠信息的公开会使得人们增加自己的捐款数额来提高声望。更为详尽的相关模型是由 Bénabou 和 Tirole（2006）构建的，模型预测当慈善捐赠行为可以被其他人观察到时，个人会为了获取他人对自己的正面印象、得到更大的社会声誉，而更可能去参与捐赠。他们在模型中假定个人的声誉价值（线性）依赖于其他观察者对个人偏好类型的后验估计。所以，捐赠信息公开下声誉动机的收益与个人的捐赠水平及相应的动机程度密切相关。

与以上理论模型的预测相同，以往考察捐赠信息的公开对于捐赠行为作用的实验研究几乎都发现，捐赠信息更为公开的安排会提高捐赠率和捐款数额。Andreoni 和 Petrie（2004）在实验室实验中，研究了捐赠信息公开程度对公共品捐赠行为的影响。研究者设计了以下实验任务组：标准的公共品博弈、捐赠后被试的捐款数额会被公开的公共品博弈、捐赠后被试的个人身份信息（头像）会被公开的公共品博弈、捐赠后被试的个人身份信息和捐款数额都会被公开的公共品博弈。实验结果确实发现更为公开的捐赠信息对捐赠行为的促进作用。捐赠后要公开被试个人身份信息及对应捐款数额的实验组，其被试平均捐款数额要显著高于其他两组的捐款数额。Reinstein 和 Riener（2012）为了增强社会声誉在实验中的影响，增加了捐赠前被试面对面交谈的环节。他们的实验室实验也设计了不同的捐赠信息公开组（不公开捐赠信息、公开捐赠数额、公开捐赠数额和身份信息）。实验结果证实，被试的平均捐赠数额会在同时报告捐赠额和身份的情况下得到显著提高。研究者进而认为是捐赠信息公开引致的社会声誉促进了捐赠行为。

其他研究者在更为现实的田野实验情境下，同样发现了与上述实验室实验相一致的结论。捐赠信息公开的方式不论是由其他人可自然观察到（Linardi and McConnell，2011），还是直接公开在校园新闻栏上（Karlan and McConnell，2014），实验情境从教堂捐赠的环境（Soetevent，2005）到义务献血的场景（Lacetera and Macis，2010），研究结果都表明：当捐赠者的捐赠信息更为公开或捐赠行为可以被他人观察到时，被试参与捐赠的比例以及捐赠者的平均捐款数额相对于基准组都有显著的提高。

至此，可以总结的是：以上所有捐赠信息的公开对捐赠行为可产生正面作用的研究结论，都是在强制公开捐赠信息的情况下实现的，即捐赠者无法通过不参与捐赠来避免个人捐赠信息公开的特殊条件。比如，在 Andreoni 和 Petrie（2004）的实验室实验中，被试的捐赠信息都会自动显示在所有人的电脑屏幕上。如果有被试不做捐赠，那么他的个人身份及对应捐赠数额为 0 的信息都会被呈现。而在 Soetevent（2005）的教堂捐赠实验中，实验员安排的捐赠容器是一个开放的篮子，篮子在每个人之间依次传递。当捐赠的篮子递给被试的时候，被试是否捐赠、捐赠数额为多少都自然会被其他人观察到，被试无法避免这些信息的公开。因此，也许捐赠信息的公开对捐赠行为的促进作用只是在强制性公开捐赠信息的情况下才能发生，我们恐怕还需要更加全面地认识和检验在各种不同条件设置下，捐赠信息的公开对个人的捐赠行为会产生怎样的影响。

5.3　捐赠理论模型

这部分理论模型是在 Bénabou 和 Tirole（2006）有关亲社会行为的个人决策模型，以及 Soetevent（2011）所构建的不同支付方式对个人捐赠行为影响的模型基础上的扩展和修改。模型为我们之后从实证的角度来分析不同捐赠信息公开条件对捐赠行为的作用，提供了可以检验的理论假设。

首先，考虑三种有关捐赠信息公开的情况：匿名公开捐款数额、只公开捐赠者姓名以及实名公开捐款数额（公开捐赠者姓名和对应的捐款数额）。我们设定捐赠信息公开的集合 $M=\{m_1\}, \{m_2\}, \{m_3\}$，其中 $\{m_1\}$ 为匿名公开捐款数额的情况，$\{m_2\}$ 为只公开捐赠者姓名的情况，$\{m_3\}$ 为实名公开捐款数额的情况。在以上三种情况下，个人都可以自主选择是否捐款，并且知晓如果不参与捐款，那么自己的捐赠信息（捐款数额为 0）将不会被公开。也就是说，个人可以通过退出捐赠来避免个人捐赠信息的公开。

那么，个人在一般条件下的捐赠行为效用函数可以表示为：

（1）$U(a, m; M)=va+R(a, m; M)-C(a)$。

其中，$a\in R^+$ 为捐款数额，v 为每一单位数量的捐款对于个人的内在价值（intrinsic valuations），或者说捐赠行为的内在价值。且假定 $v\sim N(\mu, \sigma^2)$，$\mu>0$。$R(a, m; M)$ 为个人在某一捐赠信息公开情况下，做出捐款数额 a 时的声誉收益。$R(a, m; M)$ 来自其他人对自己的看法和态度。具体的表达式定义如下：

（2）$R(a, m; M)\equiv\gamma E(v\mid a, m; M), \gamma\geqslant 0$。

这里假定个人的声誉价值（线性）依赖于其他人在观察到某人在某一捐赠信息公开情况下的捐款数额后，对其个人捐赠行为内在价值的后验估计。γ 表征个人对自己声誉的关注程度。$C(a)$ 为个人做出捐款数额 a 时的相关成本，可以表示为如下形式：

（3）$C(a)=\dfrac{a^2}{2}+(\tilde{a}-a)\varnothing I(0<a<\tilde{a}\cap m=m_2 \text{或} m_3)$。

按照 Bénabou 和 Tirole（2004）的设定，$C(a)$ 应为 a 的凸函数。$I(\cdot)$ 则是指示函数，参数 $\varnothing>0$ 反映的是在捐赠者姓名被公开的情况下（公开受到表扬），捐赠者会因为自己的捐款数额太小，而产生的羞愧感数值。$\tilde{a}$ 是公众心中认为可以接受公开表扬（捐赠信息实名公开）的捐款数额（可以认为是一种共识）。

5.3.1 匿名公开捐款数额

接下来，我们分别讨论三种捐赠信息公开情况下个人的捐赠决策。在匿名公开捐款数额的条件下，由于无论捐款数额为多少都不会带来声誉价值，也不会改变个人的声誉价值，即 $R(a, m_1; M)=0$，$\partial R(a, m_1; M)/\partial a=r(m_1; M)=0$。因此，参与捐款的个人最优捐款数额为：

（4）$a^*(m_1; M)=v$ 　　当 $m=m_1$ 时。

也就是说，在匿名公开捐款数额的情况下，由于他人无法观察到捐赠者个人的捐款数额，所以捐赠者并没有动机超出利他行为的内在价值（v）做出捐款。此时，个人的捐赠效用为：$U(a^*, m_1; M)=v^2/2$。因为个人如果不参与捐赠，其捐赠信息将不会被公开，$R(0; M)=0$。所以，个人选择不参与捐赠的效用为：$U(0; M)=0$。

在这个贝叶斯纳什均衡的博弈中，如果捐款的内在价值为 $\hat{v}$ 的捐赠者决定（不）参与捐款，那么所有内在价值 $v>\hat{v}$（$v<\hat{v}$）的捐赠者也都会参与（不参与）捐款。

考虑捐赠者决定参与捐款与不参与捐款无差异时的条件求解：$U(a^*, m_1; M)=U(0, m_1; M)$，得到此条件下的 v 值为 $v_{0|m_1}^{\{m_1\}}=0$。因此，只要捐款对于个人的内在价值 $v>v_{0|m_1}^{\{m_1\}}$，便会决定参与捐款，且最优捐款数额 $a^*(m_1; M)=v$。这也表明在匿名公开捐款数额组中，会有较多捐赠者决定参与捐款。

5.3.2 只公开捐赠者姓名的情形

在只公开捐赠者姓名的条件下，捐款数额的多少不会改变个人的声誉价值，$R(a, m_2; M)\equiv R(m_2; M)$，$\partial R(a, m_2; M)/\partial a=r(m_2; M)=0$，决定参与捐款的个人最优捐款数额为：

（5）$a^*(m_2; M)=v$ 　　当 $m=m_2$，且 $a\geqslant\tilde{a}$ 时；

（6）a^*（m_2；M）$=v+Ø$　　当 $m=m_2$，且 $0<a<\widetilde{a}$ 时。

此时，个人的捐赠效用为：

U（a^*，m_2；M）$=v^2/2+R$（a^*，m_2；M）　　当 $a\geqslant(a)\widetilde{a}$ 时；

U（a^*，m_2；M）$=(v^2-Ø^2)/2+R$（a^*，m_2；M）$-$（$\widetilde{a}-v-Ø$）$Ø$

当 $0<a<\widetilde{a}$ 时。

由于 R（a^*，m_2；M）$>R$（0，m_2；M），那么，在 $a^*\geqslant\widetilde{a}$ 时，捐赠者决定参与捐款的严格条件为 $v>0$；在 $0<a^*<\widetilde{a}$ 时，捐赠者决定参与捐款的严格条件为 $v>\sqrt{2\widetilde{a}Ø}-Ø$。可见，当人们认为可以接受公开表扬的捐款数额（$\widetilde{a}$）较大时，会有很多人决定不参与捐款。

再考虑在只公开捐款姓名的情况下，捐赠者决定参与捐款与不参与捐款之间无差异时的个人捐款内在价值。即求解 U（a^*，m^2；M）$=U$（0，m_2；M）时的 $v_0^{\{m_2\}}$：

（7）$v_0^{\{m_2\}}=\sqrt{-2\gamma\mu}$　　当 $a^*\geqslant\widetilde{a}$ 时；

（8）$v_0^{\{m_2\}}=\sqrt{2(\widetilde{a}Ø-\gamma\mu)}-Ø$　　当 $0<a^*<\widetilde{a}$ 时。

因此，在第一种情况下，捐款对捐赠者的内在价值 $v\geq v_{0|m_2}^{\{m_2\}}\equiv\max\left\{\min\left\{v_0^{\{m_2\}},0\right\},\ \widetilde{a}\right\}$ 时，会参与捐款，且 a^*（m_2；M）$=v$。在第二种情况下，当捐款对个人的内在价值 $v_{0|m_2}^{\{m_2\}}\equiv\min\left\{v_0^{\{m_2\}},\ \sqrt{-2\widetilde{a}Ø}-Ø\right\}\leqslant v<\widetilde{a}-Ø$ 时，才会考虑参与捐款，且 a^*（m_2；M）$=v+Ø$。显然，当个人的意愿捐款数额小于人们认为可以受到公开表扬的捐款数额时，捐赠者更可能会考虑不参与捐款。

5.3.3　实名公开捐款数额的情形

在实名公开捐款数额的条件下，捐款对于每位捐赠者的内在价值可以完全被其他人知晓，即 R（a，m_3；M）$=\gamma v$。参与捐款的个人最优捐款数额为：

（9）a^*（m_3；M）$=v+\gamma$　　当 $m=m_3$，且 $a\geqslant\widetilde{a}$ 时；

（10）a^*（m_3；M）$=v+\gamma+Ø$　　当 $m=m_3$，且 $0<a<\widetilde{a}$ 时。

此时，个人的捐赠效用为：

$U(a^*, m_3; M)=(v^2-\gamma^2)/2+R(a^*, m_3; M)$　　当 $a\geqslant\widetilde{a}$ 时；

$U(a^*, m_3; M)=[v^2-(\gamma+\text{Ø})^2]/2+R(a^*, m_3; M)-[\widetilde{a}-(v+\gamma+\text{Ø})]\text{Ø}$

当 $0<a<\widetilde{a}$ 时。

在 $a^*\geqslant\widetilde{a}$ 时，捐赠者决定参与捐款的严格条件为 $v>\gamma$；在 $0<a^*<\widetilde{a}$ 时，捐赠者决定参与捐款的严格条件为 $v>\sqrt{\gamma^2+2\widetilde{a}\text{Ø}}-\text{Ø}$。可见，当人们认为可以接受公开表扬的捐款数额（$\widetilde{a}$）较大时，会有很多人考虑不参与捐款。

考虑捐赠者决定参与捐款与不参与捐款两种情况下没有差异时的 v 值，即求解 $U(a^*, m_3; M)=U(0, m_3; M)$ 时的 $v_0^{\{m_3\}}$：

(11) $v_0^{\{m_3\}}=(\sqrt{2}-1)\gamma$　　当 $a^*\geqslant\widetilde{a}$ 时；

(12) $v_0^{\{m_3\}}=\sqrt{2\gamma^2+\text{Ø}(\widetilde{a}+\gamma)}-(\gamma+\text{Ø})$　　当 $0<a^*<\widetilde{a}$ 时。

因此，在第一种情况下，内在价值 $v\geq v_{0|m_3}^{\{m_3\}}\equiv\max\left\{\min\left\{v_0^{\{m_3\}},\gamma\right\}, a-\gamma\right\}$ 时，被试会决定参与捐款，且 $a^*(m_3; M)=v+\gamma$。在第二种情况下，捐款对捐赠者的内在价值 $v_{0|m_3}^{\{m_3\}}\equiv\min\left\{v_0^{\{m_3\}}, \sqrt{\gamma^2+2\widetilde{a}\text{Ø}-\text{Ø}}\right\}\leqslant v<\widetilde{a}-\gamma-\text{Ø}$ 时，被试会决定参与捐款，且 $a^*(m_3; M)=v+\gamma+\text{Ø}$。显然，第二种情况下捐赠者的内在动机范围更小，即当个人的意愿捐款数额小于人们认为可以受到公开表扬的捐款数额时，被试更可能会决定不参与捐款。

匿名公开捐款数额、只公开捐赠者姓名、实名公开捐款数额三个实验任务组之间，决定参与捐款的捐赠者最优捐赠数额大小依次为：$a^*(m_3; M)>a^*(m_2; M)>a^*(m_1; M)$。即实名公开捐款数额组参与捐款的捐赠者平均捐款数额是三组中最大的；匿名捐款数额组参与捐款的捐赠者平均捐款数额是三组中最小的。

5.3.4 可选择是否实名公开捐款数额的情形

最后，再考虑两个实验任务组的捐赠决策：可选择是否实名公开捐款数额，以及强制性实名公开捐款数额。在可选择是否实名公开捐款数额组中，被试是在完成捐款后，再选择是否实名公开捐款数额。

首先，被试在做出捐款决策时，在是否捐款无差异情况下 $v_{0|m_1,m_3}^{\{m_0\}}=0$，$m_0$ 表示实验员未告知捐赠者任何有关是否需要公开捐赠信息事宜的情况下。因此，只要捐款对于个人的内在价值 $v>0$，便会选择参与捐款，且最优捐款数额为 $a^*(m_0;M)=v$。

之后，捐赠者需要选择是实名公开还是匿名公开之前自己的捐款数额（包括数额为 0 的捐款）。此时，$M=\{m_1, m_3\}$，个人选择匿名公开捐款数额的效用为：

（13）$U[a^*(m_0;M), m_1;\{m_1, m_3\}]=v^2/2+v\text{Ø}$

个人选择实名公开捐款数额的效用为：

（14）$U(a^*, m_3, \{m_1, m_3\})=v^2/2+\gamma v$　　　　当 $a\geqslant\tilde{a}$ 时；

（15）$U(a^*, m_3, \{m_1, m_3\})=v^2/2+\gamma v-(\tilde{a}-v)\text{Ø}$ 当 $0<a<\tilde{a}$ 时[1]。

通过（13）和（15），可以解出选择实名公开捐款数额与选择匿名公开捐款数额无差异情况下，捐款的内在价值 $v_{m_1|m_3}^{\{m_1,m_3\}}=\frac{\tilde{a}\text{Ø}}{\gamma}$（$0<a^*<\tilde{a}$），$v>v_{m_1|m_3}^{\{m_1,m_3\}}$的捐赠者就会选择实名公开捐款数额。这说明，在个人意愿的捐款数额低于人们认为的可以公开接受表扬的捐款数额，从而产生羞愧感的情况下，个人的羞愧感（$\tilde{a}\text{Ø}$）越强，就越不可能选择实名公开捐款数额。此外，当 $a^*\geqslant\tilde{a}$ 且 $\text{Ø}\geqslant\gamma$ 时，捐赠者都会选择匿名公开捐款数额；当 $a^*\geqslant\tilde{a}$ 且 $\text{Ø}<\gamma$ 时，捐赠者都会选择实名公开捐款数额。这说明：当个人意愿的捐款达到一定数额以上时，若匿名公开捐款带来的心理满足感强于实名公开捐款带来的声誉动机作用，则捐赠者会选择匿名公开捐款数额；若匿名公开捐款带来的心理满足感弱于实名公开捐款带来的声誉动机作用，则捐赠者会选择实名公开捐款数额。

---

[1] 捐赠者在可选择是否实名公开捐款数额的情况下：若主动选择实名，捐赠者会因为自己的捐款数额太小，而产生羞愧感；若主动选择匿名，则会因为自己的举动产生内心的满足感，捐款数额越高，这种满足感会越强烈。我们将这两种心理感受简化为同一参数 Ø 来刻画，其中一种为心理成本，一种为心理收益。

5.3.5 强制性实名公开捐款数额的情形

在强制性实名公开捐款数额的实验组 $\{m_4\}$ 中，不论捐赠者是否捐款，他们的姓名和对应的捐款数额都会被公开。因此，该实验组中选择不参与捐款的捐赠者个人效用为：

（16）$U(0, m_4; M)=R(0, m_4; M)-\tilde{a}\text{Ø}$

由 $R(a^*, m_4; M)>R(0, m_4; M)$，在 $a^*\geq\sim a$ 时，捐赠者选择参与捐款的严格条件为 $v>\sqrt{\gamma^2-2\tilde{a}\text{Ø}}$；在 $0<a^*<\sim a$ 时，捐赠者选择参与捐款的严格条件为 $v>\gamma-\text{Ø}$。再考虑捐赠者在选择参与捐款与拒绝捐款之间无差异的条件下，求解 $U(a^*, m_4; M)=U(0, m_4; M)$ 时的 $v_0^{\{m4\}}$，进而得到：

$$\begin{cases} v_0^{\{m_4\}}\sqrt{2(\gamma E[v|v\leqslant v_0^{\{m_2\}}]-\tilde{a}\text{Ø}+\gamma^2)}-\gamma & \text{当 } a^*\geqslant\tilde{a} \text{ 时；} \\ v_0^{\{m_4\}}\sqrt{2\gamma(\gamma+\text{Ø}+E[v|v\leqslant v_0^{\{m_2\}}])}-(\gamma+\text{Ø}) & \text{当 } 0<a^*<\tilde{a} \text{ 时。} \end{cases}$$

在第一种情况下，捐款的内在价值 $v\geqslant v_{0|m_4}^{\{m_4\}}\equiv\max\{\min\{v_0^{\{m_4\}}, \gamma^2-2\tilde{a}\text{Ø}\}\tilde{a}-\gamma$ 时，捐赠者会选择参与捐款，且 $a^*(m_4; M)=v+\gamma$。在第二种情况下，捐款对捐赠者的内在价值 $v\geqslant v_{0|m_4}^{\{m_4\}}\equiv\min\{v_0^{\{m_4\}}, \gamma-\text{Ø}\}v<\tilde{a}-\gamma-\text{Ø}$ 时，会选择参与捐款，且 $a^*(m_4; M)=v+\gamma+\text{Ø}$。比较实名公开捐款数额组 $\{m_3\}$ 和强制性实名公开捐款数额组 $\{m_4\}$，当 $\tilde{a}\text{Ø}$ 很大时，即捐赠者因为个人捐款数额太少而接受公开表扬所造成的愧疚感越大，强制性实名公开捐款数额组中的捐赠者越不可能不参与捐款（$v_0^{\{m4\}}<v_0^{\{m3\}}$），特别是在 $0<a<\tilde{a}$ 情况下。也就是说，强制性实名公开捐款数额组中参与捐款的捐赠者比例比实名公开捐款数额组更高。

此外，参与捐款的捐赠者最优捐款数额大小排序如下：$a^*(m_4; M)=a^*(m_3; M)>a^*(m_2; M)>a^*(m_1; M)$。即强制性实名公开捐款数额组的平均捐款数额在所有实验组中是最高的。

5.3.6　Matlab 数值模拟

表 5.1 给出了基于捐赠信息公开下捐赠行为理论模型的设定，各参数变化条件下的数值计算结果[1]。其中，第（1）列是我们通过设置和调整相关参数大小（Ø=4.5；$\widetilde{a}$=15；γ=3.5），所得到的与本实验结果（包括各实验组中被试参与捐款的人数比例、平均捐款数额和参与捐款的被试平均捐款数额）在整体上相吻合的数据[2]。这表明我们所构建的理论模型可以很好地解释我们在实验中所发现的被试捐赠行为规律：人们对于在特定情境下应该做多少数额的捐款会有一些共同默认的社会规范，如拿出自己刚刚获得的一半收益（30/2=15 元）去捐款[3]。若少于这个数额的捐款被实名公开捐赠信息并接受表扬，会让捐赠者感到羞愧，甚至导致人们宁愿不参与捐款。同时，实名公开捐赠信息给人们带来的声誉动机作用，又会在一定程度上提高捐赠者原本意愿的捐款数额。

表 5.1　基于捐赠信息公开下捐赠行为理论模型的数值模拟计算结果

［设定 $v \sim N(\mu, \sigma^2)$，其中 μ=9.5；σ=10］[4]

	（1）	（2）	（3）	（4）	（5）	（6）	（7）	（8）
参数								
Ø	4.50	0	4.50	4.50	0	10	4.50	4.50
$\widetilde{a}$	15	0	5	20	15	15	15	15

[1] 这一计算结果所使用到的 Matlab 代码可向作者索取。

[2] 我们利用 t 检验证实了数值计算中所估计的各实验组参与捐款的比例与实验中所得到的各组参与捐款比例之间不存在显著差异（p=0.989），以及数值计算中估计的各实验组平均捐款数额与实验中所得到的各组平均捐款数额之间也不存在显著差异（p=0.3492）。

[3] 这一数值模拟结果也非常吻合经典的最后通牒博弈实验结果：提议者一般会将 40%—50% 的初始禀赋给予响应者（Smith，1962；Roth et al.，1991）。

[4] μ=9.5；σ=10 的设置接近于无任何信息公开要求下（基准组）个人的平均捐款数额和方差。

续表

	(1)	(2)	(3)	(4)	(5)	(6)	(7)	(8)
γ	3.50	0	3.50	3.50	3.50	3.50	1	7
结果								
$v_{0\mid m_1}^{\{m_1\}}$	0	0	0	0	0	0	0	0
$v_{0\mid m_2}^{\{m_2\}}$	3.7765	0	2.2082	6.1536	0	5.2807	6.2703	–3.0858
$v_{0\mid m_3}^{\{m_3\}}$	5.8203	0	1.4497	7.3623	1.4497	6.3620	6.5830	5.7047
$v_{0\mid m_1,m_3}^{\{m_0\}}$	0	0	0	0	0	0	0	0
$v_{m_1\mid m_3}^{\{m_1,m_3\}}$	19.2857	—	6.4286	25.7143	0	42.857	67.500	9.6429
$v_{0\mid m_4}^{\{m_4\}}$	–8.000	0	–8	–8.000	–3.500	–13.50	–5.500	–11.50
参与捐款的被试比例								
匿名公开	0.829	0.829	0.829	0.829	0.829	0.829	0.829	0.829
公开姓名	0.716	0.829	0.767	0.631	0.829	0.663	0.627	0.896
实名公开	0.644	0.829	0.790	0.585	0.790	0.623	0.615	0.648
可选择公开	0.829	0.829	0.829	0.829	0.829	0.829	0.829	0.829
选择匿名捐款	0.665	—	0.621	0.776	0	0.829	0.829	0.494
选择实名捐款	0.164	—	0.208	0.052	0.829	0	0	0.335
强制性实名公开	0.960	0.829	0.960	0.960	0.903	0.989	0.933	0.982
平均捐款额（元）								
匿名公开	10.416	10.416	10.416	10.416	10.416	10.416	10.416	10.416
公开姓名	12.195	10.416	10.005	11.308	10.416	15.328	9.740	12.195
实名公开	12.094	10.416	12.767	11.500	13.150	12.767	10.278	13.745
可选择公开	9.006	10.416	11.631	9.595	10.416	10.402	10.416	12.265
强制性实名公开	17.662	10.416	17.662	17.662	13.455	23.037	15.293	21.065
参与捐款的被试平均捐款额（元）								
匿名公开	12.565	12.565	12.565	12.565	12.565	12.565	12.565	12.565

续表

	（1）	（2）	（3）	（4）	（5）	（6）	（7）	（8）
公开姓名	17.022	12.565	13.043	17.920	12.565	23.103	15.543	13.612
实名公开	18.793	12.565	16.169	19.670	16.654	20.487	16.719	21.217
可选择公开	10.865	12.565	14.032	11.575	16.065	12.548	12.565	14.796
选择匿名捐款	9.604	—	3.427	11.392	—	12.548	12.565	5.172
选择实名捐款	15.982	—	17.591	14.293	16.065	—	—	21.312
强制性实名公开	18.399	12.565	18.399	18.399	14.897	23.286	16.388	21.448

注：模型中的参数分别代表以下含义：Ø 为实名公开捐款数额带来的羞愧感（或匿名公开捐款数额带来的满足感）；$\tilde{a}$ 为公众心中认为可以接受公开表扬的捐款数额；γ 为声誉动机作用；$v_{0|m_1}^{\{m_1\}}$、$v_{0|m_2}^{\{m_2\}}$、$v_{0|m_3}^{\{m_3\}}$、$v_{0|m_1,m_3}^{\{m_0\}}$以及$v_{0|m_4}^{\{m_4\}}$分别是匿名公开捐款数额组、只公开姓名组、实名公开捐款数额组、可选择是否实名公开捐款数额组、强制性实名公开捐款数额组中，个人在选择捐款与选择不捐款无差异情况下的内在捐赠动机；$v_{m_1|m_3}^{\{m_1,m_3\}}$则是可选择是否实名公开捐款数额组中，捐赠者选择实名公开捐款数额与选择匿名公开捐款数额无差异情况下的内在捐赠动机。

第（2）列可以提供的信息是，当不存在有关捐赠信息公开的默认社会规范（$\tilde{a}$）、不存在未达到这一规范所可能产生的羞愧感（Ø），以及不存在实名公开捐款数额可以带来的声誉动机作用（γ）时，各种捐赠信息公开的条件：不论是匿名公开捐款数额、实名公开捐款数额、只公开捐赠者姓名、可选择实名公开捐款数额，还是强制性实名公开捐款数额都不会影响到捐赠行为（包括参与捐款的人数比例和平均捐款数额）。

用第（1）列与第（3）列、第（4）列数据进行比较：在其他参数不变的情况下，可选择实名公开捐款数额组中，$\tilde{a}$ 越小，选择实名公开捐款数额的人会越多，但同时选择匿名的捐款人平均捐款数额会越低；$\tilde{a}$ 越大，选择实名公开捐款数额的人会越少，但同时选择匿名的捐款人平均捐款数额会越高。这表征的是不同捐赠意愿的个人的自我选择过程，即个人意愿捐款的数额若超过人们公认可以接受表扬的捐款数额，就会选择实名公开捐款数额；若低于这一捐款数额，就会选择匿名公开捐款数额。

另一方面，$\tilde{a}$ 越小，在只公开姓名和实名公开捐款数额情况下，人们选择参与捐款的人数比例就越高；$\tilde{a}$ 越大，在只公开姓名和实名公开捐款数额情况下，人们选择参与捐款的人数比例就越低。这意味着人们公认的社会规范标准越高（可以接受公开表扬的捐款数额），越是会阻碍更多本身捐赠意愿并不强的人参与到捐赠中来。

比较第（1）列和第（5）列及第（6）列，在其他参数不变的情况下，可选择实名公开捐款数额组中：Ø 越大，选择实名公开捐款数额的人会越少；Ø 越小，选择实名公开捐款数额的人会越多。这是表示，如果选择公开的捐款数额低于人们公认的社会规范标准而因此感受到的羞愧感越强烈，就越不可能选择实名公开自己的捐款数额，反之则反是。此外，在所有涉及需要公开姓名的条件组中（只公开捐赠者姓名组、实名公开捐款数额组、强制性实名公开捐款数额组），参与捐款的被试平均捐款数额都会随着 Ø 变小而变小，随着 Ø 变大而变大。这一结果说明的是，当 Ø 越大时，那些个人意愿的捐款数额小于公认社会规范标准的人就越不可能参与捐款，反之亦然。

最后比较第（1）列和第（7）列及第（8）列的数据差别，在其他参与不变的情况下，改变 γ 的大小。可选择实名公开捐款数额组中，γ 越大，选择实名公开捐款数额的人会越多；γ 越小，选择实名公开捐款数额的人会越少。这里所表征的含义是：实名公开捐款数额所能带来的声誉动机作用越大，已经完成捐款的人在选择是否愿意公开姓名时，就越可能选择实名公开自己的捐款数额。此外，在所有涉及需要实名公开捐款数额的条件组中（实名公开捐款数额组、强制性实名公开捐款数额组），参与捐款的被试平均捐款数额都会随着 γ 变小而变小，随着 γ 变大而变大。这些结果说明了实名公开捐款数额所能带来的声誉动机作用，在一定程度上可以促使那些愿意参与捐款的被试提高他们的捐款数额。

5.4 捐赠实验设计

为了验证理论模型中所预测的结论，考察各种捐赠信息的公开条件对于个人捐赠行为的直接作用，且同时保证实验结果的外部有效性（Levitt and List，2007），更真实地反映人们在现实生活中的行为决策，我们设计并执行了不同环境设置下有关慈善捐赠的自然田野实验。

实验是以向中国扶贫基金会下属的“筑巢行动”募捐善款的名义[1]，分别于 2013 年 11 月 28 日，2014 年 3 月 21—23 日在浙江大学紫金港校区的丹青学园和蓝田学园内开展。整个实验包括五个不同捐赠信息公开条件的实验任务组，由 12 名（人次）实验员共同完成。实验所涉学生 1000 余名，其中共有 262 名被试完整参与了捐赠实验，总捐款数额达 3185 元。以下将分别就实验过程、实验准备、实验任务组等内容进行详细的介绍。

5.4.1 捐赠实验过程

实验主要包括两个阶段。第一阶段是一个与捐赠无关的有偿问卷调查活动[2]，目的是让被试通过自己的努力赚得第二阶段慈善捐款的初始禀赋，以提高被试参与捐赠实验的总体比例。问卷由 16 页 A4 纸构成，涉及调查对象对于国内外大型企业品牌、公司责任、雇主形象的认识以及个人职业生涯规划等内容。每位被试平均需花费 30 分钟左右的时间完成整个问卷，实际上我们的实验员会通过问询题目的语速来控制每位被试花费在调查问卷上的时间基本相同，从

[1] 我们在事先已获得中国扶贫基金会授权开展此次活动。“筑巢行动”旨在为偏远贫困地区中小学援建学生宿舍，解决孩子们住宿难的问题。

[2] 该问卷由优信咨询（Universum Communications）公司提供，优信咨询公司每年定期在各个国家进行毕业生问卷调研，对结果进行分析后得出最佳雇主排名，并在各国权威网站及其他相关媒体上发布该结果。

而保证每位被试获取 30 元初始禀赋的努力程度一致。

实验员以路边随机问询的方式招募被试参与问卷调查，总共问询 1108 人，有 281 名被试同意参与问卷调查。所有被试在答应参与问卷调查前，均知晓问卷报酬数额及所需时间。

被试在完成调查问卷后即可获得 30 元的报酬。其中有 19 名被试收到问卷报酬后即强行（或有事）离开了现场，以至于未能参与下一阶段的实验任务。为了确保每名被试在之后的捐赠过程中无任何干扰、独立完成捐赠决策，实验员会控制招募被试的节奏，不同时招募两名以上的被试，且保证两名被试参与调查问卷的时间间隔要多于 20 分钟。

第二阶段是慈善募捐活动。被试在完成调查问卷后，需要来到 10 米外的现金管理员处签名领取问卷报酬。此时，另一位实验员会以“同学，这边有一个爱心募捐活动想向您介绍”为由将已拿好 30 元报酬的被试引导至不远处的捐赠点。至此，正式进入实验的第二阶段（共有 262 名被试进入到这一阶段）。捐赠点放置有募捐箱、倡议书、海报、募捐活动展示板等慈善募捐用具。实验员会在这个过程中向被试介绍此次慈善募捐活动的具体内容、捐款方式及捐赠信息公开方式，随后实验员退出捐赠点，由被试在无任何干扰下独立完成捐款过程，被试完成捐款后自行离开捐赠点。

5.4.2 捐赠实验准备

我们分别于 2013 年 11 月 28 日，2014 年 3 月 21—23 日在浙江大学紫金港校区内开展了两次、三场实验。三场实验的实验任务组完全相同，两次实验地点在不同的学生宿舍区（丹青学园和蓝田学园[1]），两个宿舍区所居住的学生性别、年龄等主要个体特征并没有

---

[1] 丹青学园和蓝田学园是浙江大学规模最大的两个学生宿舍园区。选择这两个园区作为实验地点，主要是考虑到两个园区居住人口多、占地面积大的特点，既可保证被试数量，又能避免不必要的围观影响实验。

显著差别（p=0.6112；p=0.2985）。参与 2013 年 11 月 28 日实验的实验员共 4 名，参与 2014 年 3 月 21—23 日实验的实验员共 8 名，分两组在宿舍区南北两面[1]同时开展实验。实验员分别需要“扮演”四种不同的角色：调查员 A，负责询问并招募被试参加调查问卷；调查员 B，负责指导被试完成调查问卷；现金管理员，负责给被试发放填写问卷的报酬；募捐引导员，负责给被试介绍募捐活动的具体内容、捐款方式及捐赠信息公开方式。

为了控制三场实验中的不同实验员对实验结果的可能影响，我们尽可能地将具有相似个人特征的实验员安排为相同的实验角色。为此，我们首先参考 Landry 等（2006）所使用的调查量表，对每位实验员的社交能力、魄力、表现力、自信心和自我胜任等方面的素质进行了综合测度。另外，我们采集了每名实验员的电子照片，让 50 名大学生逐一进行评价［从没有吸引力（1）到非常有吸引力（10）］，以得到的总分再标准化来衡量每名实验员的外表魅力。最后，根据以上有关实验员个人特征的评价指数，我们对不同实验场次、不同角色的实验员再做出相应的安排。从表 5.2 可见，三场实验中的调查员 A、调查员 B、现金管理员、募捐引导员，在身高、体重、年龄、性别、外表魅力等个人特征的评价指数方面均较为接近。

表 5.2 各实验场次实验员个人特征情况

个人特征	调查员 A			调查员 B			现金管理员			募捐引导员		
实验场次	一场	二场	三场	一场	二场	三场	一场	二场	三场	一场	二场	三场
身高 (cm)	162	157	162	172	176	175	180	178	181	168	167	168
体重 (kg)	48	44	48	70	75	77	53	65	60	65	68	65
性别	0	0	0	1	1	1	1	1	1	1	1	1
年龄	24	27	24	26	24	27	28	29	31	30	32	30

[1] 宿舍区的南北两面由一个大花坛隔开，且南北两面各有 3 栋宿舍楼，南北两面的学生们归来和离开宿舍走的是不同人行道，所以南北两面的实验并不会相互影响。

续表

个人特征	调查员 A			调查员 B			现金管理员			募捐引导员		
外表魅力	0.08	0.04	0.08	0.01	−0.03	−0.07	0.07	0.03	0.05	−0.10	−0.02	−0.10
社交能力	4	3	4	4	4	3	-1	0	0	3	3	3
魄力	3	2	3	4	3	2	0	0	1	3	4	3
表现力	4	3	4	4	3	3	-1	-1	1	4	5	4
自信心	3	3	3	3	3	3	0	0	1	3	2	3
自我胜任	5	4	5	3	3	2	1	0	2	4	3	4

注：性别 =1 代表男性；性别 =0 代表女性。外表魅力的数值为其他学生对每名实验员电子照片的评价指数。社交能力、魄力、表现力、自信心、自我胜任的数值代表实验员在调查量表中所报告的程度（正值代表正向的个人特征；负值代表负向的个人特征；取值范围为 [−8，8]）。

在实验实施前的一个月，每名实验员都会收到一份实验说明，实验说明中包括每位实验员的角色安排和所需完成任务。在完全了解实验说明内容后，实验员还会接受多次岗位培训，培训内容包括与其角色有关的职责任务、操作过程和注意事项等。在培训结束之后，实验人员再分别按照实验说明内容演练整个实验过程，以便确保三组实验人员在语言表达、操作内容上基本一致。

实验分上午和下午两个时间段进行，上午的时间段是从早上 9 点到 11 点半，下午的时间段是从 13 点半到 16 点。为了更好地减少时间等因素对不同实验任务组的可能影响，实验任务的开展顺序是每完成 5 名同一实验任务组的被试，再转换成下一个实验任务组，以此递推下去。实验场地分为三处，分别为问卷调查员所在的被试填写调查问卷处，现金管理员所在的被试领取调查问卷报酬处，募捐引导员所在的捐赠点。在实验开展过程中，三处实验员之间不能有任何交流。

捐赠点的捐款箱是密封且不透明的，被试无法观察到捐款箱内是否有其他捐款，从而避免其他人的捐款对被试捐赠行为的影响。我们在每位被试用来装捐款现金的信封内侧都标注有不同的数字编号，同时问卷调查员也会对每位被试填写的调查问卷进行数字编号。以此我们就可以在实验结束后，将每位被试的捐赠情况与他们在调查问卷中所填写的个人基本特征数据对应起来。

5.4.3　捐赠实验任务组

在慈善募捐阶段，我们设计有五个不同捐赠信息公开条件下的实验任务组：匿名公开捐款数额组（被试在捐款前被告知要匿名公开捐款数额，被试可通过不参与捐赠来避免捐赠信息公开）、只公开姓名组（被试在捐款前被告知要公开姓名，被试可通过不参与捐赠来避免捐赠信息公开）、实名公开捐款数额组（被试在捐款前被告知要实名公开捐款数额，被试可通过不参与捐赠来避免捐赠信息公开）、可选择是否实名公开捐款数额组（捐赠者在捐款后被告知是否要实名公开捐款数额，被试可选择是否要实名公开捐赠信息）、强制性实名公开捐款数额组（捐赠者在捐款前被告知要实名公开捐款数额，被试无法通过不参与捐赠来避免捐赠信息公开）。

匿名公开捐款数额组。被试根据自身意愿对中国扶贫基金会的筑巢行动进行捐赠。实验员告知被试，募捐活动结束后，工作人员会以匿名的方式将所有捐赠者的捐款数额公布在校内论坛的募捐宣传帖中，被试需要将自己的捐款现金放入到一个实验员准备好的信封内，并将其投入募捐箱。

只公开姓名组。被试根据自身意愿对中国扶贫基金会的筑巢行动进行捐赠。实验员告知被试，还要在一张募捐登记卡上填写自己的姓名，募捐活动结束后，工作人员会将捐赠者的姓名公布在校内论坛的募捐宣传帖中。被试需要将自己的捐款现金放入到一个实验员准备好的信封内，并与填写好的登记卡分别投入募捐箱。

实名公开捐款数额组。被试根据自身意愿对中国扶贫基金会的筑巢行动进行捐赠。实验员告知被试，还要在一张募捐登记卡上填写自己的姓名，募捐活动结束后，工作人员会将所有捐赠者的姓名及其对应的捐款数额公布在校内论坛的募捐宣传帖中。被试需要将捐款现金和填写好的募捐登记卡共同放入到一个实验员准备好的信封内，封好投入募捐箱。

可选择是否实名公开捐款数额组。首先，被试根据自身意愿对中国扶贫基金会的筑巢行动进行捐赠，被试需要将自己的捐款现金放入到一个实验员准备好的信封内并投入募捐箱中。随后，实验员在被试即将离开时告知被试，还要在一张募捐登记卡上填写自己刚刚捐出的现金数额，以及个人姓名或在姓名填写处画圈（画圈代表匿名），募捐活动结束后，工作人员会按照募捐登记卡上的内容，将所有捐款者的捐赠信息公布在校内论坛的募捐宣传帖中，即被试可以选择公布自己的姓名和对应的捐款数额，也可以选择以匿名的方式公布捐款数额。募捐登记卡填写完毕后由被试自己投入募捐箱。

强制性实名公开捐款数额组。在被试于现金管理员处签名确认收取问卷报酬时，实验员在被试知晓的情况下将其姓名填写在登记卡上。随后，实验员将登记卡放入信封，被试根据自身意愿对中国扶贫基金会的筑巢行动进行捐赠，被试需要将自己的捐款现金放入到已装有登记卡的信封内。实验员告知被试，在募捐活动结束后，工作人员会按照募捐登记卡上的内容和信封里的捐款数额，将所有人的姓名和对应的捐赠数额公布在校内论坛的募捐宣传帖中。信封由被试自己封好投入募捐箱。

两次实验开展的基本情况与安排可见表 5.3。

表 5.3　实验开展的基本情况

	实验时间、实验地点	实验任务组	实验员
第一次实验	2013 年 11 月 28 日、浙江大学紫金港校区内丹青学生宿舍区	匿名公开组 公开姓名组 实名公开组 可选择是否实名公开组 强制性实名公开组	调查员 A（1 名） 调查员 B（1 名） 现金管理员（1 名） 募捐引导员（1 名）

续表

	实验时间、实验地点	实验任务组	实验员
第二次实验	2014 年 3 月 21—23 日、浙江大学紫金港校区内蓝田学生宿舍区	匿名公布组 公开姓名组 实名公开组 可选择是否实名公开组 强制性实名公开组	调查员 A（2 名） 调查员 B（2 名） 现金管理员（2 名） 募捐引导员（2 名）

5.5　捐赠实验结果

5.5.1　整体性描述

表 5.4 中给出了五个实验任务组的基本捐款数据。五个实验任务组分别招募了 43 名、49 名、49 名、78 名、43 名被试，分别募捐到 470 元、550 元、570 元、849 元、746 元慈善捐款，平均捐款数额分别为 10.93 元、11.22 元、11.63 元、10.88 元、17.35 元。在所招募的被试中，每个实验任务组参与捐款的被试人数分别为 36 名、34 名、32 名、66 名、40 名，即参与捐款的被试比例分别为 83.72%、69.39%、65.31%、84.62%、93.02%。参与捐款的被试平均捐款数额分别为 13.05 元、16.18 元、17.81 元、12.86 元、18.65 元。

表 5.4　各实验任务组的基本数据

	匿名公开捐款数额	只公开姓名	实名公开捐款数额	可选择是否实名公开捐款额	强制性实名公开捐款额
总被试数量	43	49	49	78	43
男性被试数量	24	27	25	36	23
总捐款数额	470 元	550 元	570 元	849 元	746 元
平均捐款数额	10.93 元 （9.59）	11.22 元 （11.62）	11.63 元 （11.83）	10.88 元 （10.20）	17.35 元 （9.91）
参与捐款的被试数量	36	34	32	66	40

续表

	匿名公开捐款数额	只公开姓名	实名公开捐款数额	可选择是否实名公开捐款额	强制性实名公开捐款额
参与捐款的被试比例（%）	83.72	69.39	65.31	84.62	93.02
参与捐款的被试平均捐款数额	13.05 元（9.05）	16.18 元（10.66）	17.81 元（10.16）	12.86 元（9.87）	18.65 元（8.99）
实名公开捐款数额的被试数量	—	34	32	12	41
捐款范围频数					
1—5 元	13	5	5	24	3
6—10 元	10	14	9	19	11
11—15 元	3	4	5	8	6
16—25 元	4	3	1	4	7
26—30 元	6	7	12	10	13
31—50 元	0	1	0	1	0

注：括号内为标准差

5.5.2 捐赠信息实名公开会使捐赠者产生负效用

首先，我们要考察不同捐赠信息公开条件对于被试参与捐赠的影响。从实验的一般性数据上来看，实名公开捐款数额组中，被试参与捐赠的比例最低（只有 65.31%）。我们可以粗略地推断捐赠信息的实名公开可能会使某些捐赠者产生心理上的负效用，从而通过不参与捐赠来避免捐赠信息的实名公开。为了检验这一推断，我们以可选择是否实名公开捐款数额组为基准组（该组中的被试在决定是否捐款前，没有接收任何有关捐赠信息公开的信息），以不同的捐赠信息公开条件（实验任务组）作为解释变量，并在控制实验场次[1]、实验时间[2]、被试个人特征变量（性别、家庭收入、个人花费、兄弟姐妹人数）的情况下，对被试是否参与捐款做了 probit 回归分析。

表 5.5　是否参与捐款作为被解释变量的 probit 回归

样本		全	
因变量均值		0.7901	
		（1）	
	边际效应	系数	标准差
实验任务组			
匿名公开捐款数额组	−0.0249	−0.0930	（0.2931）
只公开捐赠者姓名组	−0.1660	−0.6204**	（0.2847）
实名公开捐款数额组	−0.2150	−0.8039***	（0.2955）
强制性实名公开捐款数额组	0.1104	0.4125	（0.3327）
实验时间		×	
观察值	253		
伪 R^2	0.1186		
P 值	0.0027		
沃尔德 χ^2	33.19		

注：实验任务组的基准组为可选择是否实名公开捐款数额组。因为可选择是否实名公开捐款数额组的被试人数相对其他组较多，所以我们在回归中对样本数量做了加权处理。在控制了性别、年龄、家庭收入、个人消费、兄弟姐妹个数等个体社会特征变量后，结果依然显著。

* 表示在 10% 水平上的显著；** 表示在 5% 水平上的显著；*** 表示在 1% 水平上的显著。

---

[1] 我们将 2013 年 11 月 28 日，以及 2014 年 3 月 21—23 日两个场地开展的实验作为实验场次变量的三个值。

[2] 我们将 2013 年 11 月 28 日的上、下午，2014 年 3 月 21 日上、下午，2014 年 3 月 22 日上、下午，2014 年 3 月 23 日上、下午作为实验时间变量的八个值。

从表 5.5 的 probit 回归数据中可以看到，在控制其他可能相关因素的情况下，当被试可通过不参与捐赠来避免捐赠信息公开时，捐赠信息的实名公开（公开捐赠者姓名组和实名公开捐款数额组）会显著降低被试参与捐赠的可能性。而当捐赠信息是匿名公开时（匿名公开捐款数额组）或被试无法通过不参与捐赠来避免捐赠信息公开时，捐赠信息的实名公开（强制性实名公开捐款数额组）都不会显著影响被试参与捐赠的可能性。

也就是说，仅仅是公开捐款数额并不会影响被试的捐赠行为。只有在要求公开捐赠者姓名的情况下，被试才可能会为了避免个人姓名的公开而不参与捐赠。此外，只公开捐赠者姓名组中被试参与捐款的可能性与实名公开捐款数额组中被试参与捐款的可能性之间也并无显著差异（费希尔检验 =0.830）。因此，可说明捐赠者并不在意自己捐款数额的公开，而只是不愿意自己的姓名被公开。实名公开捐赠信息意味着公开接受表扬，这可能会给一部分捐赠者带来心理负担（如“愧不敢当”），从而产生负效用。

为了进一步说明捐赠信息的实名公开对被试的负面效用，我们还可以分析可选择是否实名公开捐款数额组中被试的捐赠决策。该组中的被试在完成捐款后，需要面对是实名公开捐款数额还是匿名公开捐款数额的选择。实验结果表明：在可选择是否实名公开捐款数额组中，参与了捐款的被试，有绝大多数人都选择了匿名公开自己的捐款数额（54/66=81.8%）[1]，只有小部分人选择了实名公开自己的捐款数额（12/66=18.2%）。可见，对于大部分被试来说，实名公

[1] 该实验任务组总共招募 78 名被试，其中有 8 名被试直接拒绝捐款并未配合填写募捐信息登记卡。余下的 70 名被试中，有 12 名被试完成捐款后，在募捐信息登记卡上填写了自己的姓名（表示愿意将自己的捐款数额实名公布在校内论坛上）。有 58 名被试完成捐款后，在募捐信息登记卡上画了圈（表示希望将自己的捐款数额匿名公布在校内论坛上）。需要说明的是，这里的“完成捐款”指的是被试在实验员走开后，被试将用来装捐款现金的信封投入到募捐箱中。但事后发现，有 4 名被试投入到募捐箱中的信封里并无现金。所以，我们统计的数据中，有 70 名被试完成了投递信封和填写登记卡的操作，但只有 66 名被试实际做出了捐款。

开自己的捐款数额是福利减少的（welfare-diminishing）。

5.5.3　捐款数额越低，被试越不愿意公开自己的姓名

以下，我们将深入探究为何对于某些被试来说，宁愿不参与捐赠，也不愿意实名公开自己的捐赠信息。我们的猜测是，中国人根深蒂固的“做好事不留名”的传统观念，使得捐款数额较低的被试认为在学校论坛上实名公开自己的捐赠信息并接受表扬会有所惭愧。

为了验证以上猜测，我们需要先检验不同捐赠信息公开条件下，被试平均捐款数额的大小差异。经威尔科克森秩和检验的结果，匿名公开捐款数额组中参与捐款被试（捐赠者）的平均捐款数额（13.05 元）并不比基准组中捐赠者的平均捐款数额（12.86 元）显著更高（p=0.7013）；而只公开捐赠者姓名组中捐赠者的平均捐款数额（16.18 元），以及实名公开捐款数额组中捐赠者的平均捐款数额（17.81 元），都要比基准组中捐赠者的平均捐款数额显著更高（p=0.0760；p=0.0075）。

此外，我们还可以观察匿名公开捐款数额组与实名公开捐款数额组相较于基准组来说，捐赠者捐款数额的分布情况有何不同。从图 5.2 可见：匿名公开捐款数额组中捐赠者捐款数额的分布情况非常类似于基准组中捐赠者捐款数额的分布，两个实验任务组捐赠者的捐款数额大多集中于 10 元以内，20 元以上的捐款非常少见。而实名公开捐款数额组中捐赠者捐款数额的分布情况却迥异于其他两组，该组捐赠者的捐款数额大部分为 30 元。平均捐款数额和捐款数额分布的差异，虽然可以说明实名公开捐款数额组中捐赠者的捐款数额确实要普遍高于基准组和匿名公开捐款数额组，但由于捐赠信息的实名公开本身可能就会使得捐赠者为了提高个人声誉而增加自己原本意愿的捐款数额。所以，以上数据分析仍无法完全证明在实名公开捐赠信息的要求下，捐款数额较低的被试会因为不愿意实名公

开捐赠信息而退出捐赠，从而导致该组捐赠者的捐款数额普遍较高。

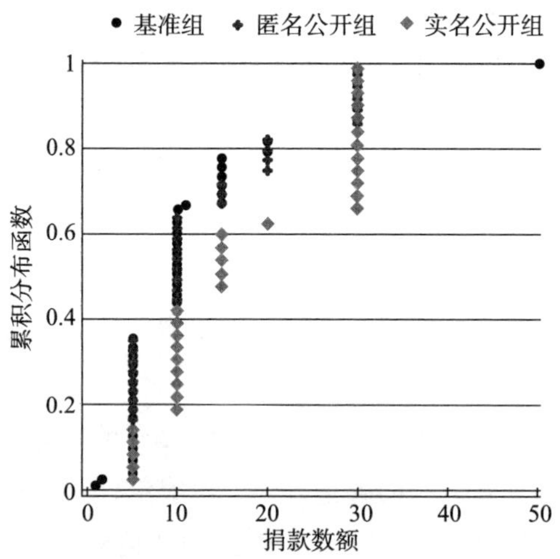

图 5.2 不同实验组（基准组、匿名公开组、实名公开组）的捐赠者捐款数额的累积分布函数

为此，我们再对可选择是否实名公开捐款数额组中，有着不同捐赠决策的被试捐款情况进行考察。如果捐款数额较低的被试，对于实名公开捐赠信息（接受公开表扬）确实会感到惭愧的话，那么在可选择是否实名公开捐款数额组中，捐款数额较高的捐赠者就会更多地选择实名公开自己捐款数额，而捐款数额较低的捐赠者会更多地选择匿名公开自己捐款数额。实验结果也证实了这一判断，选择实名公开捐款数额的被试平均捐款额（15.92 元）要比选择匿名公开捐款数额的被试平均捐款额（12.18 元）显著更高（t=3.5864，p=0.0043）。

综合以上两大部分的论证内容和结果，可以得到的完整逻辑便是：捐赠信息的实名公开，会使得捐款数额较低的被试感到惭愧，产生心理上的负效用，从而宁愿通过退出捐赠来避免捐赠信息的公开。我们把这一逻辑过程称为捐赠信息的实名公开对捐赠行为的"筛选"效应。而实际上除了"筛选"效应以外，我们还发现了捐赠信息的实名公开对捐赠行为的另一重要效应。

5.5.4　捐赠信息的实名公开对捐赠行为的“提拔”效应

在我们所设计的强制性实名公开捐款数额组中，所有被试都无法通过退出捐赠来避免捐赠信息的实名公开，这一设计与以往有关捐赠信息公开下的实验室实验（Andreoni and Petrie，2004；Karlan and McConnell，2014；Reinstein and Riener，2012）以及在他人观察下的捐赠田野实验（Soetevent，2005；Linardi and McConnell，2011）所达到的实验效果是相同的。即不论被试是否愿意，他们的捐赠信息（个人身份和捐款数额）都会被公开或被其他人观察到。而在这一实验条件下，我们的实验结果也得到了与以往的实验研究相一致的结论：捐赠信息的实名公开所引致的声誉动机，会促进个人的捐赠行为，提高平均捐款数额。我们把这一机理称为捐赠信息的实名公开对捐赠行为的“提拔”效应[1]。

如图 5.3 所示，在所有实验任务组中，强制性实名公开捐款数额组的平均捐款数额和参与捐款的被试比例都明显比其他实验任务组更多。我们对实验数据的具体检验结果如下：强制性实名公开捐款数额组的平均捐款数额（17.35 元）要比基准组（即可选择是否实名公开捐款数额组[2]）的平均捐款数额（10.88 元）显著更高（p=0.0001）。而其他实验设计都无法显著提高被试的平均捐款数额：匿名公开捐款数额组的平均捐款数额（10.93 元）并不比基准组的平均捐款数额显著更高（p=0.9849）；只公开捐赠者姓名组的平均捐款数额（11.22 元）并不比基准组的平均捐款数额显著更高（p=0.8299）；实名公开捐款数额组的平均捐款数额（11.63 元）也并

[1] 由于强制性实名公开捐款数额这一设计，是通过刻意使得被试无法避免捐赠信息公开来达到促进捐赠行为的作用，因此我们认为这一作用有拔高、提升之意。

[2] 因为在这一组中被试捐款时没有接收到任何信息，是完全出于内在意愿所做的捐款。他们只是在完成捐款后才被告知需要选择是否实名公布捐款数额的事宜，所以我们把该组的捐款数据视为基准组数据。

不比基准组的平均捐款数额显著更高（p=0.8085）。

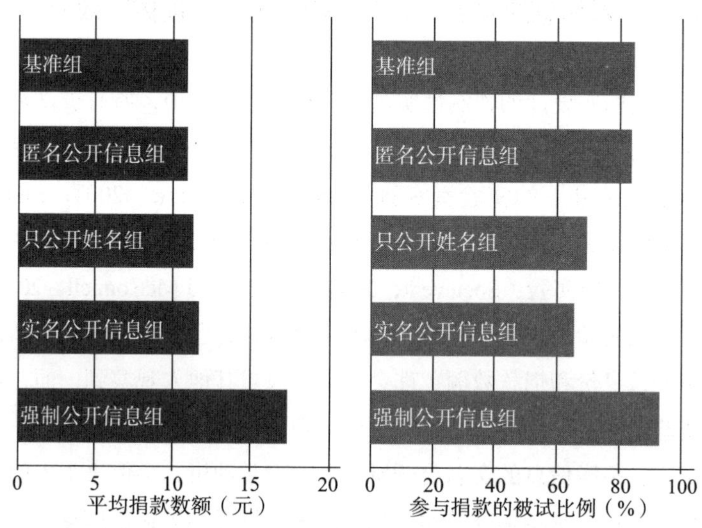

图 5.3　各实验任务组的平均捐款数额和被试参与捐款的比例

因此，在实名公开捐赠信息下，捐赠者的平均捐款数额要显著高于基准组是来源于两种效应的共同作用。一种是“筛选”效应，捐款数额较低的被试会因为不愿意实名公开捐赠信息，而通过不参与捐款来避免捐赠信息的公开，从而提高了参与捐款被试（捐赠者）的平均捐款数额。另一种是“提拔”效应，即决定参与捐赠的被试会因为捐赠信息的实名公开这一安排本身而引致声誉动机，从而提升被试原本意愿做出的捐款数额。

5.5.5　倾向值匹配分析

为了排除可能的选择性偏误（selection bias）对实验结果的影响，我们利用倾向值匹配法（propensity score matching，PSM）以进一步验证实名公开捐赠信息所产生的“筛选”效应和“提拔”效应，共同对个体捐赠行为产生的因果作用是外生于个体社会特征因素的。首先，以可选择是否实名公开捐款数额组（基准组）中的被试作为样本，使用 probit 模型结合可能与捐赠行为相关的个体社会特征因素[1]，来预测被试参与捐赠的概率（回归结果见表 5.6）。

表 5.6　预测倾向值的 probit 回归结果

	回归系数	标准误	Z 值
性别	−0.03000	0.08734	−0.35
年龄	0.003184	0.02192	0.15
家庭收入	0.001173	0.06094	0.02
个人消费水平	−0.02262	0.08401	−0.27
城市户口	0.07107	0.9747	0.75
兄弟姐妹个数	0.1278	0.09747	1.70*
观察值 =76			
伪 R^2=0.0698			
对数似然值 =−30.8337			

注：以上报告的回归结果是边际效应。
* 表示在 10% 水平上的显著。

根据以上回归结果的系数，我们就可以计算出匿名公开捐款数额组和实名公开捐款数额组中每名被试的倾向值得分，即给定每名被试的个人社会特征，从而预测他们可能参与捐款的概率。在个人内在捐赠意愿与他们的个人社会特征相关的前提条件下，这里的倾向值得分可以理解为个人捐赠意愿的代理变量。

图 5.4 显示了匿名公开捐款数额组和实名公开捐款数额组中，捐赠者的捐款数额与倾向值得分之间的关系，一致于实名公开捐赠信息会带来“筛选”效应与“提拔”效应的假设。在实名公开捐款数额组中，确实只有很少的低倾向值得分（<0.75）的捐赠者参与了

[1] 已有的实证研究表明，性别、年龄、家庭收入、个人消费水平等因素确实会在一定程度上决定个人的捐赠决策和水平（Schlegelmilch 等，1997；Rooney 等，2005；Bekkers and Wiepking，2011）。

捐款，且高倾向值得分（≥0.75）的捐赠者的捐款数额普遍较高。

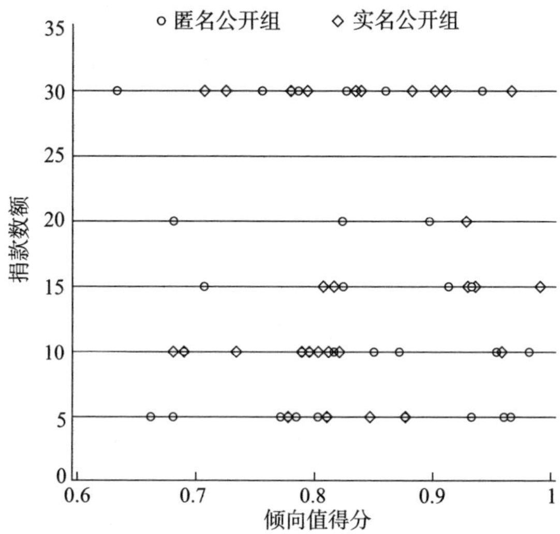

图 5.4　匿名公开捐款数额组和实名公开捐款数额组中捐赠者捐款数额与倾向值得分的关系

注：图中被试均为参与了捐款的捐赠者。

为更准确地论证结果，我们基于被试的倾向值得分进行了匹配，即选取匿名公开捐款数额组和实名公开捐款数额组中个体社会特征相似（倾向值得分相近）的被试，对他们的捐赠行为进行比较[1]。每1名匿名公开捐款数额组中的被试，匹配4名实名公开捐款数额组中个体社会特征最相似的被试，反之亦然。这里的相似性程度就是由模型所估计的倾向值得分之间的差距来衡量的。那么，关于实名公开对每位被试的捐赠行为产生的平均作用，就可以通过比较每一名被试的平均捐款数额与所匹配的被试的平均捐款数额来计算：

$$\hat{\theta}_a = \frac{1}{N}\left[\sum_{i \in Public}(a_i - \hat{a}_i) + \sum_{i \in Anon}(\hat{a}_i - a_i)\right]$$

这里的 N 指的是实名公开捐款数额组和匿名公开捐款数额组

[1] 这一方法最早来自 Rosenbaum 和 Rubin（1983）的探索。

中参与捐款的被试总人数。a 表示捐款数额通过计算得到实名公开对个体捐赠行为的平均处理效果的估计值为 5.375 元（$p<0.05$）。这意味着，实名公开捐款数额组中的被试相对于匿名公开捐款数额组中具有相似个体社会特征的被试，平均捐款数额更大。这当然也包括了实名公开捐款数额组中具有低捐赠意愿的被试更多地退出捐款所带来的效应（即“筛选”效应）。而对于高倾向值得分（≥0.75）的捐赠者（子样本）来说，实名公开对个体捐赠行为作用的估计值为 5.048 元（$p<0.05$）。这表明，实名公开捐款数额会使得具有高捐赠意愿的捐赠者增加自己的捐款数额（即“提拔”效应）。

5.6　捐赠信息公开影响利他捐赠行为

通过 Matlab 数值模拟、自然田野实验、倾向值匹配等方法，我们一一分析并验证了文中所构建的有关捐赠信息公开下捐赠行为模型的理论预测及其稳健性。我们发现，捐赠信息的实名公开会对捐赠行为产生两种作用：第一种作用是“筛选”效应，意愿捐款数额较低的人，会因为要实名公开捐赠信息、接受公开表扬而感到惭愧。他们因此会通过不参与捐赠来避免捐赠信息的实名公开。第二种作用是“提拔”效应，意愿捐款数额较高、决定参与捐赠的人，会因为要实名公开捐赠信息，引致声誉动机，从而提高自己原本意愿的捐款数额。

颇具有现实意义的是，我们还找到了与研究结论相一致的经验证据。“扬帆计划”是由中华思源工程扶贫基金会联合新浪网发起的，国内首个通过互联网实现自助式捐赠的贫困助学公益项目。从 2008 年 1 月 31 日起至 2015 年 1 月 31 日，该项目已收到 35000 余次爱心人士的慈善捐款。每一次捐款成功后，捐赠者都需要选择是否将捐赠信息（此次捐款数额和项目内容等）分享在自己的微博页面上。一旦捐赠者选择分享，那么捐赠者微博上的“粉丝”（多为相识的亲朋好友）就能阅览到这次的捐赠信息。可以显见，这里的捐赠安排与我们所设计的可选择是否实名公开捐款数额实验组任务非常相似。为了验证实验结论的外部有效性，我们追踪统计了 2014 年 1 月 31 日至 2015 年 1 月 31 日期间 4218 例“扬帆计划”的慈善捐赠[1]活动。其中有 3543 例（84%）捐赠都没有选择分享自己的捐赠信息（实名公开捐赠信息），只有 675 例（16%）捐赠选择分享自己的捐赠信息。此外，选择分享捐赠信息的平均捐款额为 182 元，其中有 63 例（9.33%）捐赠在 10 元或 10 元以下；而选择不分享捐赠信息的平均捐款额为 79 元，其中有 725 例（20.46%）捐赠在 10 元或 10 元以下。也就是说，在现实生活中人们确实不太愿意实名公开自己的捐赠信息，尤其对于捐款数额较低的人来说。

2013 年公益慈善政策改革在扶持民间公益组织方面有了重大突破，国家发展与改革委员会推出了允许公益慈善组织直接登记注册的改革政策。可以预见的是，放松对民间慈善组织的行政管制将很快带动慈善组织的蓬勃发展和慈善募捐活动的日益市场化。官方动员式的慈善募捐方式会逐渐被各种慈善捐赠激励机制取代，个人小额日常捐赠将成为捐赠市场的主要来源。因此，如何根据不同类型捐赠者的动机偏好，在各种条件环境下，设计合理、有效的慈善募捐方式和激励机制，就成为今后我国慈善捐赠事业参与者和研究者需要面对的重要课题。而本章有关各种捐赠信息公开条件对于不同捐赠意愿的捐赠者的影响和作用研究，则正是在这个主题方向上的尝试。

我们的研究结论对现实慈善捐赠实践的启示至少在于：街头募捐活动或公共场所设置的募捐箱，无形中所引致的捐赠信息实名公开，可能会使得一部分原本打算捐款的民众放弃捐赠，从而导致捐赠的参与程度不高。而如果能设法使民众对于实名公开捐赠信息不

[1] 实际上，对“扬帆计划”的捐赠总共有 4723 例，但其中有 505 例捐赠出于各种原因无法追踪到捐赠者本人的微博。

再产生羞愧感，或使得民众无法通过退出捐赠来避免捐赠信息公开，那么捐赠信息的实名公开就能在一定程度上促进捐赠行为，提高民众的平均捐款数额。

当然，本章还是有不足之处和未来改进的研究空间，如我们没有对捐款数额较低的被试在捐赠信息实名公开下产生的羞愧感给出科学的解释和相关的心理机制。我们也还未细分不同偏好动机的捐赠者，并给出更为具体的募捐激励机制。而针对中国人传统的“做好事不留名”的文化特征，我们今后还可以在本章研究基础上进行东西方跨文化的比较研究，从而得到更为稳健或更具有现实指导意义的结论。

第 6 章　社会情境与公平分配：来自神经刺激实验的证据

6.1　社会阶层与公平正义

公平（fairness）和正义（justice）自古以来就是人类社会的核心价值。公平正义不仅是人与人在相互交往过程中最为看重的道德品质或德行之一，还是社会政治制度和法律约束的伦理基础，是整个社会赖以维系秩序，保持和谐稳定的根本道德规范。

古希腊先贤对于公平正义问题早已有所阐述。柏拉图和亚里士多德围绕着人应当怎样生活而展开有关公平正义的探讨（柏拉图，1986；亚里士多德，1981），到 18 世纪，苏格兰启蒙运动的核心人物大卫·休谟开始对公平正义的内容、目的、原则及相关的情感和实践方式都做了细致的界定和区分。作为同时代另一位重要的哲学家和经济学家，亚当·斯密也在《道德情操论》中将公平正义视作人类社会稳定和市场经济自发运转的道德基础，“正义犹如支撑整个大厦的支柱，如果这根柱子松动的话，那么人类社会这个雄伟而巨大的建筑必然会在顷刻之间土崩瓦解”（亚当·斯密，1997）。功利主义的代表人物约翰·穆勒则对公平正义做了功利主义的解释和说明，他认为公平正义要满足“社会利益最大化”或“最大多数人的最大幸福”原则（穆勒，2008）。

直到现代，哲学家、政治学家、经济学家们仍然关注着“公平正义”这一社会永恒的问题，并对此有着诸多的讨论。最具有代表性的是《正义论》（*A Theory of Justice*）的作者罗尔斯（John Bordley Rawls），他通过引入“无知之幕”（veil of ignorance）这一社会情境构造了一个原初状态，从而以“最大化最小值原则”（Maximin）作为公平正义的社会契约原则（罗尔斯，2001）。此外，阿玛蒂亚·森作为一名经济学家，对于社会公平正义等道德、伦理问题的关怀也贯穿于他的学术生涯，他认为，经济学家在进行经济学理论分析时也应当关注正义和公平等社会价值观问题（阿玛蒂亚·森，2006）。

总而言之，不论是哲学家、伦理学家，还是政治学家、经济学家，他们虽然在对于公平正义的具体内容和所遵循的原则上有着不同的看法，但他们都将公平正义视作重要的社会问题和理论问题，并普遍认为公平正义是人类固有的道德情感和伦理观念。

而对于公平正义是人类固有的道德情感和伦理观念这一理论判断，实验经济学家与神经科学家也从实证角度给出了证据，他们在实验中发现并证实了有关公平正义的亲社会行为的普遍存在，以及这种行为的神经基础。例如，实验经济学家观察到在行为博弈论实验中，人们的行为决策实际上会偏离基于“理性自利人”假设的纳什均衡点（Güth 等，1982；Roth 等，1991；Blount 等，1995；Henrich 等，2001；Charness and Rabin，2002）；人们在产品市场和劳动力市场上普遍会表现出对于公平价格，而不是理论上的市场价格的诉求（Kahneman 等，1986；Akerlof and Yellen，1990；Fehr 等，1993）。而在神经科学方面，大量研究通过神经成像技术发现了有关公平正义的亲社会行为是由我们内在固有的社会偏好所决定的，而这些固有的社会偏好又是内化在我们大脑的功能结构中的。因此，大脑的神经活动与我们所表现出来的有关公平正义的亲社会行为有着密切的相关关系（De Quervain 等，2004；Knoch 等，2006；Tricomi 等，2010）。

然而，我们所指出的亲社会行为的情境依赖性也在有关公平正义的社会偏好上有所表现。虽然公平正义是人类固有的情感意识和道德观念，但这一观念所表征的亲社会行为却仍然会受到各类情境性因素的影响。实验经济学家们通过设计相关实验，发现人们的公平感和正义观确实会受到自己的社会身份、外部的社会规范、接受的社会信息、强制的社会制度等情境性因素的影响（Giovanna 等，2011；Falk and Zehnder，2013；DellaVigna 等，2012；Croson and Shang，2013；Duffy and Kornienko，2010；List and Lucking-Reiley，2002）。

以上实验研究通常通过行为博弈（如最后通牒博弈和独裁者博弈）的设计来间接呈现被试的公平感或正义观。如此设计安排，虽然可以巧妙地刻画人们的社会偏好，但得到的实验结果却常常不能准确衡量和分离公平感或正义观在被试所表现的亲社会行为中所起的作用。比如，在最后通牒博弈实验中，提议者给出较为公平的分配方案，既可能是出于个人内在公平感的考虑，也有可能是担心对方拒绝自己所提出的并不公平的分配方案；而响应者拒绝给自己较低的分配方案，既可能是出于惩罚提议者不公平分配（正义感）的考虑，也可能是出于嫉妒对方更高收益的自私考虑。除了在准确分离社会偏好方面存在困难以外，以往有关公平正义的理论和实证研究都未能得到有关公平正义的亲社会行为与相应偏好之间的因果关系，即只能说明或验证可能引致公平正义行为的相关偏好，但无法证明是哪些社会偏好直接导致人们做出有关公平正义的亲社会行为。

为此，我们试图通过设计相关的行为实验和神经实验，一方面直接呈现被试纯粹的有关公平正义的亲社会行为，一方面给出有关公平正义的亲社会行为情境依赖性的神经基础，验证特定脑区活动及相关的偏好对于行为结果的因果作用。在我们所设计的实验中，被试需要在三种不同的社会情境下（无知之幕情境、知晓自己所在阶层情境、社会计划者情境）根据自己的意愿给高、中、低三个社会阶层的收入进行分配。其中，在社会计划者情境下，被试为高、中、低三个阶层所设计的分配方案并不会影响到自己的收益。因此，该情境中被试所做出的分配决策就纯粹反映的是他（她）个人有关公平正义的亲社会行为（社会偏好）。而在无知之幕和知晓自己所处阶层的情境中，分配方案有被试个人的收益，以及被试对于自己所处阶层的判断（或预估）牵涉其中。在这两种情境中，被试所做出的分配决策不仅反映了有关公平正义的亲社会行为，还可能受到风险偏好和自利偏好的作用。所以，我们只要直接比较被试在这三种情境下的分配方案，就能检验有关公平正义的亲社会行为是否存在情境依赖性。

另外，我们会对不同实验组的被试在做分配决策前和决策时进行不同的神经刺激，这些类别的刺激涉及了与被试在三种社会情境下做分配决策时，可能引致的偏好有所关联的脑区。通过改变这些脑区的神经活动，以此来检验受到不同刺激后被试在三种社会情境下的分配决策是否会有差异，从而就能为有关公平正义的亲社会行为情境依赖性提供神经基础，并反证特定脑区活动及相关的偏好与行为结果之间的因果关系。

最后，我们得到以下几个重要的实验结果：被试对三个阶层的分配决策都会因为社会情境的改变而有所变化。在被试知晓自己所处阶层（高等阶层）的情境下，分配方案中高等阶层的收入比无知之幕情境下和社会计划者情境下高等阶层的收入显著更高；分配方案中中等阶层与低等阶层的收入都要比无知之幕情境下和社会计划者情境下中等阶层和低等阶层的收入显著更低。这一实验结果说明人们对于社会各阶层收入分配的公平正义观念和态度，实际上取决于个人是否处于这一社会之中，以及自己在这一社会中所处的阶层。

与自利偏好（理性计算）有关的脑区受到刺激后，会直接影响到被试在知晓所处阶层情境下的分配决策。与风险偏好有关的脑区受到刺激后，会直接影响到被试在无知之幕情境下的分配决策。当对右背外侧前额叶皮层区域进行刺激（正负刺激）时，被试在知晓所在阶层情境下给予中等阶层和给予低等阶层的收入分配，会比伪刺激组中被试在知晓所在阶层情境下给予中等阶层和给予低等阶层的收入分配有显著减少。而当对左背外侧前额叶皮层区域进行刺激（正负刺激）时，被试在无知之幕情境下给予高等阶层的收入分配，比伪刺激组中被试在无知之幕情境下给予高等阶层的收入分配有显著减少。被试在无知之幕情境下给予低等阶层的收入分配，比伪刺激组中被试在无知之幕情境下给予低等阶层的收入分配有显著提高。这一结果表现出了明显的风险规避倾向，即与风险偏好相关的左背外侧前额叶皮层脑区受到刺激后，在无知之幕情境下，被试给予高等阶层的分配显著变得更少，给予低等阶层的分配显著变得更高，三个阶层的收入分配趋于平均。如此可以证实，无知之幕情境下所引致的风险偏好也直接影响了人们有关公平正义的亲社会行为。

不同社会情境下所引致的不同偏好，会直接影响到被试的分配决策时间。社会情境引致的偏好越复杂，人们的决策时间越长；社会情境引致的偏好越简单，人们的决策时间越短。实验数据显示，被试在无知之幕情境中所花费的时间最长，在知晓自己所处阶层的情境与在社会计划者情境中被试的决策时间都较短。

本章的逻辑结构安排如下：第一部分为引言，简单介绍了有关公平正义的亲社会行为研究现状，从而引出本研究的目的、方式与结论；第二部分为相关文献综述，对公平正义理论、行为实验研究、神经实验研究及与公平正义决策相关的风险偏好的神经研究做了介绍。第三部分为实验设计，对实验技术、被试设计、实验任务、实验流程等相关实验细节都做了说明和阐述。第四部分为实验结果分析，对实验所得到的结果进行了统计与检验分析，并做了相应的推断。第五部分为总结与讨论，对研究的主体内容和实验结论做了概括介绍，对本研究的不足及未来的研究空间和方向做了讨论。

6.2　收入分配与公平研究的文献回顾

6.2.1　与收入分配相关的公平正义理论

与社会公平正义有关的内容所涉繁多，不仅有包括程序公平还是结果公平等实现路径上的讨论，还有关于公平正义的内涵、形式、实践方式等方面的各种表达。而本章所研究的公平正义观则集中体现在有关社会收入分配的决策上。有关社会收入分配的公平正义主要以两种理论和原则为代表：功利主义（utilitarianism）和平等主义（egalitarianism）。平等主义的代表人物罗尔斯认为，公平的分配原则是有利于社会所有成员的，特别是要有利于整个社会中处境最差的成员（Rawls，1993）；而功利主义的代表，海萨尼（Harsanyi，1953，1977）则认为公平正义的分配原则是要最优化整个社会所有成员的平均效用。

研究分配的公平正义问题时，有关"无知之幕"的假设已成为一个标准设置，罗尔斯和海萨尼均引入了"无知之幕"的假设来引致出人们的公平分配观念。所谓"无知之幕"，指的是当决策者在各种不同的分配方案之间做出选择的时候，并不会知道自己所处的社会阶层，也不知道自己落入某个社会阶层的概率如何。这样，就能将决策者置于一个相对"中立"的位置上来考虑收入分配问题。米尔顿・弗里德曼在 20 世纪 50 年代初把这一思想形式化地表述了出来（Friedman，1953），他认为要研究人们对于分配的偏好，首先需要把决策者从他的特殊地位上剥离开来，去掉他们在现有分配格局中的既得利益，让决策者不知道自己在未来收入分配中的具体位置，在这种情形之下的决策者的分配方案才能最大限度地避免个人的自利偏好。

然而，同样是无知之幕的设置，罗尔斯与海萨尼却演绎出了完全不同的有关社会各阶层之间在收入分配上的公平正义理论。罗尔斯认为，面临无知之幕情境下的个体，会因为担心自己有可能落入最低收入的社会阶层，而更加关注那些处在最低收入的社会阶层，也就是“要按选择对象可能产生的最坏结果来排列选择对象的次序，然后我们将采用这样一个选择对象，它的最坏结果优于其他对象的最坏结果”（罗尔斯，2001）。而海萨尼（Harsanyi，1953）在推导这一设置下的分配理论时的观点则刚好相反，他认为当人们处于无知之幕这种不确定的情境下时，对社会收入分配状况所做的决策，就如选择有风险的彩票一样。如果他们不知道每个事件发生的确定概率，那么根据拉普拉斯法则（Laplace rule）[1]：应当假设他们面临的是等概率的彩票事件。那么，在这个前提下应用期望效用理论就可以得出“关于收入分配的社会伦理判断表现为所有人效用的算术平均值”这样的结论。

6.2.2 有关收入分配的实验研究

以上不论是功利主义还是平等主义有关收入分配的公平正义的原则及理论在逻辑上都是自洽的。要在他们各执一词的理论阐述中，判别哪一种收入分配原则更为公平正义，哪一种收入分配原则是人们普遍遵循和表现的，则还需要通过经验实证研究来检验。

有关收入分配公平正义的实证检验，早期较为系统的研究来自于政治经济学家 Frohlich 和 Oppenheimer（1992，1994）的探索，他们在实验室中模拟了“无知之幕”情境，在这一情境中，被试完全不知道他们在实验后可以得到多少收益，也不知道自己的收益会按照何种标准进行分配。他们需要在四种不同的分配原

---

[1] 法国数学家拉普拉斯（Laplace，1814）提出，对于所有可能性事件，如果我们无法找到对它的发生有利或不利的证据，那么就应当假定它们发生的概率相等。这被称为拉普拉斯法则。

则之间选择一种，并通过讨论协商达成一致意见。如果无法达成一致意见，就需要通过投票来选出决定他们收益的分配原则。实验结果显示：在接近 30 个小组中，没有一组人同意“最大化最小值原则”，大部分小组选择了折中于平等主义与功利主义的“底线优先主义”（floor constraint priority）[1] 的分配原则。Traub 等（2005，2009）在以上的实验基础上做了进一步的改进，他们克服了明显的框架效应和多次决策带来的可能影响，并同时考虑了被试的风险规避偏好。他们的实验结论表明：功利主义和底线优先主义优于平等主义原则，但功利主义和底线优先主义两者之间并没有显著差异。

除此以外，Scott 等（2001）、Michelbach 等（2003）也都利用类似的实验方法得到了相近的实验结论。这类实验的任务通常都是让实验被试作为一个社会计划者从几种收入分配方案中选择一种被试认为最为公平合理的，或者将这几种收入分配方案按照个人偏好进行排序。因此，这类实验设计必然要基于两个前提假设：一是，社会福利函数存在；二是，风险偏好或公平偏好可以由福利函数推导得出。然而，这些假设条件过于严苛，在大多数实际情况下都难以满足。此外，这类实验中被试的收益实际上并不取决于他们所选择的社会收入分配方案，这很有可能使得单一考察该种情况下的分配决策的研究缺乏有效性。

在另一类有关收入分配方案选择的实验文献中（Johannesson and Gerdtham，1995；Beckman 等，2002；Johansson-Stenman 等，2002），被试不再是社会计划者，而是成了社会中的一员，他们同样需要选择自己偏好的社会收入分配方案。此外，被试面对的是一个“无知之幕”情境，他们不知道各阶层的分布情况，以及他们自己属于哪一个社会阶层。这意味着，被试在此情境所做出的收入分配决

---

[1] Boulding（1962）在功利主义与平等主义的基础上提出了“底线优先主义”原则，指的是“在确保底线收入的前提下最大化社会平均效用”的分配原则。

策既可能反映了他们的风险偏好情况，也可能表现了他们有关收入分配决策中公平正义的社会偏好。

另外，随着实验经济学在国内的迅速发展，我国学者对于收入分配公平正义的实验研究也开始有所贡献。丁建锋（2010）采用实验经济学方法，让被试在模拟的“无知之幕”环境下对多种分配方案进行选择。结果发现，在控制被试风险偏好的条件下，不论是社会计划者还是社会成员都更多地选择了“底线优先主义”原则，而不是平等主义或功利主义原则。徐燕（2014）让被试通过图表分别在“纯风险”和“无知之幕”两种情境下对彩票和收入分配方案进行选择决策，从而分离了风险偏好与社会偏好两种偏好下的决策行为。

6.2.3 与公平正义相关偏好的神经实验研究

有关收入分配决策中公平正义的实验研究，虽然通过实证方法，检验了不同分配原则的公平性如何，以及人们普遍能够接受并认同的收入分配方案，但仍然较难分离不同偏好（风险偏好和公平正义的社会偏好等）对被试分配决策的实际影响，无法说明人们究竟是出于什么样的考虑来做出相应的收入分配决策。而要系统完整地解决以上疑问，只有利用神经科学的研究技术，探寻人们在做出有关公平正义的亲社会行为时的大脑活动，才能解析各种分配决策行为背后内在的偏好动机。

神经科学家们对于人类固有的公平正义偏好之所以存在，以及相应亲社会行为的神经基础已有相关探索。与公平正义有关的偏好，最明显的表现之一就是当人们受到不公平对待时，会表现出不满和怨恨。Sanfey 等（2003）在最后通牒博弈实验中对被试面对不公平分配方案和公平分配方案时的脑成像进行了比较，结果发现，不公平的方案不同程度地激活了三个脑区：背外侧前额叶皮质（dorsal lateral prefrontal cortex，DLPFC）、前扣带回（anterior cingulate）以及脑岛皮质（insular cortex）。这意味着这三个大脑区域会是有关公平正义偏好产生的关键脑区。Knoch 等（2006）利用经颅磁刺激（Transcranial Magnetic Stimulation，TMS）技术进一步验证了背外侧前额叶皮质区域与公平正义偏好的关联。他们在实验中暂时抑制了被试背外侧前额叶皮质区域的活动，结果发现：当被试的背外侧前额叶皮质区域活动减弱时，被试更愿意接受不公平的分配方案，更难抑制经济利益对自己的诱惑。

当然，也有其他神经科学研究发现了除背外侧前额叶皮质区域以外的其他脑区活动也可能影响有关公平正义的亲社会行为。如 Hsu 等（2008）利用核磁共振成像技术对人们在分配决策时有关公平和效率的神经基础做了呈现。研究者发现，纹状体的壳核（putamen）区域与有关效率的分配决策相关联；脑岛（insula）则编码了分配决策中的公平性；而纹状体的尾核（caudate）区域则编码了有关公平与效率之间的统一衡量。Tricomi 等（2010）通过神经成像发现，当被试看到不公平分配现象时，大脑腹侧纹状体（ventral striatum）和腹内侧前额叶皮质（ventromedial prefrontal cortex）被激活了。Luo 等（2017a，2017b）利用神经刺激技术，揭示了社会情境下的公平分配动机与背外侧前额叶皮质区域之间的因果关联。

6.2.4　有关风险偏好的神经实验研究

在前述关于社会收入分配决策的实验经济学研究综述中，提及过有研究表明人们在“无知之幕”情境下的分配决策既可能来自于公平正义的固有社会偏好，也可能有受到个人风险偏好态度的影响。因此，要解析人们在各种情境下的分配决策所对应的偏好就必不可少地要研究有关风险偏好的神经机制。

纹状体（striatum）被认为是影响风险决策的重要脑区。Knutson 等（2001）通过功能性磁共振成像技术考察了人们做风险决策时纹状体的激活状态。研究者发现，预期收益的增加可引致伏隔核的激活，但预期损失的增加则不会。Kuhnen 和 Knutson（2005）通过功能性磁共振成像技术观察了被试决策过程中伏隔核和前丘脑（thalamus）的激活状态，结果发现：当被试做出冒险选择时，伏隔核会被显著激活；当被试做出保守选择时，下丘脑更为活跃。为以上结论提供支持的还有 Krawczyk 和 D'Esposito（2013）的研究，他们发现，相对于无激励的情况（控制组），当被试面对风险决策中的潜在损失时，纹状体区域有显著激活。

除了纹状体等深层脑区的活动可能影响人们的风险决策和偏好以外，背外侧前额叶皮层区域也在很多神经科学研究中被发现与风险偏好密切相关。Bembich 等（2014）通过功能性近红外成像技术检测含氧血红蛋白（oxy-hemoglobin）和脱氧血红蛋白（deoxy-hemoglobin）浓度的变化发现，被试做出低风险选择或高风险选择时，背外侧前额叶皮质被激活的程度有显著差别。Holper 等（2014）在细分不同风险偏好人群的基础上，利用功能性近红外脑成像对上述结果进行了检验。发现风险追逐的被试在面对高风险决策时，背外侧前额叶皮质的反应会增强；但风险规避的被试在面对高风险决策时，这一区域的反应则会减弱。Lin 等（2014）同样利用功能性近红外脑成像技术对被试在完成经典的风险决策任务时的脑区活动进行了观察，从而发现被试在积极的风险选择时，背外侧前额叶皮质区域被显著激活。

上述脑成像研究虽然为我们提供了有关风险偏好神经机制的丰富信息，但由于大脑各部位之间存在着高度的相互作用，因而很难从某个神经活动中分离出行为偏好的真正成因；换言之，一个行为伴随着大脑某个区域的激活，并不能说明这一行为就是由该脑区决定的，因为相互关联并不代表它们之间存在着必然的因果关系。而随着脑科学研究技术的日趋成熟，脑刺激技术的发展使得这一局面正在得到有效的改善。Knoch 等（2006）首次用经颅磁刺激技术研究了风险决策的神经机制。实验结果发现，接受右背外侧前额叶皮层刺激的被试更可能做出高风险的选择。据此，研究者推测该脑区皮层对人们的冲动性选择起重要作用。之后，Fecteau 等（2007a；2007b）与 Boggio 等（2010）又通过经颅直流电刺激技术直接检验了右背外侧前额叶皮层（rDLPFC）与左背外侧前额叶皮层（lDLPFC）对于涉及风险偏好的行为决策的作用。

6.3　神经实验技术与设计

6.3.1　经颅直流电刺激实验技术

经颅直流电刺激是一种非侵入性的、以微弱电流（≤2 mA）作用于大脑皮层神经细胞放电活性的脑科学研究技术。与其他脑刺激技术如经颅磁刺激（TMS）不同，经颅直流电刺激不是通过阈上刺激引起神经元放电，而是通过调节神经网络的活性发挥作用。经颅直流电刺激对皮质兴奋性的调节是通过刺激极性的不同，进而引起神经元水平上静息膜电位超极化或去极化的形式实现的。经颅直流电刺激可以提供三种基本的刺激模式：阳刺激会激活被试大脑皮层的兴奋性（超极化）；阴刺激会抑制被试大脑皮层的兴奋性（去极化）；伪刺激作为一种对照基准，给被试提供某种虚拟的刺激感受，但并不改变被试大脑皮层的兴奋性。研究者通过观察经颅直流电刺激对被试大脑皮层某一功能区刺激后所引起的行为变化，就能在该脑区与人们的行为偏好之间建立起可控制、可重复、可验证的因果联系。

经颅直流电刺激对大脑皮层神经细胞放电活性的影响，取决于刺激电流的强度和持续时间两个因素。出于安全性考虑，电流强度通常被限制在 2 毫安以内。如果持续时间足够长，刺激后大脑皮层兴奋性的改变可达 1 小时以上（Jacobson 等，2012）。已有的经颅直流电刺激研究通常刺激 10—20 分钟，就可以观察到被试心理与行为的显著改变。有研究报告，5 分钟刺激时长已能诱发出相应的刺激效应（Boggio 等，2009）。

我们的实验采用由欧洲著名跨学科研究机构 Starlab 研发，NE（Neuroelectrics）公司生产的 Starstim 经颅直流电刺激仪。[1]

6.3.2 神经实验设计

（1）靶区设置

靶区设置包括目标靶区和回路靶区设置。其中目标靶区的设置取决于研究者实验前假设的与风险偏好直接相关的脑区。现有脑科学研究文献中，对风险偏好相关脑区的推断多达 10 余处，包括杏仁核（amygdala）、眶回（orbital gyrus）、纹状体、前扣带回皮层（anterior cingulate cortex）等区域（Breiter 等，2001；De Martino 等，2010；Knutson 等，2001；Fukunaga 等，2012）。但比较集中的则是大脑背外侧前额叶皮层（DLPFC）。因此在本次实验中，我们将目标靶区设置为被试的右背外侧前额叶皮层，其在经颅直流电刺激帽上对应的坐标点为 F4（即 rDLPFC 区域）或 F3（即 lDLPFC 区域）。

回路靶区是与目标靶区构成电流回路的区域。本次实验中我们将其设置为被试的顶叶（parietal lobe）皮层，其在经颅直流电刺激帽上对应的坐标点为 Pz。将回路靶区设置为顶叶，一方面是考虑其空间位置比较适合，与背外侧前额叶皮质有一定距离间隔从而可以避免刺激效应的互相干扰；另一方面是考虑这两个脑区的功能有较大差别，顶叶主要负责人类对空间关系的感觉及有关语言的认知（Simon 等，2002），与风险决策不构成相互影响。目标靶区与回路靶区的具体区域坐标示意见图 6.1。

---

[1] Starstim 经颅直流电刺激仪的外观可见：http://www.neuroelectrics.com/products/starstim/。

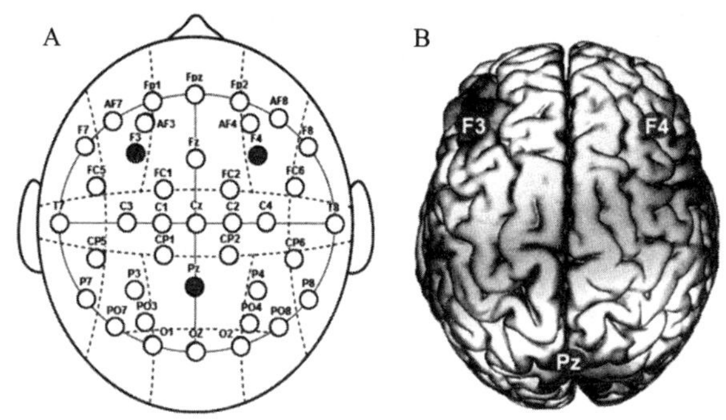

图 6.1　靶区设置坐标

（2）刺激模式

参加实验的被试将随机分为五组，刺激模式分别为：第一，阳刺激右背外侧前额叶皮层，即右背外侧前额叶皮层（坐标 F4）为阳极布点，顶叶皮层（坐标 Pz）为阴极布点，以激活目标靶区大脑皮层的兴奋度；第二，阴刺激右背外侧前额叶皮层，即右背外侧前额叶皮层（坐标 F4）为阴极布点，顶叶皮层（坐标 Pz）为阳极布点，以抑制目标靶区大脑皮层的兴奋度；第三，阳刺激左背外侧前额叶皮层，即左背外侧前额叶皮层（坐标 F3）为阳极布点，顶叶皮层（坐标 Pz）为阴极布点，以激活目标靶区大脑皮层的兴奋度；第四，阴刺激 lDLPFC，即左背外侧前额叶皮层（坐标 F3）为阴极布点，顶叶皮层（坐标 Pz）为阳极布点，以抑制目标靶区大脑皮层的兴奋度；第五，伪刺激，作为对照组，该组被试在随机进行 30 秒阳刺激或阴刺激后即停止刺激（可通过对仪器的相关设置实现），但被试仍然不摘下刺激帽，以最大程度地消除实验者效应。图 6.2 则是在上述前四种刺激模式下，Starstim 经颅直流电刺激仪的监控屏在实验过程中对上述靶区进行刺激时的实景显示（6.1 图中 F3 或 F4 为目标靶区，Pz 为回路靶区）。

以上三个组的刺激时长均为 15 分钟，电流强度为 2 毫安（mA）。

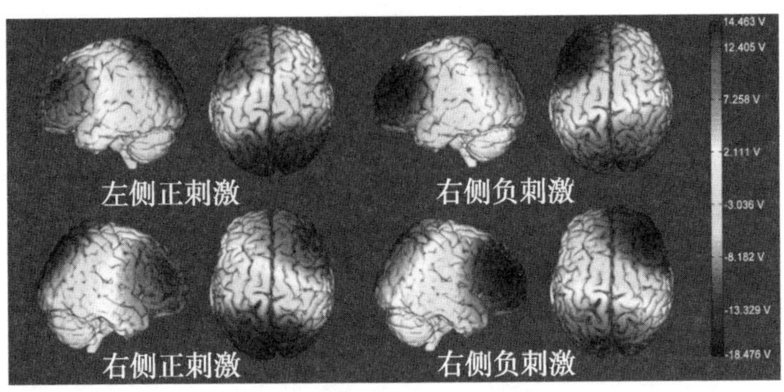

图 6.2 刺激在脑区中的激活示意图

（3）被试设计

为了分离左右背外侧前额叶皮层（右背外侧前额叶皮层、左背外侧前额叶皮层）分别对于风险偏好和被试行为选择的作用，我们通过经颅直流电刺激技术对左右背外侧前额叶皮层进行单侧的正负刺激：正刺激右背外侧前额叶皮层、负刺激顶叶皮层；正刺激左背外侧前额叶皮层、负刺激顶叶皮层；负刺激右背外侧前额叶皮层、正刺激顶叶皮层；负刺激左背外侧前额叶皮层、正刺激顶叶皮层。另外还有伪刺激。我们的实验采用被试间设计，即所有被试都被随机安排到以上五个刺激组中，接受相应的刺激。

本次实验中，每个刺激组的被试数量为 15 人，整个实验的被试规模为 75 人。这一被试数量相对于已有的有关经颅直流电刺激脑刺激实验有明显增加，从而可以更有效地排除被试个体差异性对实验结果的影响，增强实验结果的稳健性与科学性。[1]

（4）任务设计

本次实验的主要内容是让被试从社会总收入（固定收入）中，对三个阶层（高阶层、中阶层、低阶层）进行分配。在正式进行分

[1] 在神经科学研究中，尤其是影像学的数据分析是对所有样本数据进行叠加，或针对每个样本的神经活动进行分析，无须进行差异性检验或回归分析。因此，神经科学领域对样本数量没有严格要求。

配决策前，被试会拿到一份实验说明和实验知情书。在完全知晓实验内容和实验的安全性问题后，被试就将接受经颅直流电刺激 10 分钟。刺激 10 分钟后，实验员会安排被试进入正式的分配决策阶段，被试需要一边接受刺激（剩余 5 分钟的刺激），一边完成具体的分配实验任务（实验过程见图 6.3）。

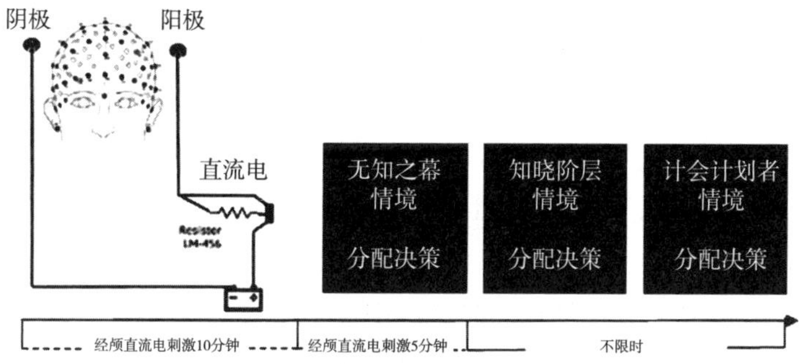

图 6.3　分配决策神经实验过程图

分配阶段，被试首先面对的是一个无知之幕的情况，即假设被试处于一个社会中，这个社会有高、中、低三个阶层，他（她）不了解这个社会中每个阶层的分布情况，以及自己处于哪一个阶层当中。被试会在实验结束后通过随机抽球游戏来确定自己所处的阶层。也就是说，他（她）的收益取决于他（她）给这个社会三个阶层的分配以及随机决定的其所处的阶层。社会中三个阶层各自的平均收入之和为 150 个筹码，以及高等阶层平均收入≥中等阶层平均收入≥低等阶层平均收入。在以上条件下，被试需要对该社会中三个阶层的收入进行分配。

被试接下来面对的是一个打开无知之幕的情况，即假设被试处于一个社会中，这个社会有高、中、低三个阶层，他（她）不了解这个社会中每个阶层的分布情况，但知道自己确定是处于高等阶层中。也就是说，他（她）的收益直接取决于他（她）给这个社会三个阶层的分配。社会中三个阶层各自的平均收入之和为 150 个筹码，以及高等阶层平均收入≥中等阶层平均收入≥低等阶层平均收入。

在以上条件下，被试需要对该社会中三个阶层的收入进行分配。

被试最后面对的是一个社会计划者的情况，即假设被试处于一个社会中，这个社会有高、中、低三个阶层，他（她）不了解这个社会中每个阶层的分布情况，他（她）并不属于任何一个阶层，但他是这个社会的计划者。也就是说，他（她）将决定其他人的收益分配情况，他（她）自己则将得到 50 个筹码的固定收益。社会中三个阶层各自的平均收入之和为 150 个筹码，以及高等阶层平均收入≥中等阶层平均收入≥低等阶层平均收入。在以上条件下，被试需要对该社会中三个阶层的收入进行分配。

每名被试都需要在以上三种情境下对高、中、低三个阶层的收入进行分配，在分配完成后，实验员会安排抽奖箱给被试抽取一个彩球，以决定其在无知之幕情境中所处的阶层[1]。随后，电脑屏幕会显示出被试在三种情境下的分配决策，以及最后所对应的实验收益。之后，被试还需要完成一份有关个人社会特征信息的调查问卷。全部实验结束后，被试的报酬由出场费（10 元）和实验任务中三种情境下的实际收益（实验中的 100 个筹码相当于真实的 10 元收益）之和加总结算。三种社会情境的具体内容，以及决策选择形式都由 Z-tree 程序（Fischbacher，2007）在电脑上实现。这一程序设计可以使得电脑自动记录下来每位被试的分配决策和决策时间等数据。

6.4 神经实验结果

在这一部分中，我们将根据 Z-tree 程序自动记录下来的实验数据，对五个刺激组（正刺激右背外侧前额叶皮层、正刺激左背外侧

[1] 抽奖箱中有红、黄、蓝三色的彩球若干，被试在无法观察到抽奖箱中彩球的情况下，抽取一个彩球。若抽取的彩球为红色，则被试在无知之幕情境中所处的阶层为高等阶层；若抽取的彩球为黄色，则被试在无知之幕情境中所处的阶层为中等阶层；若抽取的彩球为蓝色，则被试在无知之幕情境中所处的阶层为低等阶层。

前额叶皮层、负刺激右背外侧前额叶皮层、负刺激左背外侧前额叶皮层以及伪刺激）中的被试在三种社会情境下（无知之幕情境、知晓所在阶层情境、社会计划者情境）给三个阶层（高阶层、中阶层、低阶层）的分配决策和决策时间数据分别进行比较和分析。由于伪刺激组中的被试决策，实际上是不会因为受到外在刺激而有所改变的。所以，我们可以将伪刺激组的被试决策作为基准组（baseline）数据，来检验各种社会情境对被试分配决策的影响，以及通过比较各刺激组与伪刺激组的决策数据差异，来直接分离和验证社会偏好与其他偏好分别对被试分配决策的作用。基于此，以下我们将首先分析伪刺激组中的被试分配决策数据。

假设一：被试对三个阶层的分配决策都会因为社会情境的改变而有所变化。

为了验证假设一，我们需要考察在伪刺激组中，被试分别面对三种社会情境时，对三个阶层收入的分配情况。在表 6.1 中我们列出了伪刺激组中被试在各种情境下对各阶层的收入分配的具体情况。

表 6.1　伪刺激组被试在三种社会情境下对三个阶层的分配情况

	无知之幕情境			知晓所在阶层情境			社会计划者情境		
	高阶层	中阶层	低阶层	高阶层	中阶层	低阶层	高阶层	中阶层	低阶层
均值	71.67	48.87	29.47	86.33	43.33	20.33	68.33	48.67	31
方差	12.49	4.78	10.49	10.60	6.73	7.43	9.57	2.97	9.10
最小值	50	33	15	70	30	0	50	40	20
最大值	100	55	50	100	50	30	80	50	50
分布情况									
0—20	0	5	5	0	0	10	0	0	2
21—40	0	9	9	0	6	5	0	1	12
41—60	5	1	1	0	9	0	6	14	1
61—80	9	0	0	6	0	0	9	0	0
81—100	1	0	0	9	0	0	0	0	0
101—120	0	0	0	0	0	0	0	0	0
121—150	0	0	0	0	0	0	0	0	0

从表 6.1 的统计数据中，可以初步判断：在知晓自己所在阶层为高等阶层的情境下，被试给予高等阶层的收入分配达到了 86.33，且均集中于 61—80 与 81—100 这两档收入；这一情境下，被试给予低等阶层的收入分配只有 20.33，且大部分集中于 0—20 这档收入。而在无知之幕和社会计划者的情境下，被试给予高等阶层的收入一般在 70 左右，分布集中在 61—80 这档收入；这两种情境下，被试给予低等阶层的收入一般在 30 左右，集中于 21—40 这一档。

而实际上，当被试是一名社会计划者时，他（她）为高、中、低三个阶层所设计的分配方案并不会影响到自己的收益，但却直接决定了其他人的收益。因此，在社会计划者的情境中，被试所做出的分配决策纯粹反映的是他（她）个人有关公平正义的亲社会行为（社会偏好）。而在无知之幕和知晓自己所处阶层的情境中，分配方案有被试个人的收益，以及被试对于自己所处阶层的判断（或预估）牵涉其中。在这两种情境中，被试所做出的分配决策不仅反映了有关公平正义的亲社会行为，还受到风险偏好和自利偏好的作用。

因此，我们通过比较分析被试在三种情境下对三个阶层的分配情况，就可以得到不同社会情境所引致的不同偏好对于分配决策或亲社会行为的影响。由于这一比较检验实际上是一个被试内（within-subject）分析，根据威尔科克森符号秩检验（signed-rank test）方法，我们对伪刺激组被试在三种社会情境下两两之间的分配情况进行了差异性检验。结果发现：在被试知晓自己所处阶层（高等阶层）的情境下，分配方案中高等阶层的收入比无知之幕情境下（$z=3.344$；$p<0.01$）和社会计划者情境下高等阶层的收入显著更高（$z=3.334$；$p<0.01$）；分配方案中中等阶层的收入比无知之幕情境下（$z=-3.064$；$p<0.01$）和社会计划者情境下中等阶层的收入显著更低（$z=-2.456$；$p=0.0140$）；分配方案中低等阶层的收入比无知之幕情境下（$z=-2.451$；$p=0.0142$）和社会计划者情境下低等阶层的收入显著更低（$z=-2.927$；$p<0.01$）。而在无知之幕和社会计划者情境下，分配方案中高等阶层（$z=1.153$；$p=0.2490$）、中等阶层

（z=0.377；p=0.7064）和低等阶层（z=–0.555；p=0.5791）之间的收入并没有显著差异。图 6.4 直观地呈现了以上的检验结果。

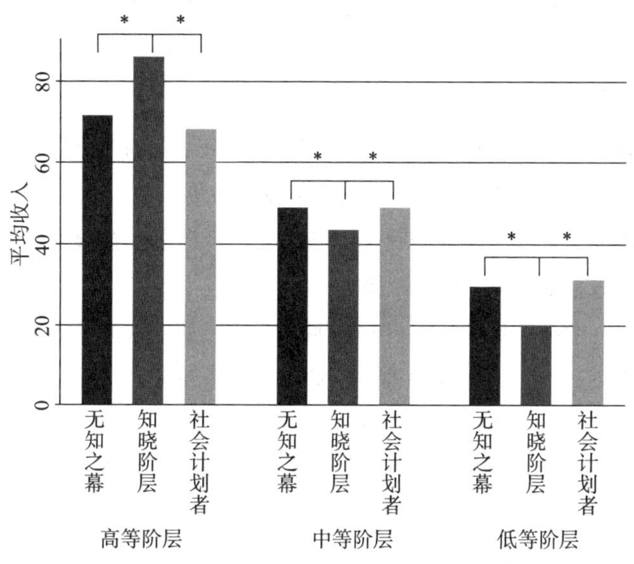

图 6.4　伪刺激组被试在三种社会情境下对三个阶层的分配比较

总结而言，被试在分配决策中所表现的有关公平正义的亲社会行为，会受到自己是否知晓阶层分布情况、自己所处的阶层以及自己的收益是否与分配相关等社会情境和外部条件的显著影响。具体而言，当被试知晓自己处于高等阶层时，个人内在的自利偏好影响了纯粹的有关公平正义的分配决策。他们会更多地考虑自己所能获得的收益，因此在给三个阶层进行分配决策时，会相应地提高自己所在阶层（高等）的收入，降低其他两个阶层的收入。

而当被试并不知晓自己所处的阶层时（无知之幕情境下），他们无法预估自己可能得到的收益，只能知晓自己的收益会是分配方案中三个阶层中某一阶层对应的收入。因此，此时被试的分配决策可能会受到被试风险偏好的影响。但根据伪刺激组的行为数据：无知之幕情境下，被试给予三个阶层的分配方案与社会计划者情境下所给予的分配方案并没有显著差异。也就是说，在没有神经刺激介入下的行为实验研究尚不能分离风险偏好与个人有关公平正义的亲社会行为对于被试分配决策的作用。鉴于此，在下文中，我们将通过比较分析各种刺激条件下，被试对于社会分配的决策表现，来得到更进一步的有关公平正义的亲社会行为在不同社会情境下，受到其他偏好影响的神经经济学结论。

假设二：与自利偏好（理性计算）的脑区受到刺激后，会直接影响到被试在知晓所处阶层情境下的分配决策。

假设三：与风险偏好有关的脑区受到刺激后，会直接影响到被试在无知之幕情境下的分配决策。

已有的神经科学研究已经证明，当被试某一脑区受到微弱电流的短暂刺激时，该区域的神经活动就会有所改变，从而能影响到与该区域相关的偏好、意识、行为与决策。因此，我们可以通过激活或抑制与风险偏好或自利偏好相关的脑区，来反证被试在各种情境下的分配决策是否受到了这些偏好的影响，从而为分离不同偏好对亲社会行为的影响，证实各种偏好对分配决策的作用提供因果证据。

因此，为了验证假设二与假设三，我们比较了四种刺激条件下（正刺激右背外侧前额叶皮层、正刺激左背外侧前额叶皮层、负刺激右背外侧前额叶皮层、负刺激左背外侧前额叶皮层）的被试在三种社会情境下（无知之幕情境、知晓所在阶层情境、社会计划者情境）给三个阶层（高阶层、中阶层、低阶层）的分配决策相比较伪刺激条件下的被试分配决策是否存在显著差异。这一差异检验是一个被试间（between-subject）的数据分析，因此表 6.2 中的检验数据是我们利用威尔科克森秩和检验（ranksum test）方法得到的显著性结果。

表 6.2　各刺激组与伪刺激组之间在三种社会情境下对三个阶层的分配差异检验

刺激条件	无知之幕情境			知晓所处阶层情境			社会计划者情境		
	高阶层	中阶层	低阶层	高阶层	中阶层	低阶层	高阶层	中阶层	低阶层
右侧正刺激 vs. 伪刺激	z=-1.06；p=0.292	z=0.45；p=0.655	z=0.88；p=0.378	z=1.44；p=0.149	z=-1.84；p=0.065	z=-1.24；p=0.216	z=0.04；p=0.966	z=0.68；p=0.494	z=0.42；p=0.673
右侧负刺激 vs. 伪刺激	z=-1.19；p=0.236	z=-0.34；p=0.737	z=1.44；p=0.149	z=1.47；p=0.141	z=-1.32；p=0.187	z=-1.69；p=0.095	z=-0.21；p=0.833	z=0.80；p=0.423	z=0.53；p=0.599
左侧正刺激 vs. 伪刺激	z=-1.61；p=0.107	z=-0.77；p=0.440	z=1.73；p=0.084	z=1.66；p=0.096	z=-1.26；p=0.206	z=-1.32；p=0.186	z=-0.23；p=0.816	z=0.68；p=0.494	z=0.78；p=0.433
左侧负刺激 vs. 伪刺激	z=-1.70；p=0.090	z=-0.32；p=0.749	z=1.73；p=0.084	z=1.74；p=0.083	z=-2.18；p=0.029	z=-1.14；p=0.252	z=0.56；p=0.578	z=-0.65；p=0.518	z=0.53；p=0.595

注：右侧正刺激 vs. 伪刺激表示右背外侧前额叶皮层正刺激组与伪刺激组分配决策差异的检验结果；右侧负刺激 vs. 伪刺激表示右背外侧前额叶皮层负刺激组与伪刺激组分配决策差异的检验结果；左侧正刺激 vs. 伪刺激表示左背外侧前额叶皮层正刺激组与伪刺激组分配决策差异的检验结果；左侧负刺激 vs. 伪刺激表示左背外侧前额叶皮层负刺激组与伪刺激组分配决策差异的检验结果。

我们通过非参数检验发现，当对右背外侧前额叶皮层区域进行刺激（正负刺激）时，被试在知晓所在阶层情境下给予中等阶层和给予低等阶层的收入分配，会比伪刺激组中被试在知晓所在阶层情境下给予中等阶层和给予低等阶层的收入分配有显著减少（$z=-1.84$；$p=0.065$；$z=-1.69$；$p=0.095$）。此外，被试在知晓所在阶层情境下给予高等阶层的收入分配，也会比伪刺激组中被试在知晓所在阶层情境下给予高等阶层的收入分配更多（$z=1.44$；$p=0.149$；$z=1.47$；$p=0.141$）。这一检验结果表明，当有关自利偏好（理性计算）的脑区受到刺激时，会改变人们在涉及自我利益时的行为决策。在我们的实验中，表现为给予自己所在阶层的收入分配更高，给予其他两个阶层的收入分配更低。

而当对左背外侧前额叶皮层区域进行刺激（正负刺激）时，被试在知晓所在阶层情境下给予高等阶层的收入分配，比伪刺激组中被试在知晓所在阶层情境下给予高等阶层的收入分配有显著提高（z=1.66；p=0.096；z=1.74；p=0.083）。此外，当对左背外侧前额叶皮层区域进行负刺激时，被试在知晓所在阶层情境下给予中等阶层的收入分配，比伪刺激组中被试在知晓所在阶层情境下给予中等阶层的收入分配有显著减少（z=–2.18；p=0.029）。因此，同样与自利偏好相关的左背外侧前额叶皮层区域也会影响被试在知晓自己所处阶层时的分配决策。

有所不同的是，当对左背外侧前额叶皮层区域进行刺激（正负刺激）时，被试在无知之幕情境下给予高等阶层的收入分配，比伪刺激组中被试在无知之幕情境下给予高等阶层的收入分配有显著减少（z=–1.61；p=0.107；z=–1.70；p=0.090）。被试在无知之幕情境下给予低等阶层的收入分配，比伪刺激组中被试在无知之幕情境下给予低等阶层的收入分配有显著提高（z=1.73；p=0.084；z=1.73；p=0.084）。这一结果表现出了明显的风险规避倾向，即与风险偏好相关的左背外侧前额叶皮层脑区受到刺激后，在无知之幕情境下，被试给予高等阶层的分配显著变得更少，给予低等阶层的分配显著变得更高，三个阶层的收入分配趋于平均。如此可以证实，无知之幕情境下所引致的风险偏好也直接影响了人们有关公平正义的亲社会行为。

假设四：不同社会情境下所引致的不同偏好，会直接影响到被试的分配决策时间。社会情境引致的偏好越复杂，人们的决策时间越长；社会情境引致的偏好越简单，人们的决策时间越短。

最后，我们还可以通过分析被试在每个社会情境下的决策时间来说明人们在不同情境下的决策考虑。由于我们在 Z-tree 程序中所设定的每个社会情境决策总时间为 600 秒，因此程序记录下来的时间数据为被试在每个社会情境中，做出分配决策点击确认后 600 秒里所剩余的时间。实验数据显示，被试在无知之幕情境中所花费的时间最长，其所余下的决策时间均值为 475.31 秒；在知晓自己所处阶层的情境中所余下的决策时间均值为 533.56 秒；在社会计划者情境中所余下的决策时间均值为 521.14 秒。从图 6.5 中，我们也可以直观地判断各刺激条件下被试在不同情境中的分配决策时间。

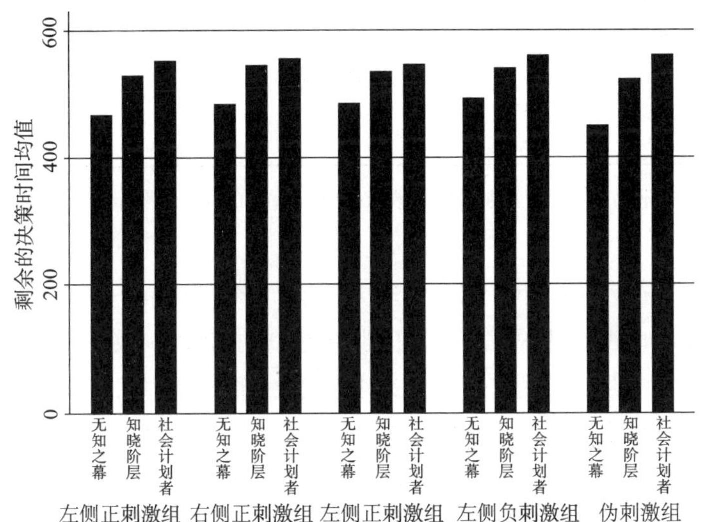

图 6.5　各刺激组被试在三种社会情境下的分配决策时间比较

为了在控制不同刺激条件及性别对于决策时间的影响下，进一步检验以上均值统计结果，我们采用两因素方差分析（two-way ANOVA）方法，混合检验了刺激组（stimulation）、社会情境（context）、被试的性别（gender）这三类变量以及它们的交互项对被试分配决策时间的作用。具体检验结果分别见表 6.3。

表 6.3　决策时间作为因变量的主效应检验

	平方和	自由度	均方	F 值	显著性	偏 δ^2
校正模型	287812	29	9924	3.906	0.000	0.367
截距	60370600	1	60370600	23761	0.000	0.992
刺激组	12755	4	3188.807	1.255	0.289	0.025
社会情境	245000	2	122500	48.215	0.000***	0.331

续表

	平方和	自由度	均方	F 值	显著性	偏 δ^2
性别	28.995	1	28.995	0.011	0.915	0.000
刺激情境	10528	8	1316.062	0.518	0.842	0.021
刺激 × 性别	5586.1	4	1396.53	0.550	0.699	0.011
情境 × 性别	1362.4	2	681.22	0.268	0.765	0.003
刺激 × 情境 × 性别	4730.8	8	591.358	0.233	0.984	0.009
误差	495433	195	2540.68			
校正的总计	783245	224				
调整 R^2	0.367					

注：* 表示在 10% 水平上的显著；** 表示在 5% 水平上的显著；*** 表示在 1% 水平上的显著。

通过表 6.3，我们可以发现，只有社会情境影响了被试在做分配决策时所花费的时间。而其他变量（包括各种刺激条件、性别及不同变量之间的交互项）都对被试的分配决策时间没有显著影响。从而说明，在各种刺激条件下，被试在无知之幕情境中所花费的时间都最长，在社会计划情境中所花费的时间都最短。基于之前得到的神经实验结论，我们可以将以上时间结论理解为：无知之幕情境所引致的风险偏好、自利偏好，以及纯粹有关公平正义的社会偏好，都会共同作用于被试在此情境下的分配决策行为。所以此时的被试会显得更为纠结，更难以决断。而社会计划者情境所涉及的偏好更为简单，只有纯粹有关公平正义的社会偏好作用于被试在此情境下的分配决策行为。所以，此时的被试会更容易做出相应的分配决策。

6.5 不同社会情境影响公平分配决策

我们利用先进的脑刺激技术，对于人们在不同情境下（无知之幕、知晓所在阶层、社会计划者）对社会各阶层收入进行分配决策时，有关风险偏好和自利偏好的脑区活动进行了短暂的调节和改变，以此来验证各种社会情境对被试在做收入分配决策时，有关公平正义的亲社会行为的影响。此外，我们通过比较被试在不同的相关脑区受到刺激后对各阶层的分配决策，来检验被试在各种社会情境下的分配决策受到了哪些偏好动机的作用。因此，该研究不仅可以验证有关公平正义的亲社会行为的情境依赖性，还可以给出这一亲社会行为情境依赖性的神经机制，证实亲社会行为与特定脑区活动及相关偏好之间的因果关系。

我们的行为实验结果表明：被试有关分配决策中的亲社会行为确实存在情境依赖性，他们对社会阶层的分配决策会因为社会情境的改变而有所变化。在被试知晓自己所处阶层（高等阶层）的情境下，分配方案中高等阶层的收入比无知之幕情境下和社会计划者情境下高等阶层的收入显著更高；分配方案中中等阶层与低等阶层的收入都要比无知之幕情境下和社会计划者情境下中等阶层和低等阶层的收入显著更低。

我们的神经实验结果表明：与自利偏好（理性计算）的脑区受到刺激后，会直接影响到被试在知晓所处阶层情境下的分配决策。与风险偏好有关的脑区受到刺激后，会直接影响到被试在无知之幕情境下的分配决策。当对右背外侧前额叶皮层区域进行刺激（正负刺激）时，被试在知晓所在阶层情境下给予中等阶层和给予低等阶层的收入分配，会比伪刺激组中被试在知晓所在阶层情境下给予中等阶层和给予低等阶层的收入分配有显著减少。而当对左背外侧前额叶皮层区域进行刺激（正负刺激）时，被试在无知之幕情境下给予高等阶层的收入分配，比伪刺激组中被试在无知之幕情境下给予高等阶层的收入分配有显著减少。被试在无知之幕情境下给予低等阶层的收入分配，比伪刺激组中被试在无知之幕情境下给予低等阶层的收入分配有显著提高。

此外，不同社会情境下所引致的不同偏好，会直接影响到被试的分配决策时间。无知之幕情境所引致的风险偏好、自利偏好以及纯粹有关公平正义的社会偏好，都会共同作用于被试在此情境下的分配决策行为，从而使得被试的决策时间最长。而社会计划者情境所涉及的偏好更为简单，只有纯粹有关公平正义的社会偏好作用于被试在此情境下的分配决策行为。所以，此时被试在分配决策中所花费的时间较短。

当然，本研究还有一些不足和进一步改进的空间。例如，我们仍然无法分离在被试知晓所在阶层情境中可能的利他偏好和公平偏好对于分配决策的影响；我们在实验中所设计的高、中、低三个阶层的表达，可能会给被试的决策带来框架效应等。我们也打算在未来的研究中将高、中、低三个阶层的表述改换为 A、B、C 三个阶层，以此避免框架效应的影响；我们还计划在原有实验中加入有关利他偏好的脑区刺激组，以分离利他偏好和公平偏好对于分配决策的作用；在被试知晓自己处于高等阶层情境中，再加入当被试知晓自己处于中等阶层或低等阶层的情境；最后，我们还希望能将此项研究推广至儿童被试，以从发展心理学的角度来探究人类有关公平正义的亲社会行为的情境依赖性及其神经机制。

第 7 章　结论与讨论

7.1　主要研究结论

本书通过田野实验和神经实验研究方法，系统检验了互惠、利他、公平行为的存在及其影响因素。我们发现当人们在决策时被引入不同的社会身份后，在被实名公开个人的捐赠信息后，在被带入牵涉个人利益的社会情境后，原本有关互惠、利他、公平的亲社会行为都会在一定程度上受到影响。同时，神经实验的结论还告诉我们，人们所表现出来的亲社会行为可能受到了多种偏好的共同作用。也就是说，人类外在表现的亲社会行为一方面受到了纯粹社会偏好的作用，另一方面则受到了其他偏好的作用。当情境发生改变的时候，固有的纯粹社会偏好不会受到影响，但其他之前作用于亲社会行为的偏好会受到影响。因此，我们才能观察到人们的亲社会行为虽然稳定地存在于各类情境中，但其程度和水平会因为情境的变化而有所改变。本书获得了一些具体结论如下。

在引入户籍身份的最后通牒博弈实验中，我们发现：户籍身份的概念及其表征的不平等已经植入人们的少年时代并进而影响了他们固有的公平感。小学生已经对于不同户籍身份所带来的不同待遇有一定的认识和感受，且户籍身份被引入后，农村学生会认为自己应该得到更多的分配，城镇学生会被提出更高的分配要求。数据上，我们对不同实验局的博弈行为进行非参数统计分析后，发现农村提议者在引入户籍身份信息后会分配显著更低的提议额，而被试在引入户籍身份信息后面对城镇提议者时，也会提出显著更高的最小接受额。但同时我们并没有发现相同户籍身份被试中有更多的公平、互惠行为，不同户籍身份被试间出现对立和排斥。

在捐赠信息实名公开的慈善捐赠实验中，我们发现捐赠信息的实名公开会对捐赠行为产生两种作用：第一种作用是“筛选”效应，意愿捐款数额较低的人，会因为要实名公开捐赠信息、接受公开表扬而感到惭愧。他们因此会通过不参与捐赠来避免捐赠信息的实名公开。第二种作用是“提拔”效应，意愿捐款数额较高，决定参与捐赠的人，会因为要实名公开捐赠信息，引致声誉动机，从而提高自己原本意愿的捐款数额。

在有关收入分配决策的行为与神经实验中，我们发现：被试有关分配决策中的亲社会行为确实存在情境依赖性，他们对社会阶层的分配决策会因为社会情境的改变而有所变化。在被试知晓自己所处阶层（高等阶层）的情境下，分配方案中高等阶层的收入比无知之幕情境下和社会计划者情境下高等阶层的收入显著更高；分配方案中中等阶层与低等阶层的收入都要比无知之幕情境下和社会计划者情境下中等阶层和低等阶层的收入显著更低。

此外，与自利偏好（理性计算）有关的脑区受到刺激后，会直接影响到被试在知晓所处阶层情境下的分配决策。与风险偏好有关的脑区受到刺激后，会直接影响到被试在无知之幕情境下的分配决策。当对右背外侧前额叶皮层区域进行刺激（正负刺激）时，被试在知晓所在阶层情境下给予中等阶层和给予低等阶层的收入分配，会比伪刺激组中被试在知晓所在阶层情境下给予中等阶层和给予低等阶层的收入分配有显著减少。而当对左背外侧前额叶皮层区域进行刺激（正负刺激）时，被试在无知之幕情境下给予高等阶层的收入分配，比伪刺激组中被试在无知之幕情境下给予高等阶层的收入分配有显著减少。被试在无知之幕情境下给予低等阶层的收入分配，比伪刺激组中被试在无知之幕情境下给予低等阶层的收入分配有显著提高。

最后，不同社会情境下所引致的不同偏好，会直接影响被试的分配决策时间。无知之幕情境所引致的风险偏好、自利偏好以及纯粹有关公平正义的社会偏好，都会共同作用于被试在此情境下的分配决策行为，从而使得被试的决策时间最长。而社会计划者情境所涉及的偏好更为简单，只有纯粹有关公平正义的社会偏好作用于被试在此情境下的分配决策行为。所以，此时被试在分配决策中所花费的时间较短。

7.2　进一步的研究方向

本书对几种典型的亲社会行为的存在及其影响因素做了检验，但受当时实验开展的困难，实验经费的紧张，以及时间精力所限，还有以下问题有待未来进一步的探索和研究。

在引入户籍身份的最后通牒博弈实验中，首先可以补充更多的行为博弈实验。我们所采用的最后通牒博弈中只能反映被试的公平感和互惠行为。若要分析户籍身份对于人们更多亲社会行为（利他、合作、信任等）的影响，还需要补充对其他行为博弈（如独裁者博弈、公共品博弈、信任博弈、礼物交换博弈等）实验的检验。其次，可以补充成年被试的行为实验结果。这样我们可以通过比较相同地域和背景下成年人与小学生（如家长与自己的孩子）在引入户籍身份下的亲社会行为是否存在差异，来检验年龄和不公平经历的增加是否确实会导致不同户籍身份被试间的对立和排斥。最后，还可以补充相关的神经实验。可以通过进一步的神经实验来探究被试在面对不同户籍身份的博弈方时公平、互惠行为的减弱的神经机制是什么，是来自他们对具有优势身份人的不平等厌恶，还是来自于他们对同一社会身份固有的认同感。

在捐赠信息实名公开的慈善捐赠实验中，首先，我们可以尝试对捐款数额较低的被试在捐赠信息实名公开下产生的羞愧感给出科学的解释和相关的心理机制。比如通过神经实验刺激或抑制有关羞愧感的皮层脑区，以检验捐赠信息的实名公开是否还会对捐款数额较低的被试产生“筛选”效应，以此来验证我们从行为实验数据中推断出的结论。此外，我们还可以细分不同偏好动机（纯粹利他动机、“光热”效应动机、声誉动机等）的捐赠者，并给出更为具体的募捐激励机制。最后，针对中国人传统的“做好事不留名”的文化特征，我们今后还可以在本书研究基础上进行东西方跨文化的比较研究，从而得到更为稳健或更具有现实指导意义的结论。

在有关收入分配决策的行为与神经实验中，我们还需要分离在被试知晓所在阶层情境中可能的利他偏好和公平偏好对于分配决策的共同影响。在实验中所设计的高、中、低三个阶层的表达，可能会给被试的决策带来框架效应等。我们也打算在未来的研究中将高、中、低三个阶层的表述改换为 A、B、C 三个阶层，以此避免框架效应的影响，并比较有框架效应的实验结果与去除框架效应后的实验结果是否存在显著差异。我们还计划在原有实验中加入有关利他偏好的脑区刺激组，以分离利他偏好和公平偏好对于分配决策的作用；在被试知晓自己处于高等阶层情境中，再加入当被试知晓自己处于中等阶层或低等阶层的情境。最后，我们还希望能将此项研究推广至儿童被试，以从发展心理学的角度来探究人类有关公平正义的亲社会行为的情境依赖性及其神经机制。

参考文献

[1] Afridi F, Li S X.& Ren Y. Social identity and inequality: The impact of China's hukou system[J]. *Journal of Public Economics*, 2015, 123: 17–29.

[2] Akerlof, G. A.& Yellen, J. L. The fair wage-effort hypothesis and unemployment[J]. *Quarterly Journal of Economics*, 1990, 255–283.

[3] Alm J, Bloomquist K M, McKee M. On the external validity of laboratory tax compliance experiments[J]. *Economic Inquiry*, 2015, 53(2): 1170–1186.

[4] Al-Ubaydli O.& List J A. On the generalizability of experimental results in economics: With a response to Camerer[R]. *National Bureau of Economic Research*, 2013.

[5] Anand, S.& Hotson, J. Transcranial magnetic stimulation: neurophysiological applications and safety[J]. *Brain Cognition*, 2002, 50: 366–386.

[6] Andersen, S., Erwin B.& Gneezy, U., et al. Do women supply more public goods than men? preliminary experimental evidence from matrilineal and patriarchal societies[J]. *American Economic Review*, 2008, 98(2-P&P): 376–381.

[7] Andersen, S., Harrison, G. W.& Lau, M. I., et al. Preference heterogeneity in experiments: comparing the field and laboratory[J]. *Journal of Economic Behavior and Organization*, 2010, 73: 209–244.

[8] Andreoni, J. Giving with impure altruism: applications to charity and

ricardian equivalence[J]. *Journal of Political Economy*, 1989, 6: 1447.

[9] Andreoni, J. Impure altruism and donations to public goods: A theory of warm-glow giving[J]. *Economic Journal*, 1990, 83: 464–477.

[10] Andreoni, J.& Petrie, R. Public goods experiments without confidentiality: A glimpse into fund-raising[J]. *Journal of Public Economics*, 2004, 7: 1605–1623.

[11] Angrist, J. D.& Pischke, J. The credibility revolution in empirical economics: how better Research design is taking the con out of econometrics[J]. *Journal of Economic Perspectives*, 2010, 24: 3–30.

[12] Armantier O.& Boly A. A controlled field experiment on corruption[J]. *European Economic Review*, 2011, 55(8): 1072–1082.

[13] Ariely, D., Bracha, A.& Meier, S. Doing good or doing well? Image motivation and monetary incentives in behaving prosocially[J]. *American Economic Review*, 2009, 99: 544–555.

[14] Ball, S., Eckel, C.& Grossman, P., et al. Status in markets[J]. *Quarterly Journal of Economics*, 2001, 116(1): 161–181.

[15] Bapna R, Gupta A.& Rice S, et al. Trust and the Strength of Ties in Online Social Networks: An Exploratory Field Experiment[J]. *MIS Quarterly*, 2017, 41(1): 115–130.

[16] Baran, N. M., Sapienza, P.& Zingales, L. Can we infer social preferences from the lab? evidence from the trust game. CEPR Discussion Paper, 2010, No. DP7634.

[17] Bargh, J. A. What have we been priming all these years? On the development, mechanisms, and ecology of nonconscious social behavior[J]. *European Journal of Social Psychology*, 2006, 36(2): 147–168.

[18] Barr, A. The potential benefits of an experimental approach. Center for the Study of African Economies Working Paper, 2003.

[19] Becker, G. A theory of social interactions[A]. *Journal of Political*

Economy, 1974, 82: 1063–1093.

[20] Beckman, S. R., Formby, J. P.& Smith, W. J., et al.. Envy, malice and Pareto efficiency: An experimental examination[J]. *Social Choice and Welfare*, 2002, 19(2), 349–367.

[21] Bekkers, R.& Wiepking, P. Who gives? A literature review of predictors of charitable giving part one: religion, education, age and socialisation[J]. *Voluntary Sector Review*, 2011, 2(3): 337–365.

[22] Bellemare, C.& Kröger, S. On representative social capital[J]. *European Economic Review*, 2007, 51(1): 183–202.

[23] Bembich, S., Clarici, A.& Vecchiet, C., et al. Differences in time course activation of dorsolateral prefrontal cortex associated with low or high risk choices in a gambling task[J]. *Frontiers in Human Neuroscience*, 2014, 8: 464.

[24] Bénabou, R.& Tirole, J. Incentives and prosocial behavior[J]. *American Economic Review*, 2006, 96(5): 1652–1678.

[25] Bénabou, R.& Tirole, J. Willpower and personal rules[J]. *Journal of Political Economy*, 2004, 112(4): 848–886.

[26] Benjamin, D. J., Choi, J. J.& Strickland, A. J. Social identity and preferences[J]. *American Economic Review*, 2010, 100(4): 1913–1928.

[27] Benz, M.& Meier, S. Do people behave in experiments as in real life? evidence from donations[J]. *Experimental Economics*, 2008, 11(3): 268–281.

[28] Berg, J., Dickaut, J. & McCabe, K. Trust, reciprocity and social history[J]. *Games and Economic Behavior*, 1995, 10: 122–142.

[29] Bernhard, H., Fehr, E. & Fischbacher, U. Group affiliation and altruistic norm enforcement[J]. *American Economic Review*, 2006, 96 (2): 217–221.

[30] Bernheim, D. A theory of conformity[J]. *Journal of Political Economy*, 1994, 102: 841–877.

[31] Bertrand, M. & Mullainathan, S. Are Emily and Greg more employable than Lakisha and Jamal? A field experiment on labor market discrimination[J]. *American Economic Review*, 2004, 94: 991–1013.

[32] Blount, S. When social outcomes aren't fair: the effect of causal attributions on preference[J]. Organizational Behavior and Human Decision Processes, 1995, 63: 131–144.

[33] Boggio, P., Campanhã, C.& Valasek, C., et al. Modulation of decision-making in a gambling task in older adults with transcranial direct current stimulation[J]. *European Journal of Neuroscience*, 2010, 31: 593–597.

[34] Boggio, P., Khoury, L.& Martins, D., et al. Temporal cortex direct current stimulation enhances performance on a visual recognition memory task in alzheimer disease[J]. *Journal of Neurology, Neurosurgery and Psychiatry*, 2009, 80: 444–447.

[35] Bohnet, I.& Frey, B. S. The sound of silence in prisoner's dilemma and dictator games[J]. *Journal of Economic Behavior and Organization*, 1999, 38(1): 43–57.

[36] Boulding, K. Social justice in social dynamics[M]. R. Brandt, *social justice*. Englewood Cliffs, N.J.: Prentice Hall, 1962, 73–92.

[37] Bouma, J., Bulte, E.& Soest, V. D. Trust and cooperation: social capital and community resource management[J]. *Journal of Environmental Economics and Management*, 2008, 56: 155–166.

[38] Bracht, G. H.& Glass, G. V. The external validity of experiments[J]. *American Educational Research Journal*, 1968, 5(4): 437–474.

[39] Breiter, H., Aharon, I.& Kahneman, D., et al. Functional imaging of neural responses to expectancy and experience of monetary gains and losses[J]. *Neuron*, 2001, 30: 619–639.

[40] Buchan, N., Croson, R.& Johnson, E. When do fair beliefs influence

bargaining behavior? experimental bargaining in Japan and the United States[J]. *Journal of Consumer Research*, 2004, 31: 181-190.

[41] Burks, S., Carpenter, J.& Verhoogen, E. Playing both roles in the trust game[J]. *Journal of Economic Behavior and Organization*, 2003, 51: 195–216.

[42] Burtless, G.& Hausman, J. A. The effect of taxation on labor supply: evaluating the Gary negative income tax experiment[J]. *Journal of Political Economy*, 1978, 86(6): 1103–1130.

[43] Calder, B. J., Philips, L. W.& Tybout, A. M. The concept of external validity[J]. *Journal of Consumer Research*, 1982, 9(3): 240–244.

[44] Camerer C F. *Behavioral game theory: Experiments in strategic interaction*[M]. Princeton University Press, 2011.

[45] Camerer, C. F.& Ernst Fehr. Measuring social norms and preferences using experimental games: a guide for social scientists, Institute for Empirical Research in Economics, University of Zurich, 2002, IEW-Working Papers 097.

[46] Camerer, C.& Thaler, R. Ultimatums, dictators, and manners[J]. *Journal of Economic Perspectives*, 1995, 9: 209–219.

[47] Cameron, L. Raising the stakes in the ultimatum game: experimental evidence from Indonesia[J]. *Economic Inquiry*, 1999, 37(1): 47–59.

[48] Campbell, D. T.& J. C. Stanley. *Experimental and quasi-experimental designs for research*[A]. Chicago: Rand McNally, 1966.

[49] Campbell, D. T.& Stanley, J. C. *Experimental and quasi-experimental designs for research*[A]. Chicago: Rand McNally, 1963.

[50] Card, D., DellaVigna, S.& Malmendier, U. The role of theory in field experiments[J]. *Journal of Economic Perspectives*, 2011, 5(3): 39–62.

[51] Carpenter, J. P., Stephen B.& Verhoogen, E. Comparing students to workers: the effects of social framing on behavior in distribution games[C]. In: J. Carpenter, G. W. Harrison & J. A. List (Eds), Field

Experiments in Economics. Greenwich, CT: JAI Press, Research in Experimental Economics, 2005, 10: 261–289.

[52] Carpenter, J.& Seki, E. Do social preferences raise productivity? field experimental evidence from fishermen in Toyama bay[J]. *Economic Inquiry*, 2010, 49: 612–630.

[53] Carpenter, J., Daniere A.& Takahashi, L. Cooperation, trust, and social capital in southeast Asian urban slums[J]. *Journal of Economic Behavior and Organization*, 2004, 55(4): 533–551.

[54] Carpenter, J., Harrison, G.& List, J. Field experiments in economics: an introduction[C]. In: J. Carpenter, G. W. Harrison & J. A. List (Eds), Field Experiments in Economics. Greenwich, CT: JAI Press, Research in Experimental Economics, 2005, 10: 1–15.

[55] Carpenter，J. Measuring social capital: adding field experimental methods to the analytical toolbox[J]. *Social Capital and Economic Development: Well-Being in Developing Countries*，2002: 119–137.

[56] Carter, J. R.& Irons, M. D. Are economists different, and If so, why?[J]. *Journal of Economic Perspectives*, 1991, 5(2): 171–177.

[57] Chamberlin, E. H. An experimental imperfect market[J]. *Journal of Political Economy*, 1948: 95–108.

[58] Charness, G. & Rabin, M. Understanding social preferences with simple tests[J]. *Quarterly Journal of Economics*, 2002, 817–869.

[59] Charness, G. Laboratory experiments: challenges and promise a review of ‘theory and experiment: what are the questions?’ by Vernon Smith[J]. *Journal of Economic Behavior and Organization*, 2010, 73: 21–23.

[60] Chen, K. and Tang, F. F. Cultural differences between Tibetans and ethnic Han Chinese in ultimatum bargaining experiments[J]. *European Journal of Political Economy*, 2009, 25: 78–84.

[61] Chen, Y.& Li，S. X. Group identity and social preferences[J].

American Economic Review, 2009, 99(1): 431–457.

[62] Chen, Y., Maxwell F.& Konstan, J., et al. Social comparisons and contributions to online communities: a field experiment on movieLens[J]. *American Economic Review*, 2010, 100(4): 1358–1398.

[63] Cherry T L, Frykblom P.& Shogren J F. Hardnose the dictator[J]. *American Economic Review*, 2002, 92(4): 1218–1221.

[64] Cook, T. C.& Campbell, D. T. *Quasi-experimentation: design and analysis issues for field Settings*[A], Chicago: Rand McNally, 1979.

[65] Cook, T. C.& Campbell, D. T. The design and conduct of quasi-experiments and true experiments in field settings[C]. in Handbook of Industrial and Organizational Psychology, ed. M. Dunnete, Skokie, IL: Rand McNally, 1976.

[66] Cooper, C. E. & Delpy, D. T. Introduction of near-infrared spectroscopy and imaging of living systems[J]. *Philosophical Transactions of the Royal Society of London*, 1997, 352(1354): 647–649.

[67] Cox J C, Roberson B.& Smith V L. Theory and behavior of single object auctions[J]. *Research in experimental economics*, 1982, 2(1): 1–43.

[68] Cox J C, Smith V L.& Walker J M. A test that discriminates between two models of the Dutch-first auction non-isomorphism[J]. *Journal of Economic Behavior & Organization*, 1983, 4(2-3): 205–219.

[69] Cronk, L. The influence of cultural framing on play in the trust game: a Maasai example[J]. *Evolution and Human Behavior*, 2007, 28: 352–358.

[70] Croson, R.& Gächter, S. The science of experimental economics[J]. *Journal of Economic Behavior and Organization*, 2010, 73:122–131.

[71] Croson, R.& Shang, J. Limits of the effect of social information on the voluntary provision of public goods: Evidence from field experiments[J]. *Economic Inquiry*, 2013, 1: 473–477.

[72] Dawes, R. M.& Thaler, R. H. Anomalies: cooperation[J]. *Journal of Economic Perspectives*, 1988, 2(3): 187–197.

[73] De Martino, B., Camerer, C.& Adolphs, R. Amygdala damage eliminates monetary loss aversion[J]. *Proceedings of the National Academy of Sciences*, 2010, 107: 3788–3792.

[74] de Oliveira，A. M., Croson，R. A.& Eckel, C. Are preferences stable across domains? an experimental investigation of social preferences in the field. 2009, CBEES Working Paper#2008–3.

[75] De Quervain, D., Fischbacher, U.& Treyer, V., et al. The neural basis of altruistic punishment[J]. *Science*, 2004, 305(5688): 1254–1258.

[76] DellaVigna, S., List, J. A.& Malmendier, U. Testing for altruism and social pressure in charitable giving[J]. *Quarterly Journal of Economics*, 2012, 1: 1–56.

[77] Dolan, R. J.& Sharot, T., (Eds.), *Neuroscience of preference and choice: cognitive and neural mechanisms*[A]., Academic Press, 2011.

[78] Duffy，J.& Kornienko, T. Does competition affect giving? [J]. *Journal of Economic Behavior and Organization*, 2010, 1: 82–103.

[79] Dufwenberg, M.& Harrison, G. Peter Bohm: father of field experiments[J]. *Experimental Economics*, 2008, 11(3): 213–220.

[80] Dulleck, U., Fooken, J.& He, Y. M. Public policy and individual labor market discrimination: an artefactual field experiment in China. Working Paper, 2012.

[81] Eckel, C. C.& Grossman, P. J. Managing diversity by creating team identity. *Journal of Economic Behavior and Organization*, 2005, 58(3): 371–392.

[82] Edgeworth, F. Y. *Papers Relating to Political Economy I*[M]. London: Macmillan, 1925, p.15.

[83] Falk, A.& Heckman, J. J. Lab experiments are a major source of knowledge in the social sciences[J]. *Science*, 2009, 326(5952): 535–538.

[84] Falk A.& Zehnder C. A city-wide experiment on trust discrimination[J]. *Journal of Public Economics*, 2013, 100: 15–27.

[85] Falk, A., Fehr, E.& Fischbacher, U. On the nature of fair behavior[J]. *Economic Inquiry*, 2003, 41: 20–26.

[86] Fecteau, S., Knoch, D.& Fregni, F., et al. Diminishing risk-taking behavior by modulating Activity in the prefrontal cortex: a direct current stimulation study[J]. *Journal of Neuroscience*, 2007b, 27: 12500–12505.

[87] Fecteau, S., Pascual-Leone, A.& Zald, D., et al. Activation of prefrontal cortex by transcranial direct current stimulation reduces appetite for risk during ambiguous decision making[J]. *Journal of Neuroscience*, 2007a, 27: 6212–6218.

[88] Fehr, E.& Gächter, S. Fairness and retaliation: the economics of reciprocity[J]. *Journal of Economic Perspectives*, 2000, 14: 159–181.

[89] Fehr, E.& Leibbrandt, A. Cooperativeness and impatience in the tragedy of the commons. IZA Discussion Paper, 2008, No. 3525.

[90] Fehr, E.& List, J. A. The hidden costs and returns of incentives–trust and trustworthiness among CEOs[J]. *Journal of the European Economic Association*, 2004, 2(5): 743–771.

[91] Fehr, E.& Schmidt, K. A theory of fairness, competition, and cooperation[J]. *Quarterly Journal of Economics*, 1999, 114: 817–868.

[92] Fehr, E., Gächter, S.& Kirchsteiger, G. Reciprocal fairness and noncompensating wage differentials[J]. *Journal of Institutional and Theoretical Economics*, 1996, 152: 608–640.

[93] Fehr, E., Gächter, S.& Kirchsteiger, G. Reciprocity as a contract enforcement device: experimental evidence[J]. *Econometrica*, 1997, 65: 833–860.

[94] Fehr, E., Kirchsteiger, G.& Riedl, A. Does fairness prevent market clearing? An experimental investigation[J]. *Quarterly Journal of*

Economics, 1993, 108: 437–459.

[95] Ferraro, P. J.& Cummings, R. G. Cultural diversity, discrimination, and economic outcomes: An experimental analysis[J]. *Economic Inquiry*, 2007, 45(2): 217–232.

[96] Fershtman, C.& Gneezy, U. Discrimination in a segmented society: an experimental approach[J]. *Quarterly Journal of Economics*, 2001, 116: 351–377.

[97] Fienberg, S. E.& Tanur, J. M. Reconsidering the fundamental contributions of Fisher and Neyman on experimentation and sampling[J]. *International Statistical*, 1996, 64(3): 237–253.

[98] Fischbacher, U. Z-Tree: zurich toolbox for ready-made economic experiments[J]. *Experimental Economics*, 2007, 10: 171–178.

[99] Fisher, R. A. Statistical methods for research workers, Edinburgh: Oliver and Boyd, 1925.

[100] Fisher, R. A. The arrangement of field experiments[J]. *Journal of the Ministry of Agriculture*, 1926, 33: 503–513.

[101] Forsythe, R., Horowitz, J. L.& Savin, N. E. et al. Fairness in simple bargaining experiments[J]. *Games and Economic Behavior*, 1994, 6(3): 347–369.

[102] Fowler, J. H. Altruism and turnout[J]. *The Journal of Politics*, 2006, 68(3): 674–683.

[103] Frey, B. S.& Meier, S. Pro-social behavior in a natural setting[J]. *Journal of Economic Behavior and Organization*, 2004, 1: 65–88.

[104] Frey, B. S.& Stephan M. Social comparisons and pro-social behavior-testing ‘conditional cooperation’ in a field experiment[J]. *American Economic Review*, 2004, 94(5): 1717–1722.

[105] Friedman, M. Choice, chance, and the personal distribution of income[J]. *Journal of Political Economy*, 1953, 61: 277–290.

[106] Frohlich, N.& Oppenheimer, J. Preferences for income distribution

and distributive justice: A window on the problems of using experimental data in economics and ethics[J]. *Eastern Economic Journal*, 1994, 147–155.

[107] Fudenberg, D. Advancing beyond 'advances in behavioral economics' [J]. *Journal of Economic Literature*, 2006, 44: 694–711.

[108] Fukunaga, R., Brown, J.& Bogg, T. Decision making in the balloon analogue risk task (BART): anterior cingulate cortex signals loss aversion but not the infrequency of risky choices[J]. *Cognitive, Affective and Behavioral Neuroscience*, 2012, 12: 479–490.

[109] Gautier P A, Klaauw B V D. Selection in a field experiment with voluntary participation[J]. *Journal of Applied Econometrics*, 2012, 27(1): 63–84.

[110] Giovanna, D. Social status and influence: evidence from an artefactual field experiment on local public good provision. Verein für Socialpolitik, Research Committee Development Economics, 2011.

[111] Glazer, A.& Konrad, K. A. A signaling explanation for charity[J]. *American Economic Review*, 1996, 86: 1019–1028.

[112] Gneezy, U.& List, J. Putting behavioral economics to work: testing for gift exchange in labor markets using field experiments[J]. *Econometrica*, 2006, 74: 1365–1384.

[113] Gneezy, U., Haruvy, E.& Yafe, H. The inefficiency of splitting the bill: a lesson in institutional design[J]. *Economic Journal*, 2004, 114: 265–280.

[114] Goette, L., Huffman, D.& Meier, S. The impact of group membership on cooperation and norm enforcement: evidence using random assignment to real social groups[J]. *American Economic Review*, 2006, 96 (2): 212–216.

[115] Granger, C. J. Investigating causal relations by econometric models and cross-spectral methods[J]. *Econometrica*, 1969, 37: 424–438.

[116] Guo X, Zheng L.& Zhu L, et al. Increased neural responses to unfairness in a loss context[J]. Neuroimage, 2013, 77: 246–253.

[117] Gupta G, Mahmud M.& Maitra P, et al. *Religion, minority status and trust: Evidence from a field experiment*[M]. Monash University., Department of Economics, 2013.

[118] Gurven, M.& Winking, J. Collective action in action: prosocial behavior in and out of the laboratory[J]. *American Anthropologist*, 2008, 110(2): 179–190.

[119] Güth, W.& Tietz, R. Ultimatum bargaining behavior: a survey and comparison of experimental results[J]. *Journal of Economic Psychology*, 1990, 11: 417–449.

[120] Güth, W., Schmittberger, R.& Schwarze, B. An experimental analysis of ultimatum bargaining[J]. *Journal of Economic Behavior and Organization*, 1982, 3: 367–388.

[121] Guzmán, A., Villegas-Palacio, C.& Wollbrant, C. Social information and charitable giving: An artefactual field experiment with young children and adolescents. Working Papers in Economics, University of Gothenburg, 2013, (No.564).

[122] Haddad, J., Christmann, D.& Messer, J. *Imaging techniques of the CNS of the neonates*[M]. springer-verlag: Heidelberg Press, 1991.

[123] Harbaugh, W. T. The prestige motive for making charitable transfers[J]. *American Economic Review*, 1998, 88: 277–282.

[124] Harbaugh, W. T., Krause, K.& Vesterlund, L. Risk attitudes of children and adults: choices over small and large probability gains and losses. *Experimental Economics*, 2002, 5: 53–84.

[125] Harrison, G. Field experiments and control[C]. In: J. Carpenter, G. W. Harrison and J. A. List (Eds), *Field Experiments in Economics*. Greenwich, CT: JAI Press, Research in Experimental Economics, 2005, 10:17–50.

[126] Harrison, G. W.& List, J. A. Field experiments[J]. *Journal of Economic Literature*, 2004, 42(4): 1009–1055.

[127] Harsanyi, J. Cardinal utility in welfare, individualistic ethics and interpersonal comparisons of utility[J]. *Journal of Political Economy*, 1953, 61: 434–435.

[128] Harsanyi, J. *Rational behavior and bargaining equilibrium in games and social situations*[M]. Cambridge: Cambridge university press, 1977.

[129] Hausman, J. A.& Wise, D. A. Attrition bias in experimental and panel Stata: the Gary income maintenance experiment[J]. *Econometrica*, 1979, 47: 455–473.

[130] Heckman J J. Econometrics and empirical economics[J]. *Journal of Econometrics*, 2001, 100(1): 3–5.

[131] Heckman, J. J. Econometric causality[J]. *International Statistical Review*, 2008, 76(1): 1–27.

[132] Henrich, J., Boyd, R.& Bowles, S., et al. In search of homo economicus: behavioral experiments in 15 small-scale societies[J]. *American Economic Review*, 2001, 91: 73–78.

[133] Henrich, J., Ensminger, J.& McElreath, R., et al. Markets, religion, community size, and the evolution of fairness and punishment[J]. *Science*, 2010, 327(5972): 1480–1484.

[134] Hertwig, R.& Ortmann, A. Experimental practices in economics: a methodological challenge for psychologists[J]. *Behavioral and Brain Sciences*, 2001, 24(3): 383–403.

[135] Hillebrand, A., Singh, K. D.& Holliday, I.E. A new approach to neuroimaging with magnetoencephalography[J], *Human brain mapping*, 2005, 25(2): 199–211.

[136] Hoff, K.& Pandey, P. Belief systems and durable inequalities: An experimental investigation of Indian caste. World Bank Working

Paper, 2004, 3351.

[137] Hoff, K.& Pandey, P. Discrimination, social identity, and durable inequalities[J]. *American Economic Review Papers & Proceedings*, 2006, 96(2): 206–211.

[138] Hoff, K., Kshetramade, M.& Fehr, E. Caste and punishment: the legacy of caste culture in norm enforcement[J]. *Economic Journal*, 2011, 121(556): 449–475.

[139] Holper, L., Wolf, M.& Tobler, P. Comparison of functional near-infrared spectroscopy and electrodermal activity in assessing objective versus subjective risk during risky financial decisions[J]. *NeuroImage*, 2014, 84: 833–842.

[140] Hsu, M., Anen, C.& Quartz, S. R. The right and the good: distributive justice and neural encoding of equity and efficiency[J]. *Science*, 2008, 320(5879), 1092–1095.

[141] Isaac, R. M.& Walker, J. M. Group size effects in public goods provision: the voluntary contributions mechanism[J]. *Quarterly Journal of Economics*, 1988, 103(1): 179–200.

[142] Izuma K, Saito D N.& Sadato N. Processing of the incentive for social approval in the ventral striatum during charitable donation[J]. *Journal of cognitive neuroscience*, 2010, 22(4): 621–631.

[143] Jacobson, L., Koslowsky, M.& Lavidor, M. tDCS polarity effects in motor and cognitive domains: A meta-analytical review[J]. *Experimental Brain Research*, 2012, 216(1): 1–10.

[144] Johannesson, M.& Gerdtham, U. G. A pilot test of using the veil of ignorance approach to estimate a social welfare function for income[J]. *Applied Economics Letters*, 1995, 2(10), 400–402.

[145] Johansson-Stenman, O., Carlsson, F.& Daruvala, D. Measuring future grandparents' preferences for equality and relative standing[J]. *Economic Journal*, 2002, 112(479), 362–383.

[146] Kagel J H.& Levin D. The winner's curse and public information in common value auctions[J]. *The American Economic Review*, 1986: 894-920.

[147] Kahneman, D., Knetsch, J. L.& Thaler, R. Fairness as a constraint on profit seeking: Entitlements in the market[J]. *American Economic Review*, 1986, 728–741.

[148] Karlan, D. Using experimental economics to measure social capital and predict financial decisions[J]. *American Economic Review*, 2005, 95:1688–1699.

[149] Karlan, D.& McConnell, M. A. Hey look at me: The effect of giving circles on giving[J]. *Journal of Economic Behavior and Organization*, 2014, 106: 402–412.

[150] Katok E.& Kwasnica A M. Time is money: The effect of clock speed on seller's revenue in Dutch auctions[J]. *Experimental Economics*, 2008, 11(4): 344–357.

[151] Kim, S. G., Richter, W.& Uǧurbil, K. Limitations of temporal resolution in functional MRI[J]. *Magnetic Resonance in Medicine*, 1997, 37(4), 631–636.

[152] Knez, M. J.& Camerer, C. F. Outside options and social comparison in three-player ultimatum game experiments[J]. *Games and Economic Behavior*, 1995, 10: 65–94.

[153] Knoch, D., Gianotti, L. R.& Pascual-Leone, A., et al. Disruption of right prefrontal cortex by low-frequency repetitive transcranial magnetic stimulation induces risk-taking behavior[J]. *Journal of Neuroscience*, 2006, 26: 6469–6472.

[154] Knoch, D., Nitsche, M. A.& Fischbacher, U., et al. Studying the neurobiology of social interaction with transcranial direct current stimulation-the example of punishing unfairness. *Cerebral Cortex*, 2008, 18(9), 1987-1990.

[155] Knoch, D., Pascual-Leone, A.& Meyer, K., et al. Diminishing reciprocal fairness by disrupting the right prefrontal cortex[J]. *Science*, 2006, 314(5800): 829–832.

[156] Knutson, B., Adams, C.& Fong, G., et al. Anticipation of increasing monetary reward selectively recruits nucleus accumbens[J]. *Journal of Neuroscience*, 2001, 21, RC159.

[157] Krawczyk, D.& D'Esposito, M. Modulation of working memory function by motivation through loss-aversion[J]. *Human Brain Mapping*, 2013, 34: 762–774.

[158] Koopmans R.& Veit S. Ethnic diversity, trust, and the mediating role of positive and negative interethnic contact: A priming experiment[J]. *Social Science Research*, 2014, 47: 91–107.

[159] Kuhnen, C.& Knutson, B. The neural basis of financial risk taking[J]. *Neuron*, 2005, 47: 763–770.

[160] Lacetera, N.& Macis, M. Do all material incentives for pro-social activities backfire? The response to cash and non-cash incentives for blood donations[J]. *Journal of Economic Psychology*, 2010, 31(4): 738–748.

[161] Landry, C. E., Lange, A.& List, J., et al. Toward an understanding of the economics of charity: Evidence from a field experiment[J]. *Quarterly Journal of Economics*, 2006, 121(2): 747–782.

[162] Laury, S. K.& Taylor, L. O. Altruism spillovers: are behaviors in context-free experiments predictive of altruism toward a naturally occurring public good? [J]. *Journal of Economic Behavior and Organization*, 2008, 65: 9–29.

[163] Lee D S.& Lemieux T. Regression discontinuity designs in economics[J]. *Journal of Economic Literature*, 2010, 48(2): 281–355.

[164] Leibbrandt A, Gneezy U.& List J A. Rise and fall of competitiveness in individualistic and collectivistic societies[J]. *Proceedings of the*

National Academy of Sciences, 2013, 110(23): 9305–9308.

[165] Levitt, S. D.& J. A. List. What do laboratory experiments measuring social preferences reveal about the real world[J]. *Journal of Economic Perspectives*, 2007, 21(2):153–174.

[166] Levitt, S. D.& List, J. A. Field experiments in economics: the past, the present, and the future[J]. *European Economic Review*, 2009, 53(1): 1–18.

[167] Levitt, S. D., List, J. A.& Reiley, D. H. What happens in the field stays in the field: exploring whether professionals play minimax in laboratory experiments[J]. *Econometrica, Econometric Society*, 2010, 78(4):1413–1434.

[168] Lin, Z. J., Li, L.& Cazzell, M., et al. Atlas-guided volumetric diffuse optical tomography enhanced by generalized linear model analysis to image risk decision-making responses in young adults[J]. *Human Brain Mapping*, 2014, 35: 4249–4266.

[169] Linardi, S.& McConnell, M. A. No excuses for good behavior: volunteering and the social environment[J]. *Journal of Public Economics*, 2011, 95(5): 445–454.

[170] List, J. A. Do explicit warnings eliminate the hypothetical bias in elicitation procedures? evidence from field auctions for sportscards[J]. *American Economic Review*, 2001, 91(4):1498–1507.

[171] List, J. A. Field experiments: a bridge between lab and naturally occurring data[J]. *The B.E. Journal of Economic Analysis & Policy*, 2007, 6(2–Advances), Article 8.

[172] List, J. A. The behavioralist meets the market: measuring social preferences and reputation effects in actual transactions[J]. *Journal of Political Economy*, 2006, 114: 1–37.

[173] List, J. A.& Rasul, I. Field experiments in labor economics[C]. *Handbook of Labor Economics*, 2011, 4, Part A: 103–228.

[174] List, J. A.& Lucking-Reiley, D. The effects of seed money and refunds on charitable giving: Experimental evidence from a university capital campaign[J]. *Journal of Political Economy*, 2002, 1: 215–233.

[175] Liu, Z. Institution and inequality: the hukou system in China. *Journal of Comparative Economics*[J]. 2005, 33(1): 133–157.

[176] Lu, Z. and Song, S. Rural-urban migration and wage determination: The case of Tianjin, China[J]. *China Economic Review*, 2006, 17(3): 337–345.

[177] Luo J, Chen S.& Huang D, et al. Whether modulating the activity of the temporalparietal junction alters distribution decisions within different contexts: evidence from a tDCS study[J]. *Frontiers in psychology*, 2017, 8: 224.

[178] Luo J, Chen Y, He H.& Guan L.G. Hukou identity and fairness in the ultimatum game[J]. *Theory and Decision*, 2019: 1–32.

[179] Luo J, Ye H.& Zheng H, et al. Modulating the activity of the dorsolateral prefrontal cortex by tDCS alters distributive decisions behind the veil of ignorance via risk preference[J]. *Behavioural brain research*, 2017, 328: 70–80.

[180] Maniadis Z, Tufano F, List J A. One swallow doesn't make a summer: New evidence on anchoring effects[J]. *American Economic Review*, 2014, 104(1): 277–90.

[181] Manski, C. F.& Garfinkel, I. Introduction. In: Manski, C.F., Garfinkel, I. (Eds.), *Evaluating welfare and training programs*[C]. Cambridge: Harvard University Press: Cambridge, 1992: 1–22.

[182] Marlowe, F. W. What explains Hadza food sharing[J]. *Research in Economic Anthropology*, 2004, 23:69–88.

[183] McLeish, K. N.& Oxoby, R. J. Identity, cooperation, and punishment. IZA Discussion Paper 2007, No. 2572.

[184] Meier, S.& Sprenger, C. Impatience and Credit Behavior: Evidence from a Field Experiment. Federal Reserve Bank of Boston Working Papers, 2007, 07–3.

[185] Menon, R. S., Ogawa, S.& Hu, X., et al. BOLD based functional MRI at 4 Tesla includes a capillary bed contribution: Echo-planar imaging correlates with previous optical imaging using intrinsic signals[J]. *Magnetic Resonance in Medicine*, 1995, 33(3), 453–459.

[186] Michelbach, P. A., Scott, J. T.& Matland, R. E., et al. Doing Rawls justice: An experimental study of income distribution norms[J]. *American Journal of Political Science*, 2003, 47(3), 523–539.

[187] Milgram, S. Behavioral study of obedience[J]. *Journal of Abnormal and Social Psychology*, 1963, 67: 371–378.

[188] Moll, J., Krueger, F.& Zahn, R., et al. Human fronto-mesolimbic networks guide decisions about charitable donation[J]. *The Proceedings of the National Academy of Sciences*, 2006, 103(42): 15623–15628.

[189] Morishima Y, Schunk D.& Bruhin A, et al. Linking brain structure and activation in temporoparietal junction to explain the neurobiology of human altruism[J]. *Neuron*, 2012, 75(1): 73–79.

[190] Mujcic R.& Leibbrandt A. Indirect reciprocity and prosocial behaviour: Evidence from a natural field experiment[J]. *The Economic Journal*, 2017, 128(611): 1683–1699.

[191] Murnighan, J. K.& Saxon, M. S. Ultimatum bargaining by children and adults[J]. *Journal of Economic Psychology*, 1998, 19: 415-445.

[192] Neyman, J. An outline of the theory and practice of representative method, Applied in Social Research, Institute for Social Problems,Warsaw, 1933.

[193] Neyman, J. On two different aspects of the representative method: the method of stratified sampling and the method of purposive selection

(with discussion) [J]. *Journal of the Royal Statistical Society*, 1934, 97: 558–625.

[194] Nitsche, M. A.& Paulus, W. Excitability changes induced in the human motor cortex by weak transcranial direct current stimulation[J]. *Journal of Physiology*, 2000, 527(Pt 3): 633–639.

[195] Oosterbeek, H., Sloof, R.& Kuilen, G. Cultural differences in ultimatum game experiments: Evidence from a meta-analysis[J]. *Experimental Economics*, 2004,7: 171–188.

[196] Ortmann, A. Field experiments in economics: some methodological caveats[C]. In: J. Carpenter, G. W. Harrison & J. A. List (Eds), Field Experiments in Economics. Greenwich, CT: JAI Press, *Research in Experimental Economics*, 2005, 10: 51–70.

[197] Plott, C. R. Industrial organization theory and experimental economics[J]. *Journal of Economic Literature*, 1982, 20:1485–1527.

[198] Priori, A., Berardelli, A.& Rona, S., et al. Polarization of the human motor cortex through the scalp[J]. *Neuroreport*, 1998, 9(10): 2257–2260.

[199] Ranganath, C.& Ritchey, M. Two cortical systems for memory–guided behaviour[J]. *Nature Reviews Neuroscience*, 2012, 13(10): 713–726.

[200] Rawls, J. *Political liberalism*[M]. New York: Columbia University Press,1993.

[201] Reinstein, D.& Riener, G. Reputation and influence in charitable giving: An experiment[J]. *Theory and Decision*, 2012, 72(2): 221–243.

[202] Ribar, D. C.& Wilhelm, M. O. Altruistic and joy-of-giving motivations in charitable Behavior. *Journal of Political Economy*, 2002, 110(2): 425–457.

[203] Rogers T, Ternovski J.& Yoeli E. Potential follow-up increases

private contributions to public goods[J]. *Proceedings of the national academy of sciences*, 2016, 113(19): 5218–5220.

[204] Rooney, P. M., Mesch, D. J.& Chin, W., et al. The effects of race, gender, and survey methodologies on giving in the US[J]. *Economics Letters*, 2005, 86(2): 173–180.

[205] Rosenbaum, P. R.& Rubin, D. B. The central role of the propensity score in observational studies for causal effects[J]. *Biometrika*, 1983, 70(1): 41–55.

[206] Ross. H. L. *An experimental study of the negative income tax, child welfare*[D]. December, Ph.D, MIT, 1970.

[207] Rotemberg, J. J. Charitable giving when altruism and similarity are linked[J]. *Journal of Public Economics*, 2014, 114: 36–49.

[208] Roth, A. E. Laboratory experimentation in economics: a methodological overview[J]. *Economic Journal*, 1988, 98: 974–1031.

[209] Roth, A. E., Prasnikar,V.& Okuno-Fujiwara, M. et al. Bargaining and market behavior in Jerusalem, Ljubljana, Pittsburgh, and Tokyo: an experimental study[J]. *American Economic Review*, 1991, 81: 1068–1095.

[210] Ruff, C., Ugazio, G.& Fehr, E. Changing social norm compliance with noninvasive brain stimulation[J]. *Science*, 2013, 6157: 482–484.

[211] Ruffle, B. J.& Sosis, R. Cooperation and the in-group-out-group bias: a field test on Israeli Kibbutz members and city residents[J]. *Journal of Economic Behavior and Organization*, 2006, 60: 147–163.

[212] Rustagi, D., Engel, S.& Kosfeld, M. Conditional cooperation and costly monitoring explain success in forest commons management[J]. *Science*, 2010, 330(6006): 961–965.

[213] Sanfey, A. G., Rilling J. K.& Aronson J. A. The neural basis of economic decision–making in the ultimatum Game[J]. *Science*, 2003, 300(5626): 1755–1758.

[214] Saxe, R., Tzelnic, T.& Carey, S. Knowing who dunnit: infants identify the causal agent in an unseen causal interaction[J]. *Developmental Psychology*, 2007, 43(1): 149–158.

[215] Schlegelmilch, B. B., Love, A.& Diamantopoulos, A. Responses to different charity appeals: The impact of donor characteristics on the amount of donations[J]. *European Journal of Marketing*, 1997, 31(8): 548–560.

[216] Scott, J. T., Matland, R. E.& Michelbach, P. A., et al. Just deserts: an experimental study of distributive justice norms[J]. *American Journal of Political Science*, 2001, 749–767.

[217] Sellaro R, Nitsche M A.& Colzato L S. The stimulated social brain: effects of transcranial direct current stimulation on social cognition[J]. *Annals of the New York Academy of Sciences*, 2016, 1369(1): 218–239.

[218] Shang, J.& Croson, R. A field experiment in charitable contribution: The impact of social information on the voluntary provision of public goods[J]. *Economic Journal*, 2009, 540: 1422–1439.

[219] Simon, O., Mangin, J.& Cohen, L., et al. Topographical layout of hand, eye, calculation, and language-related areas in the human parietal lobe[J]. *Neuron*, 2002, 33(3): 475–487.

[220] Smith, N. Ultimatum and dictator games among the Chaldeans of Detroit. Talk to MacArthur Foundation Anthropology Project, December 4, 2000.

[221] Smith, V. L. An experimental study of competitive market behavior[J]. *Journal of Political Economy*, 1962, 70(2): 111–137.

[222] Smith, V. L. Effect of market organization on competitive equilibrium[J]. *Quarterly Journal of Economics*, 1964, 78(2):182–201.

[223] Smith, V. L. Experimental economics: induced value theory[J]. *American Economic Review*, 1976, 66: 274–279.

[224] Smith, V. L. *Research in experimental economics*[A]. Greenwich: JAI Press, 1982.

[225] Soetevent, A. R., Anonymity in giving in a natural context-a field experiment in thirty churches[J]. *Journal of Public Economics*, 2005, 89(11-12): 2301–23.

[226] Soetevent, A. R. Payment choice, image motivation and contributions to charity: Evidence from a field experiment[J]. *American Economic Journal: Economic Policy*, 2011, 1: 180–205.

[227] Solnick, S. J. Gender differences in the ultimatum game[J]. *Economic Inquiry*, 2001, 39(2): 189–200.

[228] Song F, Cadsby C B.& Bi Y. Trust, reciprocity, and guanxi in China: An experimental investigation[J]. *Management and Organization Review*, 2012, 8(2): 397–421.

[229] Speitel C, Traut-Mattausch E.& Jonas E. Functions of the right DLPFC and right TPJ in proposers and responders in the ultimatum game[J]. *Social cognitive and affective neuroscience*, 2019, 14(3): 263–270.

[230] Stoop J, Noussair C N.& Van Soest D. From the lab to the field: Cooperation among fishermen[J]. *Journal of Political Economy*, 2012, 120(6): 1027–1056.

[231] Strangman, G., Boas D. A.& Sutton J. P. Non-invasive neuroimaging using near-infrared light[J]. *Biological Psychiatry*, 2002, 52: 679–693

[232] Street, D. Fisher's contributions to agricultural statistics[J]. *Biometrics*, , 1990, 46(4): 937–945.

[233] Stutzer, A., Goette, L.& Zehnder, M. Active decisions and pro-social behavior: a field experiment on blood donation. IZA Discussion Paper, 2006, No. 2064.

[234] Sugden, R. Reciprocity: The supply of public goods through voluntary contributions[J]. *Economic Journal*, 1984, 376: 772–787

[235] Sutter, M. Outcomes versus intentions: on the nature of fair[J]. *Journal of Economic Psychology*, 2007, 28: 69–78.

[236] Sutter, M.& Kocher, M. G. Trust and trustworthiness across different age groups[J]. *Games and Economic Behavior*, 2007, 59: 364–382.

[237] Tanaka, T., Camerer, C.& Nguyen, Q. Status, ethnicity, and wealth in Vietnam: Evidence from experimental games[A]. In: *Social Computing and Behavioral Modeling*. Springer,New York: 2009, 217–218.

[238] Traub, S., Seidl, C.& Schmidt, U. An experimental study on individual choice, social welfare, and social preferences[J]. *European Economic Review*, 2009, 53(4), 385–400.

[239] Traub, S., Seidl, C.& Schmidt, U., et al. Friedman, Harsanyi, Rawls, Boulding-or somebody else? An experimental investigation of distributive justice[J]. *Social Choice and Welfare*, 2005, 24(2), 283–309.

[240] Tricomi, E., Rangel, A.& Camerer, C. F., et al. Neural evidence for inequality-averse social preferences[J]. *Nature*, 2010(463): 1089–1092.

[241] Vesterlund, L. The informational value of sequential fundraising[J]. *Journal of Public Economics*, 2003, 3: 627–657.

[242] Voors, M., Turley, T.& Kontoleon, A., et al. Exploring whether behavior in context-free experiments is predictive of behavior in the field: evidence from lab and field experiments in rural Sierra Leone[J]. *Economics Letter*, 2012, 114: 308-311.

[243] Weber, R. A., Camerer, C. F.& Knez, M. Timing and virtual observability in ultimatum bargaining and ‘weak link’ coordination games[J]. *Experimental Economics*, 2004, 7(1): 25–48.

[244] Whalley, J.& Zhang, S. A numerical simulation analysis of (hukou) labor mobility restrictions in China[J]. *Journal of Development Economics*, 2007, 83(2): 392–410.

[245] Wu, X.& Treiman, D. J. The household registration system and social stratification in China: 1955—1996[J]. *Demography*, 2004, 41(2): 363–384.

[246] Ye H, Chen S.& Huang D, et al. Modulation of neural activity in the temporoparietal junction with transcranial direct current stimulation changes the role of beliefs in moral judgment[J]. *Frontiers in human neuroscience*, 2015, 9: 659.

[247] Yoeli, E., Hoffman, M.& Rand, D. G., et al. Powering up with indirect reciprocity in a large-scale field experiment[J]. Proceedings of the National Academy of Sciences, 2013, 110(Supplement 2): 10424–10429.

[248] Young, L., Camprodon, J. A.& Hauser, M., et al. Disruption of the right temporoparietal junction with transcranial magnetic stimulation reduces the role of beliefs in moral judgments. *Proceedings of the National Academy of Sciences*, 2010, 200914826.

[249] Zheng H, Huang D.& Chen S, et al. Modulating the activity of ventromedial prefrontal cortex by anodal tDCS enhances the trustee's repayment through altruism[J]. *Frontiers in psychology*, 2016, 7: 1437.

[250] Zheng H, Wang S.& Guo W, et al. Enhancing the activity of the DLPFC with tDCS alters risk preference without changing interpersonal trust[J]. *Frontiers in neuroscience*, 2017, 11: 52.

[251] Zizzo, D. J. Experimenter demand effects in economic experiments[J]. *Experimental Economics*. 2010, 13(1): 75–98.

[252] 阿玛蒂亚・森 . 论经济不平等 / 不平等之再考察 [M]，北京：社会科学文献出版社，2006：51–52.

[253] 柏拉图. 理想国 [M]. 郭斌和等译 . 北京：商务印书馆，1986：7.

[254] 陈叶烽, 社会偏好的检验：一个超越经济人的实验研究 [D]. 博士论文，浙江大学，2010.

[255] 陈叶烽，叶航，汪丁丁. 超越经济人的社会偏好理论：一个基于实验经济学的综述 [J]. 南开经济研究，2011（5）：63–100.

[256] 陈钊，陆铭. 从分割到融合：城乡经济增长与社会和谐的政治经济学 [J]. 经济研究，2008（1）：52–65.

[257] 陈昭燃，张蔚婷，韩济生. 经颅磁刺激：生理、心理、脑成像及其临床应用 [J]，生理科学进展，2004，35(2)：102–106.

[258] 蔡昉，都阳，王美艳. 户籍制度与劳动力市场保护 [J]. 经济研究，2001（12）：35–48.

[259] 曹阳，袁强. 脑电图干扰和噪声原因分析 [J]. 中国医学装备，2007，4(5)：30–32.

[260] 丁建峰. 无知之幕下的社会福利判断——实验经济学的研究 [J]. 经济社会体制比较，2010（3）：121–129.

[261] 何浩然. 个人和家庭跨期决策与被试异质性——基于随机效用理论的实验经济学分析 [J]. 管理世界，2011（12）：12–31.

[262] 何浩然，陈叶烽. 禀赋获得方式影响被试行为是否存在性别差异：来自自然田野实验的证据 [J]. 世界经济，2012（4）：102–117.

[263] 胡安宁. 倾向值匹配与因果推论：方法论述评 [J]. 社会学研究，2012（1）：221–246.

[264] 陆铭，陈钊. 城市化、城市倾向的经济政策与城乡收入差距 [J]，经济研究，2004（6）：60–73.

[265] 陆益龙. 户口还起作用吗——户籍制度与社会分层和流动 [J]. 中国社会科学，2008（1）：21–38.

[266] 罗尔斯. 正义论 [M], 何怀宏译，北京：中国社会科学出版社，2001：123–125.

[267] 罗俊. 田野实验——现实世界中的经济学实验 [J]，南方经济，2014（6）：87–92.

[268] 罗俊，汪丁丁，叶航，等. 走向真实世界的实验经济学——田野实验研究综述 [J]. 经济学（季刊），2015（2）：853–884.

[269] 罗俊，陈叶烽，何浩然. 捐赠信息公开对捐赠行为的“筛选”与“提拔”效应 [J]. 经济学(季刊)，2019（4）：1209–1238.

[270] 穆勒. 功利主义 [M]. 徐大建译，上海：上海人民出版社，2008：45.

[271] 汪汇，陈钊，陆铭. 户籍、社会分割与信任：来自上海的经验研究 [J]. 世界经济，2009（10）：13–25.

[272] 王美今，林建浩. 计量经济学应用研究的可信性革命 [J]. 经济研究，2012（2）：120–132.

[273] 谢宇. 社会学方法与定量研究 [M]. 北京：社会科学文献出版社，2006：113.

[274] 徐燕 . 无知之幕下的个人风险偏好与社会偏好——基于实验经济学方法的研究 [D]. 厦门大学，2014.

[275] 亚当·斯密. 道德情操论 [M]. 蒋自强，钦北愚，等译. 北京：商务印书馆，1997：61.

[276] 亚当·斯密. 国民财富的性质和原因的研究 [M]，郭大力，王亚南，译. 北京：商务印书馆，1981：281.

[277] 亚里士多德 . 政治学 [M]，吴寿彭译，北京：商务印书馆，1981：148–153.

[278] 周晔馨，涂勤，胡必亮. 惩罚、社会资本与条件合作——基于传统实验和人为田野实验的对比研究 [J]. 经济研究，2014（10）：125–138.

附　录

第 4 章

4.1　不引入户籍身份情境下提议者的实验说明

大家好！欢迎参加由浙江大学开展的学生行为游戏，我是来自浙江大学的工作人员。本场游戏将持续大约 30 分钟。

注意事项：

1. 参加本次游戏你将获得现金收入。在游戏开始之前请仔细阅读游戏说明，充分理解游戏说明有助于你在游戏过程中的选择，根据这一选择你将获得相应的现金收入。同时，不论你们在游戏过程中的选择如何，我们会另外给你 5 元钱的游戏参加费。所以，你在游戏之后获得的现金收入，为根据游戏过程中的选择所获得的现金收入，加上 5 元钱的参加费。

2. 游戏过程中不可以随便讲话，如果你有疑问可以举手示意。如果你违反了这项规定，将被禁止继续参加游戏，并且不能获得任何收入。

3. 你在游戏中的选择、问卷信息、收入都会为你保密。

4. 在做选择的过程中请不要与其他同学交谈，也不要看其他人的选择。

5. 正式游戏前，你需要回答几道测试题，只有通过测试你才能参加正式的游戏。测试是为让你更好地理解游戏中的现金收入计算。

具体的游戏步骤和说明

第一步：游戏需要你和另一个教室的一位同学共同完成。在另一教室中，抽取到 B1 游戏编号的同学将与你配对。你们彼此不会知道对方是谁，你也可能根本不认识他（她）。

第二步：配对完成后工作人员会发给大家每人一张卡片，卡片上有你和与你配对同学的游戏编号。

第三步：我们准备了 20 元钱，是发给你和与你配对同学的总的游戏收入，但这 20 元钱需要你在自己和配对同学之间进行分配。工作人员给你设计了一些分配方案，请在你选择的方案括号内打钩。

第四步：然后我们会把你填写了分配选择的卡片送到与你配对的同学手中，并由他（她）选择同意或不同意这样的分配，如果他（她）选择同意，你和他（她）除 5 元参加费外，还将获得该分配方案中你和他（她）各自的现金收入，如果他（她）选择不同意，你和他（她）除 5 元参加费外，将不能获得任何现金收入。

第五步：你有 5 分钟的时间完成你的选择，5 分钟后，会有工作人员来收取卡片，交由与你配对的同学做出是否同意的选择，在他（她）做出选择后，卡片最后还会发还给你查看，以确认你们的选择。

第六步：工作人员在向你收取卡片后，会发给你一份简单的调查问卷，你填写的问卷信息将会完全保密。请认真思考后填写你的真实信息和想法。你有 5 分钟的时间填写问卷，填写完毕后工作人员会来收取问卷。

第七步：在问卷完成后请坐在原位暂时不要离开。工作人员会叫到你的游戏编号，在和你确认了游戏的分配选择后，工作人员会将你最后游戏所得现金收入装在一个信封内给你，除工作人员外任何人都不会知道你获得了多少钱的收入。

4.2　不引入户籍身份情境下响应者的实验说明

大家好！欢迎参加由浙江大学开展的学生行为游戏，我是来自浙江大学的工作人员。本场游戏将持续大约 30 分钟。

注意事项：

1. 参加本次游戏你将获得现金收入。在游戏开始之前请仔细阅读游戏说明，充分理解游戏说明有助于你在游戏过程中的选择，根据这一选择你将获得相应的现金收入。同时，不论你们在游戏过程中的选择如何，我们会另外给你 5 元钱的游戏参加费。所以，你在游戏之后获得的现金收入，为根据游戏过程中的选择所获得的现金收入，加上 5 元钱的参加费。

2. 游戏过程中不可以随便讲话，如果你有疑问可以举手示意。如果你违反了这项规定，将被禁止继续参加游戏，并且不能获得任何收入。

3. 你在游戏中的选择、问卷信息、收入都会为你保密。

4. 在做选择的过程中请不要与其他同学交谈，也不要看其他人的选择。

5. 正式游戏前，你需要回答几道测试题，只有通过测试你才能参加正式的游戏。测试是为让你更好地理解游戏中的现金收入计算。

具体的游戏步骤和说明

第一步：游戏需要你和另一个教室的一位同学共同完成。在另一教室中，抽取到 A1 游戏编号的同学将与你配对。你们彼此不会知道对方是谁，你也可能根本不认识他（她）。

第二步：配对完成后工作人员会发给大家每人一张卡片，卡片上有你和与你配对同学的游戏编号。

第三步：我们准备了 20 元钱，是发给你和与你配对同学的总的游戏收入，但这 20 元钱由与你配对的同学在他（她）和你之间进行分配，括号内打钩的分配方案就是他（她）做的选择。

第四步：我们会把他（她）已填写了分配选择的卡片送到你的手中，并由你选择同意或不同意这样的分配，如果你选择同意，你和他（她）除 5 元参加费外，还将获得该分配方案中你和他（她）

各自的现金收入，如果你选择不同意，你和他（她）除5元参加费外，将不能获得任何现金收入。此外，你还需要填写你最少能够接受多少元的分配。

第五步：你有5分钟的时间完成你的选择，5分钟后，会有工作人员来收取卡片。

第六步：工作人员在向你收取卡片后，会发给你一份简单的调查问卷，你填写的问卷信息将会完全保密。请认真思考后填写你的真实信息和想法。你有5分钟的时间填写问卷，填写完毕后工作人员会来收取问卷。

第七步：在问卷完成后请坐在原位暂时不要离开。工作人员会叫到你的游戏编号，在和你确认了游戏的分配选择后，工作人员会将你最后游戏所得现金收入装在一个信封内给你，除工作人员外任何人都不会知道你获得了多少钱的收入。

4.3 引入户籍身份情境下提议者的实验说明

大家好！欢迎参加由浙江大学开展的学生行为游戏，我是来自浙江大学的工作人员。本场游戏将持续大约30分钟。

注意事项：

1. 参加本次游戏你将获得现金收入。在游戏开始之前请仔细阅读游戏说明，充分理解游戏说明有助于你在游戏过程中的选择，根据这一选择你将获得相应的现金收入。同时，不论你们在游戏过程中的选择如何，我们会另外给你5元钱的游戏参加费。所以，你在游戏之后获得的现金收入，为根据游戏过程中的选择所获得的现金收入，加上5元钱的参加费。

2. 游戏过程中不可以随便讲话，如果你有疑问可以举手示意。如果你违反了这项规定，将被禁止继续参加游戏，并且不能获得任何收入。

3. 你在游戏中的选择、问卷信息、收入都会为你保密。

4. 在做选择的过程中请不要与其他同学交谈，也不要看其他人的选择。

5. 正式游戏前，你需要回答几道测试题，只有通过测试你才能参加正式的游戏。测试是为让你更好地理解游戏中的现金收入计算。

具体的游戏步骤和说明

第一步：你首先需要完成一份关于个人生活体验的调查，调查结束后进入正式的游戏。

第二步：游戏需要你和另一个教室的一位同学共同完成。在另一教室中，抽取到 B1 游戏编号的同学将与你配对。你们彼此不会知道对方是谁，你也可能根本不认识他（她）。

第三步：配对完成后工作人员会发给大家每人一张卡片，卡片上有你和与你配对同学的游戏编号和户口类别。

第四步：我们准备了 20 元钱，是发给你和与你配对同学的总的游戏收入，但这 20 元钱需要你在自己和配对同学之间进行分配。工作人员给你设计了一些分配方案，请在你选择的方案括号内打钩。

第五步：然后我们会把你填写了分配选择的卡片送到与你配对的同学手中，并由他（她）选择同意或不同意这样的分配，如果他（她）选择同意，你和他（她）除 5 元参加费外，还将获得该分配方案中你和他（她）各自的现金收入，如果他（她）选择不同意，你和他（她）除 5 元参加费外，将不能获得任何现金收入。

第六步：你有 5 分钟的时间完成你的选择，5 分钟后，会有工作人员来收取卡片，交由与你配对的同学做出是否同意的选择，在他（她）做出选择后，卡片最后还会发还给你查看，以确认你们的选择。

第七步：工作人员在向你收取卡片后，会发给你一份简单的调查问卷，你填写的问卷信息将会完全保密。请认真思考后填写你的真实信息和想法。你有 5 分钟的时间填写问卷，填写完毕后工作人员会来收取问卷。

第八步：在问卷完成后请坐在原位暂时不要离开。工作人员会叫到你的游戏编号，在和你确认了游戏的分配选择后，工作人员会将你最后游戏所得现金收入装在一个信封内给你，除工作人员外任何人都不会知道你获得了多少钱的收入。

4.4　引入户籍身份情境下响应者的实验说明

大家好！欢迎参加由浙江大学开展的学生行为游戏，我是来自浙江大学的工作人员。本场游戏将持续大约 30 分钟。

注意事项：

1. 参加本次游戏你将获得现金收入。在游戏开始之前请仔细阅读游戏说明，充分理解游戏说明有助于你在游戏过程中的选择，根据这一选择你将获得相应的现金收入。同时，不论你们在游戏过程中的选择如何，我们会另外给你 5 元钱的游戏参加费。所以，你在游戏之后获得的现金收入，为根据游戏过程中的选择所获得的现金收入，加上 5 元钱的参加费。

2. 游戏过程中不可以随便讲话，如果你有疑问可以举手示意。如果你违反了这项规定，将被禁止继续参加游戏，并且不能获得任何收入。

3. 你在游戏中的选择、问卷信息、收入都会严格保密。

4. 在做选择的过程中请不要与其他同学交谈，也不要让其他同学看到你的选择。

5. 正式游戏前，你需要回答几道测试题，只有通过测试你才能参加正式的游戏。测试是为让你更好地理解游戏中的现金收入计算。

具体的游戏步骤和说明

第一步：你首先需要完成一份关于个人生活体验的调查，调查结束后进入正式的游戏。

第二步：游戏需要你和另一个教室的一位同学共同完成。在另一教室中，抽取到 A1 游戏编号的同学将与你配对。你们彼此不会知道对方是谁，你也可能根本不认识他（她）。

第三步：配对完成后工作人员会发给大家每人一张卡片，卡片上有你和与你配对同学的游戏编号和户口类别。

第四步：我们准备了20元钱，是发给你和与你配对同学的总的游戏收入，但这20元钱由与你配对的同学在他（她）和你之间进行分配，括号内打钩的分配方案就是他（她）做的选择。

第五步：我们会把他（她）已填写了分配选择的卡片送到你的手中，并由你选择同意或不同意这样的分配，如果你选择同意，你和他（她）除5元参加费外，还将获得该分配方案中你和他（她）各自的现金收入，如果你选择不同意，你和他（她）除5元参加费外，将不能获得任何现金收入。此外，你还需要填写你最少能够接受多少元的分配。

第六步：你有5分钟的时间完成你的选择，5分钟后，会有工作人员来收取卡片。

第七步：工作人员在向你收取卡片后，会发给你一份简单的调查问卷，你填写的问卷信息将会完全保密。请认真思考后填写你的真实信息和想法。你有5分钟的时间填写问卷，填写完毕后工作人员会来收取问卷。

第八步：在问卷完成后请坐在原位暂时不要离开。工作人员会叫到你的游戏编号，在和你确认了游戏的分配选择后，工作人员会将你最后游戏所得现金收入装在一个信封内给你，除工作人员外任何人都不会知道你获得了多少钱的收入。

第5章

5.1 匿名公开捐赠数额组实验说明

问卷调查员A:“您好，我们正在开展一项关于学生职业规划的调查，想邀请您参与我们的问卷调查可以吗？（等待被试回答）这个调查将持续大约20分钟（停顿几秒）。我们会在您完成所有问题后立即支付给您 30 元现金。您愿意参加吗？”

如果对方表示不愿意参加，问卷调查员 A:“没关系，打扰您了！”交流结束，问卷调查员无须支付实验报酬给对方。

如果对方表示愿意参加，问卷调查员 A:“感谢您参与本次调查，请您到这边来填写问卷。”被试在问卷调查员 B 处填写完问卷后，问卷调查员 B 说:“感谢您的参与，请到旁边领取酬劳。”引领被试走向另一边的现金管理员。被试把问卷交给现金管理员，现金管理员让被试在资金登记表上签名确认，并从信封中拿出 30 元现金让被试清点:“这是给您的钱。”

在被试拿到装有现金的信封的同时，实验员起身并说道:“是这样的，我们学生会还开展了一项募捐活动，募捐善款主要用于向贫困地区的中小学校捐赠学生的学习或生活设施。您有机会献出您的一份爱心。”实验员将被试带离现金管理员处，引领被试走向募捐棚并向其展示捐款箱。

“这里有中国扶贫基金会的捐款箱。捐款箱里的捐款将被投入该基金会的筑巢行动专用账户，项目的具体介绍您可以看一下捐款箱前的展示牌。”

“这是中国扶贫基金会的信封。”实验员拿出信封并将信封递交给被试。

“我待会走开，您可以将您想要捐的钱自己放入到信封内，封好信封后将它投入到捐款箱内，其余您想要为自己留下的钱，请收好。我们会在这一阶段募捐活动结束后，于下个月初在 98 论坛（您知道 98 论坛吧？如果被试表示不知道，则实验员应告知其这是一个最受浙大学生欢迎的校内论坛，同时在事后记录下不知道该论坛的被试编号）校园动态板块的公益爱心区开设相应的募捐宣传帖，届时将以匿名的方式公布每位捐款者的捐款。当然，您也可以不做捐款，您只要把空的信封投入捐款箱就行。谢谢您的爱心。”在被试完成捐款走出挡板后，实验员将其带离募捐棚。

5.2 只公开姓名组实验说明

问卷调查员 A:“您好，我们正在开展一项关于学生职业规划的调查，想邀请您参与我们的问卷调查可以吗?（等待被试回答）这个调查将持续大约 20 分钟（停顿几秒)。我们会在您完成所有问题后立即支付给您 30 元现金。您愿意参加吗?”

如果对方表示不愿意参加，问卷调查员 A:“没关系，打扰您了!”交流结束，问卷调查员无须支付实验报酬给对方。

如果对方表示愿意参加，问卷调查员 A:“感谢您参与本次调查，请您到这边来填写问卷。”被试在问卷调查员 B 处填写完问卷后，问卷调查员 B 说:“感谢您的参与，请到旁边领取酬劳。”引领被试走向另一边的现金管理员。被试把问卷交给现金管理员，现金管理员让被试在资金登记表上签名确认，并从信封中拿出 30 元现金让被试清点:“这是给您的钱。”

在被试拿到装有现金的信封的同时，实验员起身并说道:“是这样的，我们学生会还开展了一项募捐活动，募捐善款主要用于向贫困地区的中小学校捐赠学生的学习或生活设施。您有机会献出您的一份爱心。”实验员将被试带离现金管理员处，引领被试走向募捐棚并向其展示捐款箱。

“这里有中国扶贫基金会的捐款箱。捐款箱里的捐款将被投入该基金会的筑巢行动专用账户，项目的具体介绍您可以看一下捐款箱前的展示牌。”

“这是中国扶贫基金会的信封。”实验员拿出信封并将信封递交给被试。

“我待会走开，您可以将您想要捐的钱自己放入到信封内，封好信封后将它投入到捐款箱内，其余您想要为自己留下的钱，请收好。我们会在这一阶段募捐活动结束后，于下个月初在 98 论坛（您知道 98 论坛吧?如果被试表示不知道，则实验员应告知其这是一个最受浙大学生欢迎的校内论坛，同时在事后记录下不知道该论坛的被试编号）校园动态板块的公益爱心区开设相应的募捐宣传帖，届时将公布每位捐款者的姓名。所以，请务必将您的真实姓名填写在这张登记卡上，因为我们只公布捐款者姓名，所以请把信封和登记卡分开投入到捐款箱内。当然，您也可以不做捐款，您只要把空的信封投入捐款箱就行，登记卡不用填写。谢谢您的爱心。”在被试完成捐款走出挡板后，实验员将其带离募捐棚。

5.3 实名公开捐赠数额组实验说明

问卷调查员A:“您好，我们正在开展一项关于学生职业规划的调查，想邀请您参与我们的问卷调查可以吗？这个调查将持续大约20分钟（停顿几秒）。我们会在您完成所有问题后立即支付给您30元现金。您愿意参加吗？”

如果对方表示不愿意参加，问卷调查员A:“没关系，打扰您了！”交流结束，问卷调查员无须支付实验报酬给对方。

如果对方表示愿意参加，问卷调查员A:“感谢您参与本次调查，请您到这边来填写问卷。”被试在问卷调查员B处填写完问卷后，问卷调查员B说:“感谢您的参与，请到旁边领取酬劳。”引领被试走向另一边的现金管理员。被试把问卷交给现金管理员，现金管理员让被试在资金登记表上签名确认，并从信封中拿出30元现金让被试清点:“这是给您的钱。”

在被试拿到装有现金的信封的同时，实验员起身并说道:“是这样的，我们学生会还开展了一项募捐活动，募捐善款主要用于向贫困地区的中小学校捐赠学生的学习或生活设施。您有机会献出您的一份爱心。”实验员将被试带离现金管理员处，引领被试走向募捐棚并向其展示捐款箱。

“这里有中国扶贫基金会的捐款箱。捐款箱里的捐款将被投入该基金会的筑巢行动专用账户，项目的具体介绍您可以看一下捐款箱前的展示牌。”

“这是中国扶贫基金会的信封。”实验员拿出信封并将信封递交给被试。

“我待会走开，您可以将您想要捐的钱自己放入到信封内，其余您想要为自己留下的钱，请收好。我们会在这一阶段募捐活动结束后，于下个月初在98论坛（您知道98论坛吧？如果被试表示不知道，则实验员应告知其这是一个最受浙大学生欢迎的校内论坛，同时在事后记录下不知道该论坛的被试编号）校园动态板块的公益爱心区开设相应的募捐宣传帖，届时将公布每位捐款者的姓名和对应的捐款数额。所以，请务必将您的真实姓名填写在这张登记卡上，并将登记卡放入信封内一起投入到捐款箱。当然，您也可以不做捐款，您只要把空的信封投入捐款箱就行，登记卡不用填写。谢谢您的爱心。”在被试完成捐款走出挡板后，实验员将其带离募捐棚。

5.4　可选择是否实名公开捐款数额组实验说明

问卷调查员A:“您好，我们正在开展一项关于学生职业规划的调查，想邀请您参与我们的问卷调查可以吗？（等待被试回答）这个调查将持续大约20分钟（停顿几秒）。我们会在您完成所有问题后立即支付给您30元现金。您愿意参加吗？”

如果对方表示不愿意参加，问卷调查员A:“没关系，打扰您了！”交流结束，问卷调查员无须支付实验报酬给对方。

如果对方表示愿意参加，问卷调查员A:“感谢您参与本次调查，请您到这边来填写问卷。”被试在问卷调查员B处填写完问卷后，问卷调查员B说:“感谢您的参与，请到旁边领取酬劳。”引领被试走向另一边的现金管理员。被试把问卷交给现金管理员，现金管理员让被试在资金登记表上签名确认，并从信封中拿出30元现金让被试清点:“这是给您的钱。”

在被试拿到装有现金的信封的同时，实验员起身并说道:“是这样的，我们学生会还开展了一项募捐活动，募捐善款主要用于向贫困地区的中小学校捐赠学生的学习或生活设施。您有机会献出您的一份爱心。”实验员将被试带离现金管理员处，引领被试走向募捐棚并向其展示捐款箱。

“这里有中国扶贫基金会的捐款箱。捐款箱里的捐款将被投入该基金会的筑巢行动专用账户，项目的具体介绍您可以看一下捐款箱前的展示牌。”

“这是中国扶贫基金会的信封。”实验员拿出信封并将信封递交给被试。

“我待会走开，您可以将您想要捐的钱自己放入到信封内并投入到捐款箱中，其余您想要为自己留下的钱，请收好。当然，您也可以不做捐款，您只要把空的信封投入捐款箱就行。谢谢您的爱心。”

在被试完成捐款准备离开时，实验员出现并告知被试：“不好意思，再耽误您两分钟。是这样的，我们会在这一阶段募捐活动结束后，于下个月初在98论坛（您知道98论坛吧？如果被试表示不知道，则实验员应告知其这是一个最受浙大学生欢迎的校内论坛，同时在事后记录下不知道该论坛的被试编号）校园动态板块的公益爱心区开设相应的募捐宣传帖，届时我们将按照登记卡上的内容公布每位捐款者的捐赠信息。所以，您若愿意实名公布您的捐款数额，则需要在这张募捐登记卡的姓名空格处填写您的姓名和刚刚捐出的数额；您若希望匿名公布您的捐款数额，则需要在这张募捐登记卡的姓名空格处画两个圈并填写您刚刚捐出的数额。填写完毕后只要将登记卡再投入到捐款箱即可。”（如果被试没有做捐款，登记卡也需要填写）在被试完成捐款走出挡板后，实验员将其带离募捐棚。

5.5　强制性实名公开捐赠数额组实验说明

问卷调查员A：“您好，我们正在开展一项关于学生职业规划的调查，想邀请您参与我们的问卷调查可以吗？（等待被试回答）这个调查将持续大约20分钟（停顿几秒）。我们会在您完成所有问题后立即支付给您30元现金。您愿意参加吗？”

如果对方表示不愿意参加，问卷调查员A：“没关系，打扰您了！”交流结束，问卷调查员无须支付实验报酬给对方。

如果对方表示愿意参加，问卷调查员A:“感谢您参与本次调查，请您到这边来填写问卷。”被试在问卷调查员B处填写完问卷后，问卷调查员B说:“感谢您的参与，请到旁边领取酬劳。”引领被试走向另一边的现金管理员。被试把问卷交给现金管理员，现金管理员让被试在资金登记表上签名确认，并从信封中拿出30元现金让被试清点:“这是给您的钱。”

在被试递交问卷并在资金登记表上签名时，实验员开始对照被试的签名在登记卡上抄写下来，并说道:“我把您的名字抄一下。”

在被试拿到装有现金的信封的同时，实验员起身并说道:“是这样的，我们学生会还开展了一项募捐活动，募捐善款主要用于向贫困地区的中小学校捐赠学生的学习或生活设施。您有机会献出您的一份爱心。”实验员将被试带离现金管理员处，引领被试走向募捐棚并向其展示捐款箱。

“这里有中国扶贫基金会的捐款箱。捐款箱里的捐款将被投入该基金会的筑巢行动专用账户，项目的具体介绍您可以看一下捐款箱前的展示牌。”

“这是中国扶贫基金会的信封。”实验员拿出信封，同时将填写了姓名的登记卡放入信封中，并将信封递交给被试。

“我待会走开，您可以将您想要捐的钱自己放入到信封内封好投入到捐款箱中，其余您想要为自己留下的钱，请收好。我们会在这一阶段募捐活动结束后，于下个月初在98论坛（您知道98论坛吧？如果被试表示不知道，则实验员应告知其这是一个最受浙大学生欢迎的校内论坛，同时在事后记录下不知道该论坛的被试编号）校园动态板块的公益爱心区开设相应的募捐宣传帖，届时将根据刚刚那张登记卡上的姓名和信封中的现金，来公布所有人的姓名和对应的捐款数额，也请您关注。当然，您也可以不做捐款，您只要把这个信封封好放入募捐箱就行。谢谢您的爱心。”在被试完成捐款走出挡板后，实验员将其带离募捐棚。

第6章

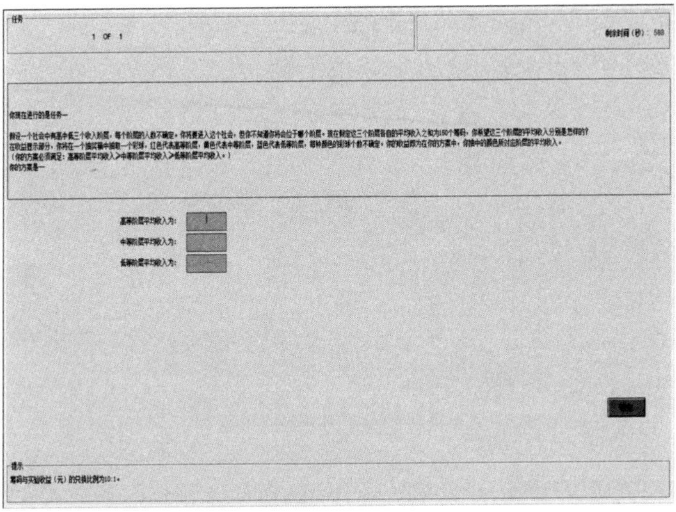

附图 6.1　被试在无知之幕情境下进行分配决策时所呈现的电脑界面

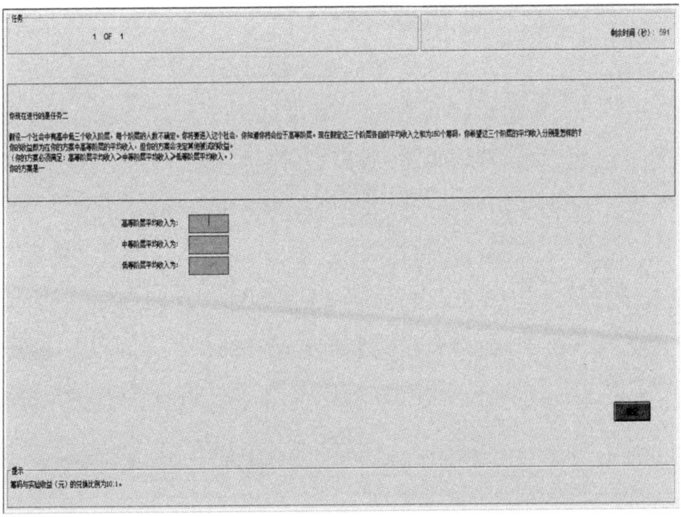

附图 6.2　被试在知晓所在阶层情境下进行分配决策时所呈现的电脑界面

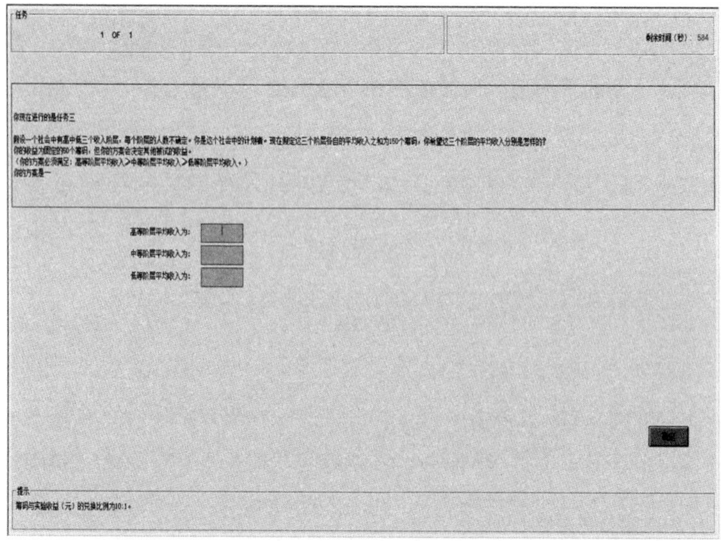

附图 6.3　被试在社会计划者情境下进行分配决策时所呈现的电脑界面

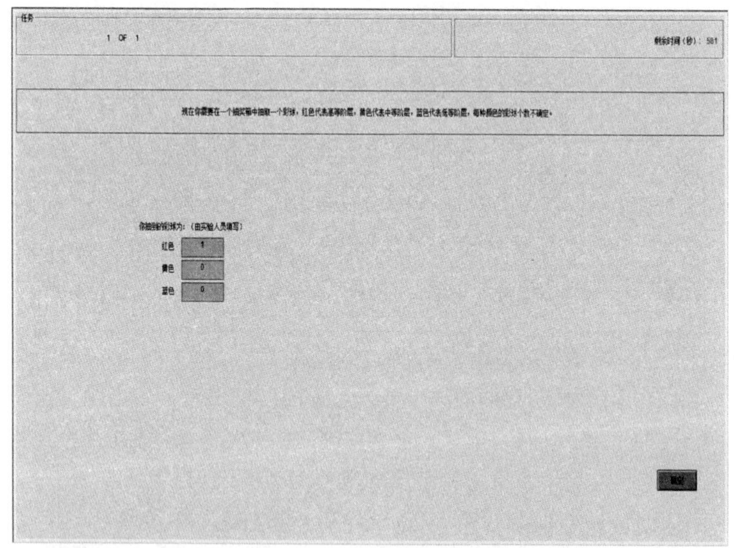

附图 6.4　被试在完成情境的分配决策后进行彩球抽取活动时所呈现的电脑界面

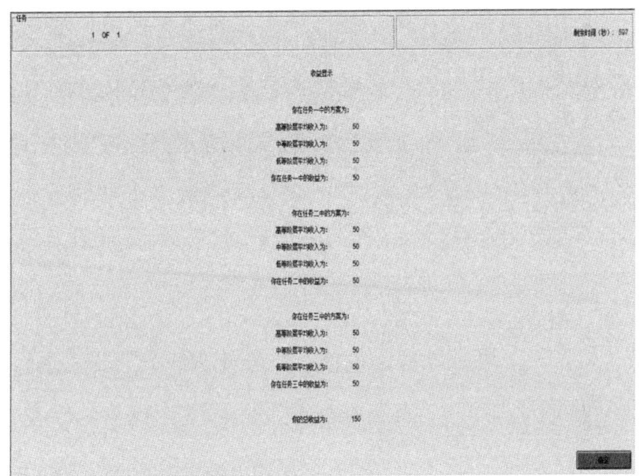

附图 6.5　被试在完成彩球抽取后电脑自动给出被试的分配决策和相应收益时的界面

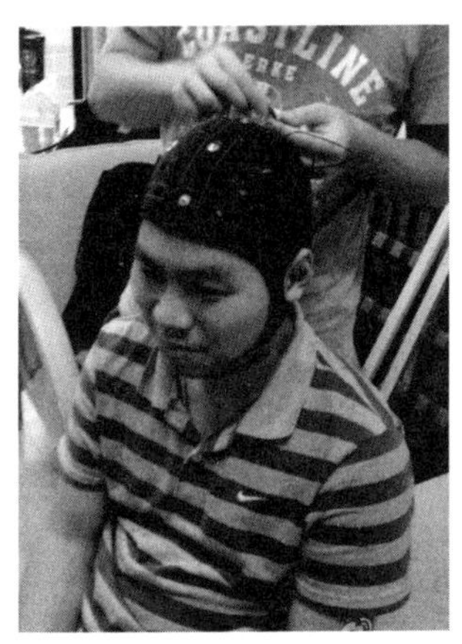

附图 6.6　实验被试佩戴经颅直流电刺激电极帽完成实验任务示意图

6.1　经颅直流电刺激（tDCS）实验知情书

一、本实验被试者的所有资料和实验结果都将严格保密，不会外传；被试个人资料不会出现在最终的研究结果中。

二、本实验采用的是无损伤的经颅直流电刺激技术，对人体健康无任何副作用。

三、本实验所用的材料包括帽子、探测器均采用标准材料，无任何毒副作用；由于个体差异，部分被试可能在实验过程中产生轻微的刺痛感或不适感。

四、本实验环境安静安全可靠，实验任务简单，不会对被试者的心理和生理产生任何不良影响。

本人已充分了解实验的安全性，自愿参加实验。

被试人（签名）：______________
被试人联系方法：______________

实验人员（签名）：______________
时间：______年____月____日

6.2 实验前的注意事项

为了实验有序正常进行，请您听从实验员的统一安排，先不要动现场设备。实验现场请您关闭手机，保持安静直到您离开实验室。如果您有任何问题，请您向实验员示意，我们会马上解答您提出的问题。

有偿性：参加本次实验您将获得一定的现金报酬。请您在实验开始之前仔细阅读电脑上每个实验的相应实验说明，充分理解实验说明有助于您在实验过程中的决策。我们将在实验完成之后根据您的决策支付相应的报酬；您参加本次实验的总报酬将由出场费和实验决策中所获得的报酬两部分组成。

隐私性：本实验中您的个人信息和决策信息将会被严格保密。在实验完成后请您稍等片刻，待实验员核算结果后，您会得到一份装有实验报酬的信封，您的所得只有您一个人知道，其他人也无法知道您获得了多少的实验报酬。

6.3 实验说明

一、实验目的

本实验主要测度被试个体决策行为，并运用经颅直流电刺激仪，记录被试个体决策的神经机制。

二、实验流程

在本实验中，被试需要在电脑上完成一系列决策任务，在任务开始之前，被试需要遵照实验员的指导，佩戴经颅直流电刺激仪，时长15分钟。在实验任务完成后，被试还需要填写一份简单的个人问卷，最后，实验员将结算并支付您参加本次实验的报酬。

三、实验任务

在本次实验任务中，您需要在多种情况下做出决策；请务必认真阅读电脑屏幕上呈现的实验说明，并仔细听从实验员的指导讲解，随后在电脑上完成相应的决策任务。在此期间，请尽量平复心情，保持放松状态；同时，根据相应的操作说明确认你的选择。

四、报酬计算

本次实验总报酬由10元出场费以及随后的实验决策中所获得的报酬两部分组成。我们将在所有实验结束后加总每次选择时的收益作为最后的总收益，并由实验员进行结算，当场支付报酬。实验中获得的收益由实验决策过程中的筹码兑换，兑换比例为10比1，即如果你在实验决策过程中共获得300个筹码，那么最终你在这一部分将获得30元人民币，加上出场费共计40元。

6.4 实验情况与反馈问卷

您好！非常感谢您对此次实验的大力支持与配合！

为了配合后续研究，希望如实您填写以下问卷，您的回答将为我们的研究带来很大帮助。问卷采用匿名的方式，所获得的数据仅供研究之用，不会对您产生任何不利的影响，谢谢！

一、背景资料

1. 个人基本信息：

性别：　年龄：　　　　专业：

籍贯：　省　　市

2. 您是独生子女吗？**（是 / 否）**

3. 您每月生活费 A. 1000 元以下；B. 1000—1499 元；C. 1500—1999 元；D. 2000 元及以上

您每月消费为 A. 800 元以下；B. 800—1199 元；C. 1200—1799 元；D. 1800 元及以上

4. 您之前是否参加过类似实验（经济学实验或心理学实验）？**（是 / 否）**

5. 您是否参加过任何形式的兼职？**（是 / 否）**

6. 您认为您在日常生活中的风险偏好类型是（0/ 1/ 2/ 3/ 4/ 5）。括号内的数字表示程度，0 表示非常谨慎，5 表示非常冒险。

二、实验情况反馈

1. 实验前，您是否出现了紧张感？**（是 / 否）**

若用 0 表示完全不紧张，6 表示非常紧张，您在此次实验前紧张感程度是

2. 实验中，您有否感到不适？**（是 / 否）**

若用 0 表示完全没有不适，6 表示非常不适，您在此次实验中的感受是

3. 您对此次实验的意见或者建议：

再次感谢您的大力支持与协助！

索　引

F

G

H

J

K

L

N

P

Q

R

S

T

W

X

Y

Z

中英文人名对照表

Adam Smith 亚当・斯密
Adriaan Soetevent 阿德里安・索伊特温特
Alan Sanfey 阿兰・桑费
Albert Einstein 埃尔伯特・爱因斯坦
Alberto Priori 阿尔贝托・普瑞尔瑞
Alfred Marshall 阿尔弗雷德・马歇尔
Alois Stutzer 阿洛伊斯・斯图特泽尔
Al-Ubaydli 阿尔・乌巴义德里
Alvin E. Roth 阿尔文・罗斯
Amadou Boly 阿玛窦・波利
Amartya Sen 阿玛蒂亚・森
Amihai Glazer 艾米哈・格拉泽尔
Andreas Leibbrandt 安德里亚斯・雷布兰德特
Andreas Ortmann 安德里斯・奥特曼
Anthony Kwasnica 安东尼・科瓦斯尼卡
Aristotle 亚里士多德
Armin Falk 阿明・福尔克
Arthur Scharm 奥瑟・斯卡姆
Axel Franzen 阿克赛尔・弗兰兹

Bas Hillebrand 巴斯・席勒布兰德
Benedetto De Martino 贝纳德托・德马提诺
Brian Knutson 布兰恩・纳特森
Bodo Schlegelmilch 博多・施勒格尔米尔希
Bruno Frey 布鲁诺・弗雷
Bradley Sosis 布拉德利・索斯

Camelia Kuhnen 卡莫利安・库纳
Catherine Eckel 卡赛琳・埃克尔
Chaim Fershtman 柴姆・菲西特曼
Charan Ranganath 查兰・兰格纳德
Charles Bellemare 查尔斯・贝拉莫尔
Charles Garfinkel 查尔斯・加斐科尔
Charles Plott 查尔斯・普洛特
Charles Sprenger 查尔斯・斯普兰格
Chris Cooper 克里斯・库珀
Christian Ruff 克里斯蒂安・拉夫
Christian Zehnder 克里斯蒂安・泽德
Clive Granger 克莱夫・格兰杰
Colin Camerer 科林・凯莫勒
Craig Landry 克雷格・兰德里

d'Adda Giovanna 迪・阿达・吉瓦纳
Dan Ariely 丹・艾瑞里
Dan Levin 丹・列文
Daniel Benjamin 丹尼尔・本贾明
Daniel Kahneman 丹尼尔・卡尼曼
Daniel Krawczyk 丹尼尔・克瓦兹克
Daniel Zizzo 丹尼尔・兹左

Datta Gupta 达塔·古普塔
David Card 大卫·卡德
David Delpy 大卫·德尔派
David Lee 大卫·李
David Hume 大卫·休谟
David Reiley 大卫·雷利
David Reinstein 大卫·雷斯坦
David Ribar 大卫·利巴
David Wise 大卫·维斯
de Oliveira 迪·奥里维拉
Devesh Rustagi 德威舍·拉斯塔奇
Donald Rubin 唐纳德·鲁宾
Donald Treiman 唐纳德·特雷曼
Daria Knoch 达瑞·诺奇
Dean Karlan 迪恩·卡兰
De Quervain 德奎范恩
Denis Diderot 德尼·狄德罗
Donald Campbell 唐纳德·坎贝尔
Douglas Bernheim 道格拉斯·博恩海姆
Drew Fudenberg 德鲁·弗登伯格

Edward Chamberlin 爱德华·张伯伦
Elena Katok 厄利纳·卡托克
Elizabeth Tricomi 伊丽莎白·特里克米
Elton Mayo 埃尔顿·梅奥
Emmannuel Saze 伊曼纽尔·塞兹
Erez Yoeli 阿里扎·约利
Erika Seki 艾丽卡·萨奇
Ernst Fehr 恩斯特·费尔
Esther Duflo 埃斯特·迪弗洛

Farzana Afridi 法查那·阿弗雷迪
Francesco Guala 弗朗西斯科·瓜拉
Francis Edgeworth 弗朗西斯·埃奇沃思
Frank Marlowe 弗兰克·玛尔洛文

Galileo Galilei 伽利略·伽利雷
Gary Burtless 加里·伯特利斯
Gary Charness 加里·查尼斯
Gary Strangman 加里·斯特兰格曼
Gary Becker 加里·贝克尔
Gene Glass 基尼·格拉斯
George Akerlof 乔治·阿克洛夫
Gerhard Riener 杰哈德·雷纳尔
George Stigler 乔治·斯蒂格勒
Glenn Harrison 格雷恩·哈里森
Glenn Bracht 格雷恩·布兰切特

Hans Breiter 汉斯·布雷特尔
Heather Ross 海德·罗斯
Helen Bernhard 海伦·伯恩哈德
Herbert Gintis 赫伯特·金迪斯
Hessel Oosterbeek 海赛尔·奥斯特彼克

Imran Rasul 伊姆兰·拉素尔
Iris Bohnet 爱丽丝·博内特
Irwin Manski 厄文·曼斯金

James Alm 詹姆斯·艾尔姆
James Andreoni 詹姆斯·安东尼奥
James Cox 詹姆斯·科兰森
James Fowler 詹姆斯·福勒
James Heckman 詹姆斯·赫克曼
James Walker 詹姆斯·沃克
Janet Yellen 珍妮·耶伦
Jan Stoop 简·斯多普
Jayant Menon 加衍特·门农
Jean Tirole 让·梯若尔
Jeffrey Carpenter 杰弗里·卡朋特
Jeffrey Winking 杰弗里·维津

Olivier Simon 奥利弗・西蒙
Olivier Armantier 奥利维尔・阿曼提尔
Olof Johansson-Stenman 奥尔夫・约翰森斯特曼

Pamala Wiepking 帕玛拉・维普京
Patrick Rooney 帕特里克・鲁尼
Paul Ferraro 保罗・费拉诺
Paul A. Samuelson 萨缪尔森
Paul Rosenbaum 保罗・罗森鲍姆
Paulo Boggio 保罗・博格伊
Peter Bohm 皮特・波曼
Philips Calder 菲利普斯・卡德勒
Philip Grossman 菲利普・格罗斯曼
Philip Michelbach 菲利普・麦切巴切
Pieter Gautier 皮尔特・高提尔
Plato 柏拉图
Priyanka Pandey 普利亚卡・潘登

Rachel Croson 雷切尔・克罗森
Ragan Petrie 拉甘・皮特里
Raj Chetty 拉贾・柴提
Ralph Hertwig 拉夫・赫特威格
Ravi Bapna 拉维・巴普纳
Raymond Dolan 雷蒙德・多兰
Redzo Mujcic 瑞德左・穆西奇
Reinhard Tietz 雷因哈德・提兹
Rena Fukunaga 玲奈福永
René, Bekkers 雷诺・贝克尔斯
Richard Dawkins 理查德・道金斯
Richard Thaler 理查德・泰勒
Richard Ruffle 理查德・鲁费尔
Roberta Sellaro 罗伯塔・塞拉罗
Robert Axelrod 罗伯特・艾克塞罗德
Robert Slonim 罗伯特・斯洛尼姆
Robert Sugden 罗伯特・萨格登
Robert Forsythe 罗伯特・福思塞
Robert Oxoby 罗伯特・奥克斯比
Roberto Weber 罗伯托・韦伯
Robyn Dawes 罗比恩・达维斯
Roland Bénabou 罗纳德・博那波
Ronald Cummings 罗纳德・康明斯
Ronald Fisher 罗纳德・费舍尔
Ruud Koopmans 鲁德・库普曼斯

Sabine Kröger 萨班・克鲁格尔
Sally Blount 萨莉・布朗特
Samuel Bowles 萨缪・鲍尔斯
Sara Solnick 萨拉・索尼克
Sera Linardi 塞拉・利那迪
Sheryl Ball 雪莉・波尔
Shirley Fecteau 雪莉・费克图
Simon Gächter 西蒙・盖切特
Sonja Pointner 颂亚・普英特内尔
Stanley Milgram 斯塔利・米尔格拉姆
Stefan Traub 斯蒂芬・特劳博
Stefano Bembich 斯特法诺・贝姆比切
Stefano DellaVigna 斯特法诺・德拉韦格纳
Steffen Andersen 斯特芬・安德森
Stephen V. Burks 斯蒂芬・博克斯
Stephen Fienberg 斯蒂芬・芬恩博格
Stephan Meier 斯蒂芬・梅尔
Steven Levitt 史蒂文・列维特
Steven Beckman 斯蒂芬・贝克曼
Sulekha Anand 苏尔克哈・阿南德
Susanne Veit 苏珊娜・维特

Tali Sharot 塔利・沙洛特
Tatiana Kornienko 塔提尔那・科尼尔尼科
Thomas Cook 托马斯・库克